Michael Wipp, Ronald Richter

Indikatorengestütztes Qualitätsmanagement

Vorbereiten, Einführen, Qualitätsprüfung bestehen

Bibliografische Information der Deutschen Nationalbibliothek
Die Deutsche Bibliothek verzeichnet diese Publikation in der Deutschen Nationalbibliografie; detaillierte bibliografische Daten sind im Internet über http://dnb.d-nb.de abrufbar.

Sämtliche Angaben und Darstellungen in diesem Buch entsprechen dem aktuellen Stand des Wissens und sind bestmöglich aufbereitet.
Der Verlag und der Autor können jedoch trotzdem keine Haftung für Schäden übernehmen, die im Zusammenhang mit Inhalten dieses Buches entstehen.

© VINCENTZ NETWORK, Hannover 2019

Besuchen Sie uns im Internet: www.altenheim.net

Das Werk ist urheberrechtlich geschützt. Jede Verwendung außerhalb der engen Grenzen des Urheberrechtsgesetzes ist ohne Zustimmung des Verlages unzulässig und strafbar. Dies gilt insbesondere für die Vervielfältigungen, Übersetzungen, Mikroverfilmungen und Einspeicherung und Verarbeitung in elektronischen Systemen.

Die Wiedergabe von Gebrauchsnamen, Warenbezeichnungen und Handelsnamen in diesem Buch berechtigt nicht zu der Annahme, dass solche Namen ohne Weiteres von jedermann benutzt werden dürfen. Vielmehr handelt es sich häufig um geschützte, eingetragene Warenzeichen.

Druck: Gutenberg Beuys Feindruckerei GmbH, Langenhagen

Foto Titelseite: AdobeStock_freshidea

ISBN 978-3-86630-901-2

Michael Wipp, Ronald Richter

Indikatorengestütztes Qualitätsmanagement

Vorbereiten, Einführen, Qualitätsprüfung bestehen

Inhalt

Kapitel 1 // Das neue System – So funktioniert's — 9

1.1	Die Qualitätsverantwortung	9
1.2	Das gesetzliche Modell der Sicherung der Pflegequalität	21
1.3	Die Grundlage: Die Maßstäbe und Grundsätze für die Qualität und die Qualitätssicherung (MuG)	32
1.4	Das indikatorengestützte Verfahren	48
1.5	Die gesetzlichen Expertenstandards	70
1.6	Die Qualitätsdarstellungsvereinbarung stationär (QDVS)	72
1.7	Die Qualitätsprüfungs-Richtlinie (QPR)	100

1. Beginn der Qualitätsprüfung: Das einrichtungsinterne Qualitätsmanagement — 102
2. Die Prüfungsarten – Prüfungsauftrag — 103
3. Die Rechte der Prüfer während der Qualitätsprüfung — 106
4. Inhalt und Umfang der externen Qualitätsprüfung — 113
5. Vorbereitung auf die Informationserfassung — 115
6. Vorbereitung auf die Plausibilitätskontrolle — 119
7. Ablauf der Plausibilitätskontrolle am Beispiel der Mobilität — 121
8. Die Rechte der Träger der Pflegeeinrichtungen — 131
9. Die Rechte der Bewohner — 133
10. Die Ankunft der Prüfer, Einführungsgespräch — 136
11. Die Beteiligten an der Prüfung — 139
12. Die Auswahl der zu prüfenden Bewohner — 139
13. Das Abschlussgespräch — 144
14. Die Übergangsvorschriften — 147

Kapitel 2 // Die dreiteilige Qualitätsberichterstattung   **149**

2.1. Qualitätsrelevante Informationen   149

2.2 Meldung der Versorgungsergebnisse   154

    2.2.1 Qualitätsbereich 1: Erhaltung und Förderung von Selbständigkeit   157

    2.2.2 Qualitätsbereich 2: Schutz vor gesundheitlichen Schädigungen und Belastungen   160

    2.2.3 Qualitätsbereich 3: Unterstützung bei spezifischen Bedarfslagen   163

2.3. Externe Qualitätsprüfung   177

    Übersicht zu den Prüfbogen, den Qualitätsbereichen und Qualitätsaspekten   190

    Vorzuhaltende Unterlagen für die erste Qualitätsprüfung nach neuem Verfahren   238

Kapitel 3 // Darstellung der Prüfergebnisse   **239**

Qualitätsprüfungs – Richtlinien – im aktuellen Originaltext   250

Abkürzungen und neue Begriffe   **274**

Autoren   **279**

Jetzt Code scannen und mehr bekommen ...

http://www.altenheim.net/bonus

Ihr exklusiver Bonus an Informationen!

Ergänzend zu diesem Buch bietet Ihnen *Altenheim* Bonus-Material zum Download an. Scannen Sie den QR-Code oder geben Sie den Buch-Code unter www.altenheim.net/bonus ein und erhalten Sie Zugang zu Ihren persönlichen kostenfreien Materialien!

Buch-Code: AH1123

Vorwort

Die Diskussion über die Qualität in der Pflege ist mindestens so alt wie die soziale Pflegeversicherung. Um die Qualität messbar und darstellbar zu machen, wurden auch als Antwort auf die Berichterstattung über die MDK-Berichte zur Qualität in der Pflege vor über zehn Jahren die Pflegenoten eingeführt. Das gesetzliche System sah dazu eine Trennung zwischen dem internen Qualitätsmanagement in den Einrichtungen und der externen Qualitätsprüfung durch den MDK vor. Um die Qualitätsanstrengungen der Einrichtungen zu verstärken, wurde der MDK mit besonderen Rechten ausgestattet. Die Prüfungen sollten unangekündigt stattfinden und die Pflegeeinrichtungen verpflichtet sein, an den Prüfungen mitzuwirken. Die Noten jedoch stellten stets nur einen Ausschnitt dar, wobei die Prüfungsfragen von vornherein feststanden. Dies führte dazu, dass eine Spreizung der Noten nicht stattfand und letztlich die große Mehrzahl der Pflegeeinrichtungen eine sehr gute Note erhielt. So wurde seit langem darum gestritten, wie die Qualitätsdarstellung und mithin die so notwendige Information der Verbraucherinnen und Verbraucher verbessert werden kann.

Nachdem durch die Pflegestärkungsgesetze der Pflegebedürftigkeitsbegriff und insbesondere das Begutachtungsinstrument völlig verändert wurde, lag es nahe, auch die Qualitätsprüfungen auf dieser Basis neu zu ordnen.

Das indikatorengestützte Qualitätsmanagement greift an verschiedenen Positionen die Kritik und die Neuerungen auf und schafft ein völlig neues System. Das System, das sodann von der Selbstverwaltung, also von den Verbänden der Leistungserbringer einerseits und den Pflegekassen sowie weiteren Akteuren andererseits vereinbart wurde, nimmt vor allem ein Problem auf: Bisher standen das interne Qualitätsmanagement und die externe Qualitätsprüfung völlig getrennt nebeneinander. Noch stärker: Der prüfende MDK wurde allein als Kontrolleur der Pflegeeinrichtungen gesehen. Dabei waren sich schon bei Einführung des Notensystems alle Beteiligten einig, dass Qualität nicht in die Einrichtungen hineingeprüft werden kann, sondern diese in der Einrichtung selbst entsteht und entsprechend gepflegt werden muss. Das neue indikatorengestützte Qualitätsmanagement verbindet nun das interne Qualitätsmanagement mit der externen Qualitätsprüfung. Es wird dazu führen, dass sich grundsätzlich der MDK und der Prüfdienst der PKV auf Augenhöhe mit den Verantwortlichen und den Pflegefachkräften in den Einrichtungen begegnen.

Auch der Nachteil einer solchen Systemeinführung soll genannt werden: Man muss sich auf dieses neue System einlassen, den Verantwortlichen Zeit gewähren und die Vorbereitung leisten. Das neue System kann bereits aufgrund seiner komplexen Struktur nicht „nebenbei" in der Einrichtung eingeführt werden.

Das vorliegende Fachbuch greift alle Anforderungen aus dem neuen dreiteiligen indikatorengestützten Qualitätssicherungsverfahren auf und zeigt in übersichtlicher Form die Zusammenhänge.

Diese Gesamtdarstellung ermöglicht es, das komplexe System in seinen Strukturen und Zusammenhängen gut nachvollziehen zu können. Von den qualitätsrelevanten Informationen über die Meldung der Versorgungsergebnisse, aus welchen die Qualitätsindikatoren resultieren bis hin zu den regelmäßig stattfindenden externen Qualitätsprüfungen, wird alles vorgestellt. Das Buch berücksichtigt in seiner Gliederung auch diese Logik.

Sowohl für den Bereich der Qualitätsindikatoren als auch für die Externe Qualitätsprüfung ist es von Bedeutung alle zur Beurteilung des jeweiligen Sachverhaltes erforderlichen Informationen gebündelt verfügbar zu haben. Die Verknüpfung der gemeldeten Versorgungsergebnisse mit der Externen Qualitätsprüfung in Verbindung mit den beiden Plausibilitätsprüfungen belegt gleichermaßen die Komplexität des System wie auch die Notwendigkeit Zusammenhänge zu erkennen und zu nutzen.

So kann zum Beispiel für jeden Qualitätsaspekt aus der Externen Qualitätsprüfung von den Leit-/Prüffragen über die Erläuterungen zu den Prüfbögen bis hin zu den abgestuften Bewertungen ein guter Abgleich mit dem einrichtungsinternen Qualitätsmanagement vorgenommen werden, um als Resultat daraus zu wissen, wo noch Ergänzungsbedarf besteht. Die Vorbereitungen sowohl auf die Meldung der Versorgungsergebnisse als auch auf die kommenden Qualitätsprüfungen sind somit deutlich gut zu gestalten.

Das Fachbuch baut auf dem bewährten Vorgehen der Verknüpfung juristischer Anforderungen kombiniert mit praktischer Umsetzung auf und bietet somit den Überblick aus einer Hand. Überschneidungen inhaltlicher Art zwischen den Kapiteln sind bewusst eingeplant, weil sie dazu dienen kapitelbezogene Zusammenhänge zu erklären ohne durch wiederkehrende Verweise auf andere Kapitel diese aus dem Zusammenhang zu reißen.

Auch dieses neue indikatorengestützte Qualitätsmanagement ist ein lernendes System. Die praktische Anwendung wird Probleme und Unzulänglichkeiten aufdecken. Diese werden repariert werden müssen. Wichtig ist ein wohlwollender Ansatz bei der Vorbereitung und der Umsetzung der neuen Regelungen. So sind auch wir angewiesen auf Ihre Hinweise und kritischen Anmerkungen, für die wir vorab danken wollen. Richten Sie diese bitte an:

Michael Wipp
Berckmüllerstr. 1 A
76131 Karlsruhe
info@michael-wipp.de

Prof. Ronald Richter
Mönckebergstraße 17
20095 Hamburg
ronald.richter@richter-rae.de

Wir danken Klaus Mencke und dem gesamten Buch-Team von Vincentz Network für die schnelle Umsetzung unserer Manuskripte, damit wir Ihnen bereits zu Beginn der Vorbereitungszeit Informationen an die Hand geben können.

Karlsruhe/ Hamburg im März 2019

Michael Wipp   *Ronald Richter*

Kapitel 1 // Das neue System – So funktioniert's

1.1 Die Qualitätsverantwortung

Die Verantwortung für die Qualität der erbrachten Leistungen in ihren Einrichtungen tragen die Träger der Pflegeeinrichtungen nach der Zulassung zur Erbringung von Pflegeleistungen durch Abschluss eines Versorgungsvertrages nach den §§ 71, 72 SGB XI. Unbeschadet des Sicherstellungsauftrags der Pflegekassen (§ 69 SGB XI) sind die Träger der Pflegeeinrichtungen für die Qualität der Leistungen in ihren Einrichtungen einschließlich der Sicherung und Weiterentwicklung der Pflegequalität allein verantwortlich.

Grundsatz des § 112 Abs. 1 Satz 1 SGB XI: Die Träger der Pflegeeinrichtungen bleiben, unbeschadet des Sicherstellungsauftrags der Pflegekassen (§ 69 SGB XI), für die Qualität der Leistungen ihrer Einrichtungen einschließlich der Sicherung und Weiterentwicklung der Pflegequalität verantwortlich.

Die Eigenverantwortung der Träger der Pflegeeinrichtungen umfasst nach Ansicht des Gesetzgebers (Bundestag-Drucksache 14/5395, S. 19) die Pflicht und das Recht, durch Verträge die personelle und sächliche Ausstattung bereitzustellen, die für eine leistungs- und qualitätsgerechte Versorgung der von ihren Pflegeeinrichtungen in Obhut genommenen konkreten Bewohnerinnen und Bewohner erforderlich ist. Die Erfüllung dieser Anforderungen wird als wesentlicher Maßstab für die Beurteilung der Leistungsfähigkeit einer Pflegeeinrichtung und der Qualität ihrer Leistungen angesehen. Als vergütungsrechtliche Konsequenz aus dieser Regelung wird gefolgert, dass die Leistungs- und Qualitätsanforderungen, die das Gesetz an eine Pflegeeinrichtung stellt, ihr auch bezahlt werden müssen (dies ist die leistungsgerechte Vergütung, § 84 Abs. 2 SGB XI!). Doch hier soll es nicht um die leistungsgerechte Vergütung – der Kehrseite der Qualitäts-Medaille – gehen, sondern allein um die Qualität und deren Prüfungen. Daher ist es erfreulich, dass in Satz 4 der Präambel MuG eine vertragliche Verbindung zwischen den Qualitätsbestimmungen und der Pflegesatzvereinbarung hergestellt wird, also die Selbstverständlichkeit bestätigt wird, dass Qualität Geld kostet! Wörtlich heißt es dort:

Präambel Satz 4 MuG: Diese Vereinbarung ist für alle Pflegekassen und deren Verbände sowie für die zugelassenen vollstationären Pflegeeinrichtungen unmittelbar verbindlich (§ 113 Abs. 1 Satz 8 SGB XI) und bei allen weiteren Vereinbarungen nach dem SGB XI (insbesondere Versorgungsverträge, Rahmenverträge, Pflegesatzvereinbarungen, Transparenzvereinbarungen) und den Richtlinien nach § 114a Abs. 7 SGB XI von den Vertragsparteien zu beachten.

Die Qualitätsverantwortung übernimmt der Träger der Pflegeeinrichtung automatisch, nachdem dieser mit dem Abschluss des Versorgungsvertrages mehrere Verpflichtungen übernommen hat. Die Maßstäbe der Pflegequalität werden also nicht erst durch die MuG oder die durchgeführten Qualitätsprüfungen konkretisiert und aktualisiert. Die Einhaltung der Qualitätsanforderungen bei der Leistungserbringung ist bereits Vorbedingung für die Zulassung durch den Versorgungsvertrag (BSG, Urt. v. 16.5.2013, B 3 P 5/12 R). Folgende Voraussetzungen sind daher zu erfüllen: Die Pflegeeinrichtung wird unter der ständigen Verantwortung einer leitenden Pflegefachkraft geführt (§ 71 SGB XI) und es wird der Anforderungskatalog des § 72 Abs. 3 SGB XI eingehalten, insbesondere ein einrichtungsinternes Qualitätsmanagement eingeführt und dieses weiterentwickelt. Dabei werden durch § 112 Abs. 2 SGB XI vier Bausteine für ein Qualitätssicherungskonzept herausgestellt, gesetzlich geregelt und im Folgenden einführend beschrieben:

Die Verpflichtung,
- Maßnahmen zur Qualitätssicherung durchzuführen,
- ein Qualitätsmanagement einzuführen und weiterzuentwickeln,
- die gesetzlichen Expertenstandards nach § 113a SGB XI anzuwenden und
- an Qualitätsprüfungen mitzuwirken.

§ 112 Abs. 2 Satz 1 SGB XI: Die zugelassenen Pflegeeinrichtungen sind verpflichtet, Maßnahmen der Qualitätssicherung sowie ein Qualitätsmanagement nach Maßgabe der Vereinbarungen nach § 113 SGB XI durchzuführen, Expertenstan-

dards nach § 113a SGB XI anzuwenden sowie bei Qualitätsprüfungen nach § 114 SGB XI mitzuwirken.

§ 112 Abs. 1 SGB XI betont zwar die vorrangige Qualitätsverantwortung der Träger der Pflegeeinrichtung und bindet sie aber letztlich lediglich in die auch durch die Pflegestärkungsgesetze immer stärker ausgebildeten Verantwortungsrollen ein, die den Pflegekassen und mit ihnen dem Medizinischen Dienst der Krankenversicherung (MDK) und mittlerweile auch dem Prüfdienst des Verbandes der PKV im Zusammenhang mit der Qualitätssicherung zugeordnet werden. Dabei besteht die kritisch zu betrachtende Tendenz, dass die originäre Qualitätsverantwortung der Pflegeeinrichtungen und ihrer Träger immer stärker dominiert wird durch die Qualitätsvorgaben, welche durch die gemeinsame Selbstverwaltung sowohl über die Maßstäbe und Grundsätze gemäß § 113 SGB XI als auch durch die Qualitätsdarstellungsvereinbarung nach § 115 Abs. 1a SGB XI vereinbart werden. Die Mitverantwortung der Pflegekassen, neben den Pflegeeinrichtungen und Trägern, eine dem anerkannten Standard entsprechende Qualität pflegerischer Leistungen zu erbringen, ergibt sich bereits aus der allgemeinen Leistungsnorm des § 28 SGB XI.

§ 28 Abs. 3 SGB XI: Die Pflegekassen und die Leistungserbringer haben sicherzustellen, daß die Leistungen nach § 28 Abs. 1 SGB XI nach allgemein anerkanntem Stand medizinisch-pflegerischer Erkenntnisse erbracht werden.

Die im Pflegequalitätsstärkungsgesetz vom 9.9.2001 (PQsG – BGBl. I 2001, S. 2320) erstmalig definierte – und seitdem mit (nahezu) jeder gesetzlichen Reform stärker werdende – Qualitätsprüfungsrolle der Pflegekassen wurde vom Bundesgesetzgeber vor allem deshalb als notwendig angesehen, weil die eigentlich dafür zuständigen Heimaufsichten der Bundesländer ihren Prüfungspflichten nicht hinreichend nachkamen. Dabei regelte das damals geltende Heimgesetz in § 15 Abs. 1 Satz 1 HeimG a.F. ausdrücklich, dass „die Heime ... durch wiederkehrende oder anlassbezogene Prüfungen überwacht werden." Nach der Berichterstattung in den regionalen und überregionalen Medien über den 2. Bericht des MDS nach § 118 Abs. 4 SGB XI (2007) wurde das Misstrauen gegenüber der Qualitätsfähigkeit der Einrichtungen zum Gegenstand gesetzgeberischer Tätigkeiten. Zwar hatte der MDS den Pflegeeinrichtungen attestiert, dass diese in den zurückliegenden drei Jahren seit dem 1. Bericht (2004) erkennbare Anstrengungen unternommen hatten, um die Pflegequalität in den Pflegeeinrichtungen weiterzuentwickeln. Bei vielen Qualitätskriterien wurden Verbesserungen nachgewiesen, berichtet wurde aber allein über die bestehenden Probleme.

Die neuen §§ 112 bis 120 SGB XI sollten die Qualität der pflegerischen Leistungen erhöhen und Missstände, die in der Öffentlichkeit vermehrt diskutiert wurden, künftig verhindern. Vorher hatte allein § 80 SGB XI a.F. die Grundlage für eine Vereinbarung zur Qualität in den Gemeinsamen Grundsätzen vom 7.3.1996 gebildet. Die Gemeinsamen Grundsätze waren die Basis des einrichtungsindividuellen internen Qualitätsmanagements und so ein erster Schritt zum „Kennenlernen" der Prüfungsregelungen. § 80 SGB XI a.F. und der ebenfalls durch das PQsG eingeführte § 80a SGB XI a.F. wurden im Zuge der Zusammenführung aller Qualitätsvorschriften im 11. Kapitel (§§ 112 ff. SGB XI) durch das Pflege-Weiterentwicklungsgesetz (PflWEG – BGBl. I 2008, S. 874) zum 1.7.2008 aufgehoben. Das zunächst verfolgte Gesamtkonzept mit den vorgesehenen Leistungs- und Qualitätsnachweisen nach § 114 SGB XI a.F. scheiterte weitgehend. Es konnte nicht umgesetzt werden, nachdem die begleitende Verordnung nach § 118 SGB XI a.F. durch das Votum der Bundesländer im Bundesrat abgelehnt worden war (vgl. Bundesrat-Drucksache 588/02).

Durch das PflWEG ergaben sich durch die Abschaffung des Systems von Leistungs- und Qualitätsnachweisen weitreichende Änderungen. Eingeführt wurde die Vereinbarung von individuellen Leistungs- und Qualitätsmerkmalen in der jeweiligen Pflegesatzvereinbarung (§ 84 Abs. 5 Satz 1 SGB XI), also ein engerer Bezug der Leistungs- und Qualitätsvorgaben auf die vergütungsrechtlichen Regelungen.

§ 84 Abs. 5 Satz 1 SGB XI: In der Pflegesatzvereinbarung sind die wesentlichen Leistungs- und Qualitätsmerkmale der Einrichtung festzulegen.

Die Maßnahmen zur Qualitätssicherung und das interne Qualitätsmanagement wurden inhaltlich ausgestaltet durch zwei verschiedene Vereinbarungstypen: Zum einen durch die gemäß § 113 SGB XI vom Spitzenverband Bund der Pflegekassen mit den Vereinigungen der Träger der Pflegeeinrichtungen (u. a.) abzuschließen Maßstäbe und Grundsätze. An deren Verhandlung und näheren Ausgestaltung ist der Träger der einzelnen Pflegeeinrichtung nicht bzw. nur mittelbar über den Trägerverband beteiligt (Juristen sprechen dann gern von „Normsetzung durch Vertrag"). Dabei soll die unternehmerische Freiheit des Trägers der Einrichtungen insbesondere durch die allgemein geltenden Maßstäbe und Grundsätze nicht eingeschränkt werden. Vielmehr ist dieser bei der Wahl seines Qualitätssicherungsverfahrens frei.

Andererseits werden ganz individuell für jede einzelne Pflegeeinrichtung Leistungs- und Qualitätsmerkmale nach § 84 Abs. 5 SGB XI innerhalb der Vergütungsvereinbarung verhandelt und vereinbart. Die innerhalb der Vergütungsvereinbarung abzuschließenden Leistungs- und Qualitätsmerkmale (LQM) ersetzten den bis zum 30.6.2008 abzuschließenden besonderen Vertragstyps der Leistungs- und Qualitätsvereinbarung (LQV, § 80a SGB XI a.F.), da diese unverzichtbaren Elemente als Vereinbarungsbestandteil in die ohnehin regelmäßig abzuschließenden Vergütungsvereinbarungen aufgenommen wurden (Bundestag-Drucksache 16/7430, S. 71). Die vereinbarten Leistungs- und Qualitätsmerkmale sind für die Beurteilung der Leistungsfähigkeit einer Pflegeeinrichtung und der Qualität ihrer Leistungen nach § 112 Abs. 1 Satz 2 SGB XI maßgebend. Die wesentlichen Leistungs- und Qualitätsmerkmale einer Pflegeeinrichtung werden in § 84 Abs. 5 Satz 2 SGB XI beschrieben.

§ 84 Abs. 5 Satz 2 SGB XI: Hierzu gehören insbesondere
1. *die Zuordnung des voraussichtlich zu versorgenden Personenkreises sowie Art, Inhalt und Umfang der Leistungen, die von der Einrichtung während des nächsten Pflegesatzzeitraums erwartet werden,*
2. *die von der Einrichtung für den voraussichtlich zu versorgenden Personenkreis individuell vorzuhaltende personelle Ausstattung, gegliedert nach Berufsgruppen, sowie*
3. *Art und Umfang der Ausstattung der Einrichtung mit Verbrauchsgütern (§ 82 Abs. 2 Nr. 1 SGB XI).*

Während der Leistungsumfang und die Ausstattung mit Verbrauchsgütern in gewöhnlich landesweit geltenden Vereinbarungen im Rahmen der Rahmenverträge oder ihren Anlagen beschrieben werden, können die Einrichtungen die für die Qualität der Pflege und Betreuung zentrale Personalausstattung praktisch (nur) im Rahmen der Vorgaben des jeweiligen Rahmenvertrages auf Landesebene gem. § 75 Abs. 3 SGB XI verhandeln und vereinbaren. Die Einrichtung einer wissenschaftlichen Expertenkommission nach § 113c SGB XI mit einer Berichtspflicht zum 30.6.2020 durch das Pflegestärkungsgesetz II (PSG II – BGBl. I 2015, S. 2424) dürfte lediglich als ein „Feigenblatt" für das gesetzgeberische Versagen im Rahmen der Pflegestärkungsgesetze sein, auch wenn die beschriebenen Ziele durchaus ambitioniert sind. So sind die Verbände der Pflegekassen und die Verbände der Leistungserbringer vorrangig in den einzelnen Bundesländern aufgerufen, die Landes-Rahmenverträge nach § 75 SGB XI zügig neu zu verhandeln, dabei verbindliche Verfahren zur Ermittlung des Personalbedarfs nach § 75 Abs. 3 Satz 1 Nr. 1 SGB XI einzuführen und zeitgemäße Pflegepersonalschlüssel zu vereinbaren. Die meisten bisherigen Rahmenverträge stammen aus der Anfangszeit der Pflege und bilden weder den sich in den letzten 20 Jahren dramatisch veränderten versorgten Personenkreis noch die sonstige allgemeine Arbeitsverdichtung ab. Vor allem aber beruhen sie nicht auf pflegewissenschaftlichen oder sonstigen fachlichen Erkenntnissen, während die Personalausstattung der Pflegeheime in der Öffentlichkeit und auch in der Fachwelt vielfach als unzureichend betrachtet wird. Ebenso wird eine Unterscheidung der Einsatzbereiche und Anforderungen in der Unterscheidung der Pflegefachkräfte, von den Betreuungskräften, den pflegenden Angehörigen und den ehrenamtlich Tätigen in der Praxis vermisst. § 113c SGB XI will diesem Erkenntnisproblem abhelfen.

§ 113c Abs. 1 Sätze 2 – 3 SGB XI: Die Entwicklung und Erprobung ist bis zum 30. Juni 2020 abzuschließen. Es ist ein strukturiertes, empirisch abgesichertes und valides Verfahren für die Personalbemessung in Pflegeeinrichtungen auf der Basis des durchschnittlichen Versorgungsaufwands für direkte und indirekte pflegerische Maßnahmen sowie für Hilfen bei der Haushaltsführung unter Berücksichtigung der fachlichen Ziele und Konzeption des ab dem 1. Januar 2017 geltenden Pflegebedürftigkeitsbegriffs zu erstellen. Hierzu sind einheitliche Maßstäbe zu ermitteln, die insbesondere Qualifikationsanforderungen, quantitative Bedarfe und die fachliche Angemessenheit der Maßnahmen berücksichtigen.

Derzeit wird – ohne eine bundesweit konsentierte pflegewissenschaftliche Grundlage – nur eine „vereinbarte Qualität", also keine gesetzlich festgelegte oder wissenschaftlich belegte Qualität, vereinbart. Die dabei zwangsläufig limitierten Möglichkeiten, eine in einem weitreichenderen Verständnis angemessene Personalausstattung zu vereinbaren, gehen allerdings auch auf das Kostenbewusstsein insbesondere der Träger der Sozialhilfe beim Abschluss der Rahmenverträge und der individuellen Pflegesatzvereinbarungen zurück. Außerdem hat die Entwicklung der einrichtungseinheitlichen Eigenanteile gezeigt, wie problematisch die gedeckelten Sachleistungsbeträge der Pflegeversicherung nach § 43 SGB XI mit ihren festen Budgets wirken. So musste letztlich der Bundesgesetzgeber regelnd eingreifen, um wenigstens eine Absenkung (!) der Pflegepersonalschlüssel aufgrund der Einführung der entbürokratisierten Pflegedokumentation zu vermeiden, § 113 Abs. 1b Satz 6 SGB XI. Sollen die betroffenen Pflegebedürftigen, ihre Angehörigen und die Träger der Sozialhilfe keinen massiven Mehrbelastungen ausgesetzt werden, dürften Umfang und Finanzierung der Pflegeversicherungsleistungen spätestens mit der Feststellung wissenschaftlich fundierter Personalschlüssel grundlegend neu zur Diskussion stehen.

§ 113 Abs. 1b Satz 6 SGB XI: Soweit sich in den Pflegeeinrichtungen zeitliche Einsparungen ergeben, die Ergebnis der Weiterentwicklung der Pflegedokumentation auf Grundlage des pflegefachlichen Fortschritts durch neue, den Anforderungen nach Satz 3 entsprechende Pflegedokumentationsmodelle sind, führen diese nicht zu einer Absenkung der Pflegevergütung, sondern wirken der Arbeitsverdichtung entgegen.

Die Rechtsänderung der Qualitätsvorschriften in den §§ 112 ff. SGB XI zum 01.07.2008 stärkte vor allem das Vereinbarungsprinzip. Die Eigenverantwortung der Träger für die Sicherung und Weiterentwicklung der Pflegequalität in ihren Einrichtungen wird dem „QUALITÄTSSICHERUNGSKONZEPT" der §§ 112 ff. SGB XI vorangestellt. Sie gilt selbstständig und unabhängig von dem Sicherstellungsauftrag der Pflegekassen. Die Pflegeeinrichtungen sind Vertragspartner ihrer Bewohnerinnen und Bewohner, daher primär ihnen gegenüber verpflichtet und auch nach dem gesetzlich geregelten Selbstverständnis eigenverantwortliche Akteure, § 11 Abs. 1 Satz 1 SGB XI.

§ 11 Abs. 1 Satz 1 SGB XI: Die Pflegeeinrichtungen pflegen, versorgen und betreuen die Pflegebedürftigen, die ihre Leistungen in Anspruch nehmen, entsprechend dem allgemein anerkannten Stand medizinisch-pflegerischer Erkenntnisse.

Alle grundlegenden Qualitätssicherungsbausteine, die Maßstäbe und Grundsätze (§ 113 SGB XI), die Expertenstandards (§ 113a SGB XI) und die Qualitätsdarstellungsvereinbarung (§ 115 Abs. 1a SGB XI), sind daher zu vereinbaren und werden so auch von den Pflegeeinrichtungen und ihren Träger – allerdings über die Verbände der Leistungserbringer – mitbestimmt und abgeschlossen. Der Gesetzgeber (Bundestag-Drucksache 14/5395, S. 28 – PQsG) machte dadurch deutlich, dass Qualität nicht in die Pflegeeinrichtungen hinein geprüft werden kann, sondern von diesen – quasi von innen heraus – entwickelt werden muss. Gleichwohl wurde der gesetzlich geregelte Kontroll- und Prüfaufwand im Gefüge des SGB XI stetig ausgeweitet. Dabei wurde allen Beteiligten klar, dass das INTERNE QUALITÄTSMANAGEMENT der Pflegeeinrichtungen letztlich der wichtigste Faktor für die Qualitätsentwicklung und -sicherung ist und daher auch für eine vergleichende Qualitätsdarstellung nicht außen vor bleiben kann. Mit dem Pflege-Neuausrichtungs-Gesetz (PNG – BGBl. I 2012, S. 2246) sollte ein neuer Weg in der Qualitätsmessung und -prüfung sowie als Basis anschließender Qualitätsberichterstattung eingeschlagen werden. § 113 Abs. 1 Satz 4 Nr. 4 SGB XI a.F. sah bis zum 31.12.2015 vor, dass die Selbstverwaltung auf Bundesebene Anforderungen an ein indikatorengestütztes Verfahren zur vergleichenden Messung und Darstellung von Ergebnisqualität im stationären Bereich regeln sollte, das auf der Grundlage einer strukturierten Datenerhebung im Rahmen des internen Qualitätsmanagements eine Qualitätsberichterstattung und die externe Qualitätsprüfung ermöglicht. Diesen Auftrag konnten die Vertragsparteien in den drei Jahren der Gültigkeit der Vorschrift nicht einlösen.

Mit den umfangreichen Reformen des SGB XI durch die Pflegestärkungsgesetze I bis III (PSG I – BGBl. I 2014, S. 2222; PSG II – BGBl. I 2015, S. 2424; PSG III – BGBl. I 2016, 3191) wurden auch weitreichende Änderungen der Regelungen zur Pflegequalität in den §§ 112 ff. SGB XI vorgenommen. Der Gesetzgeber beabsichtigte auch insoweit, die Regelungen für die soziale und private Pflegeversicherung auf neue Füße zu stellen. Die zum 31.12.2015 geltende Verpflichtung der Selbstverwaltung zur Reglung von Anforderung an ein indikatorengestütztes Qualitätsmessungsverfahren wird durch den neu eingefügten § 113 Abs. 1a SGB XI fortgeschrieben. Außerdem wird zudem für die Vereinbarung zwingend eine unabhängige wissenschaftliche Ausgestaltung eines konkreten Datenerhebungsinstrumentes, eines Übermittlungs- und Auswertungsverfahrens einschließlich einer Bewertungssystematik und eines Verfahrens zur externen Prüfung der erhobenen Daten geregelt, § 113b Abs. 4 Satz 2 Nr. 1 und 2 SGB XI. Für die Qualitätssicherung wie auch für die Qualitätsdarstellung sind deshalb auf wissenschaftlicher Grundlage vom Spitzenverband Bund der Pflegekassen, der Bundesarbeitsgemeinschaft der überörtlichen Träger der Sozialhilfe, der Bundesvereinigung der kommunalen Spitzenverbände und der Vereinigungen der Träger der Pflegeeinrichtungen auf Bundesebene gemeinsam und einheitlich neue Maßstäbe und Grundsätze zur Sicherung und Weiterentwicklung der Pflegequalität nach § 113 SGB XI zu vereinbaren. Dies erfolgt unter Beteiligung des Medizinischen Dienstes des Spitzenverbandes Bund der Krankenkassen (MDS), des Verbandes der privaten Krankenversicherung e. V., der Verbände der Pflegeberufe auf Bundesebene, der maßgeblichen Organisationen für die Wahrnehmung der Interessen und der Selbsthilfe der pflegebedürftigen und behinderten Menschen sowie unabhängiger Sachverständiger. Die neuen MuG sollen insbesondere die Anforderungen an die Pflegedokumentation und eine indikatorengestützte Ermittlung der Ergebnisqualität regeln. Darüber hinaus sind – stationäre und ambulante – Qualitätsdarstellungsvereinbarungen nach § 115 SGB XI zu schließen, die an die Stelle der bisherigen Pflege-Transparenzvereinbarung und der vielfach kritisierten Pflegenoten treten. Besonderes Augenmerk ist auch auf die Weiterentwicklung der gesetzlichen Expertenstandards nach § 113a SGB XI und die Personalbemessung der Einrichtungen nach § 113c SGB XI zu richten. Die Zusammenarbeit der Vertragsparteien wird im neu errichteten Qualitätsausschuss nach § 113b SGB XI, der auch an die Stelle der bisherigen Bundes-Schiedsstelle tritt, neu geregelt. Eingriffs- und Aufsichtsrechte des Bundesministeriums für Gesundheit wurden deutlich gestärkt.

Mit dem Pflegepersonal-Stärkungsgesetz (PpSG – BGBl. I 2018, S. 2394) legte der Gesetzgeber schließlich den Beginn der neu geregelten Erhebung und Übermittlung von indikatorenbezogenen Daten zur vergleichenden Messung und Darstellung von Ergebnisqualität in vollstationären Pflegeeinrichtungen mit dem 1.10.2019 fest. Die im Rahmen des indikatorengestützten Verfahrens gewonnenen Qualitätsdaten dienen als Informationsgrundlage für die Qualitätsprüfungen und sind eine wesentliche Grundlage für die Qualitätsdarstellung nach § 115 Abs. 1a SGB XI. Parallel zu der verpflichtenden Indikatorenerhebung nach § 114b Abs. 1 Satz 1 SGB XI durch die zugelassenen vollstationären Einrichtungen beginnt daher auch für die Qualitätsprüfungen ein neuer Prüfrhythmus. In dem Zeitraum 1.11.2019 bis zum 31.12.2020 soll jede zugelassene vollstationäre Pflegeeinrichtung mindestens einmal geprüft sein. Um Anreize für die Einrichtungen zu setzen, sich um ein hohes Qualitätsniveau zu bemühen, soll zudem zukünftig die Möglichkeit bestehen, den jährlichen Prüfrhythmus für Einrichtungen mit guten Qualitätsergebnissen auf zwei Jahre zu verlängern. Regelprüfungen in allen zugelassenen Pflegeeinrichtungen sind grundsätzlich am Tag zuvor anzukündigen. Die Erfahrungen mit der wissenschaftlichen Erprobung von Prüfungen mit Bezug auf indikatorenbezogenen Daten zur vergleichenden Messung und Darstellung von Ergebnisqualität in vollstationären Pflegeeinrichtungen haben gezeigt, dass durch die kurzfristige Ankündigung eine bessere organisatorische Vorbereitung der Prüfung ermöglicht wird. Angekündigt wird dabei lediglich der Termin der Prüfung. Hingegen erfolgt ausdrücklich keine Information über die in die Prüfung einbezogene Stichprobe von Pflegebedürftigen. Welche Bewohner in die Prüfung einbezogen werden sollen, wird der Einrichtung vielmehr erst nach dem Eintreffen der Prüfer mitgeteilt. Angesichts dieser Verfahrensweise und mit Blick auf die geringere Bedeutung der Pflegedokumentation bei den neuen Prüfungen wird die Gefahr von Manipulationen daher als gering eingeschätzt. Hingegen besteht bei kurzfristiger vorheriger Bekanntgabe des Prüftermins die Aussicht auf einen besseren Organisationsablauf während der Prüfungen. Davon können alle an der Prüfung unmittelbar Beteiligten profitieren, aber auch die nicht in die Prüfung einbezogenen Pflegebedürftigen, deren Versorgung auf diese Weise besser sichergestellt werden kann (Bundestag-Drucksache 19/5593 S. 133f).

Aufbau Qualitätssicherung im Gesetz

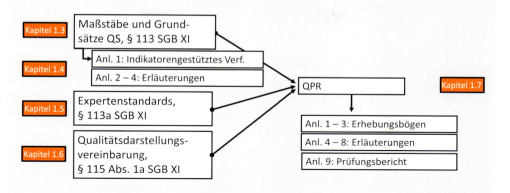

> **! BEARBEITUNGSHINWEIS**
>
> Um nicht den berühmten „roten Faden" zu verlieren, soll das vorstehende Schaubild stets auch bildlich signalisieren, an welcher Stelle im Qualitätssicherungsverfahren wir uns gerade befinden. Die Bausteine bauen aufeinander auf und stehen so in einer direkten, logischen Beziehung. In der Anwendung sind aber die verschiedenen Ebenen voneinander zu unterscheiden.

Die zentrale Voraussetzung für das Gelingen der Umsetzung der gesetzlichen und vertraglichen Anforderungen an das Qualitätsmanagement ist deren detaillierte inhaltliche Kenntnis. Diese Feststellung mag selbstverständlich klingen: Gleichwohl zeigt die Praxis, dass viele verantwortlich Handelnde in leitenden Positionen die gesetzlich geregelten oder vertraglich vereinbarten „Spielregeln" nicht oder nur vage kennen. Auf die davon ausgehenden Gefahren können wir nur abstrakt hinweisen. Im schlimmsten Fall werden die Arbeitsplätze der Mitarbeiter (mögliche Belegungsschwierigkeiten durch schlechte Benotung, Rückzahlungen oder mögliche Kündigung des Versorgungsvertrags infolge der Nichteinhaltung vertraglicher Vereinbarungen etc.) gefährdet. Auch das Argument „zuerst kommt bei uns der Bewohner und nicht der Papierkram" zeugt lediglich von einer Nichtkenntnis der Anforderungen, weil es hier nicht um die Frage einer Prioritätensetzung geht. Die konzeptionelle Qualität erhält natürlich ihren Ausdruck in der praktischen Umsetzung. Aber das bloße Tun ersetzt nicht den Nachweis, warum etwas getan wird!

Die weite gesetzliche Anordnung der Kontrolle der Pflegequalität durch die Pflegekassen erfolgt allerdings nicht einseitig. Die Pflegeeinrichtungen selbst und die Träger der Pflegeeinrichtungen haben einen Rechtsanspruch gegen den MDK bzw. den Prüfdienst des PKV auf Beratung in allen Fragen der Qualität. Diese müssen sich also aktiv und konkret in die Weiterentwicklung der Pflegequalität einbringen. Mit dem Gesetz zur Änderung des Infektionsschutzgesetzes und weiterer Gesetze (IfSGuaÄndG – BGBl. I 2011, S. 1622) erfolgte die Ergänzung in § 112 Abs. 3 SGB XI, dass auch der Prüfdienst des Verbandes der PKV zur Beratung der Einrichtungen verpflichtet ist. Diese Pflicht korrespondiert mit seinen neuen Prüfbefugnissen nach den §§ 114 ff. SGB XI.

§ 112 Abs. 3 SGB XI: Der Medizinische Dienst der Krankenversicherung und der Prüfdienst des Verbandes der privaten Krankenversicherung e. V. beraten die Pflegeeinrichtungen in Fragen der Qualitätssicherung mit dem Ziel, Qualitätsmängeln rechtzeitig vorzubeugen und die Eigenverantwortung der Pflegeeinrichtungen und ihrer Träger für die Sicherung und Weiterentwicklung der Pflegequalität zu stärken.

Die andauernden Änderungen im System der Pflegequalitätsprüfung und -darstellung und die kritische Berichterstattung über den Zustand der stationären Pflege sollten nicht darüber hinwegtäuschen, dass seit der Einführung der Pflegeversicherung insgesamt eine positive Entwicklung der Pflegequalität zu verzeichnen ist (mit gleichwohl unleugbaren strukturellen Problemen wie der Personalausstattung). Hilfreich war die Emanzipation und Entwicklung der Pflegewissenschaft als eigenständige akademische Disziplin, so dass die institutionelle Pflege längst weg von einer schlichten „Satt-und-sauber-Kultur" hin zu einer ganzheitlichen Betreuung und Versorgung auch kognitiv beeinträchtigter Menschen im Alter mit vielfältigen, in weiten Teilen staatlich finanzierten und geförderten, Leistungsangeboten ist. Die nun vorgenommene Verzahnung von internem Qualitätsmanagement und externen Qualitätsprüfungen, vor allem aber die stärkere Berücksichtigung der Ergebnisqualität wird weitere positive Effekte bringen.

1.2 Das gesetzliche Modell der Sicherung der Pflegequalität

Seit 1.7.2008 mit dem Inkrafttreten des Pflege-Weiterentwicklungsgesetz (PflWEG – BGBl. I 2008, S. 874) und der Zusammenführung aller Qualitätsvorschriften im 11. Kapitel des SGB XI (§§ 112 ff. SGB XI) stützt sich die Sicherung der Pflegequalität auf drei Säulen (Bundestag-Drucksache 16/7439, S. 41). Ziel war die Stärkung des Prozesses der Qualitätsverbesserung und durch weitere Instrumente und Verfahren eine größere Nachhaltigkeit in der Qualitätsentwicklung zu generieren:

1. Säule: Qualitätsentwicklung durch Verankerung von Expertenstandards

Maßstab der Qualität pflegerischer Leistungen ist nach § 11 Abs. 1 Satz 1 SGB XI der allgemein anerkannte Stand medizinisch-pflegerischer Erkenntnisse. Expertenstandards als Ergebnis eines fachlich organisierten und konsensorientierten Diskussionsprozesses stellen ein wichtiges Instrument der internen Qualitätsentwicklung in der Pflege dar und tragen wesentlich zur Konkretisierung des allgemein anerkannten Standes bei. Zwar kann die Umsetzung von Expertenstandards bei ihrer Neueinführung zunächst eine fachliche Herausforderung für die Pflegenden, die Pflegeeinrichtungen und deren Träger darstellen. Zunehmend wird aber auch deutlich, dass das Instrument des Expertenstandards Unterstützung, Sicherheit und praktische Expertise im Pflegealltag vermittelt. Die Entwicklung und die Überarbeitung von Expertenstandards als ein wesentliches Instrument der Qualitätsentwicklung finden daher im institutionellen Rahmen und im rechtlichen Zusammenhang des SGB XI statt. Im Rahmen der Qualitätssicherung müssen die fachlichen Vorgaben nicht nur angewendet werden, sondern sind Expertenstandards durch ein hierzu berufenes Vertragsgremium weiterzuentwickeln und neu zu schaffen (§ 113a SGB XI).

Die Vertragsparteien nach § 113 SGB XI (bis dahin: § 80 SGB XI a.F.), das heißt der Spitzenverband Bund der Pflegekassen, die Bundesarbeitsgemeinschaft der überörtlichen Träger der Sozialhilfe, die Bundesvereinigung der kommunalen Spitzenverbände und die Vereinigungen der Träger der Pflegeeinrichtungen auf Bundesebene, erhalten die Aufgabe, wissenschaftlich fundierte und fachlich abgestimmte Expertenstandards zur Sicherung und Weiterentwicklung der Qualität in der Pflege zu entwickeln und zu beschließen. Sie tragen damit die unmittelbare Verantwortung für die methodische Richtigkeit und die fachliche Qualität der Expertenstandards, für deren Entwicklung und Aktualisierung sowie für die Transparenz des Verfahrens. In einer von den Vertragsparteien zu erarbeitenden Verfahrensordnung ist das Vorgehen auf anerkannter methodischer Grundlage, insbesondere die Unabhängigkeit des Verfahrens, die wissenschaftliche Fundierung, die Schrittfolge von Entwicklung, fachlicher Abstimmung, Praxiserprobung und modellhafter Umsetzung eines Expertenstandards sowie die Transparenz des Verfahrens, festzulegen. Die Vertragsparteien beschließen die Expertenstandards und stellen ihre Einführung sicher.

2. Säule: Stärkere Anerkennung des internen Qualitätsmanagements und Transparenz der Ergebnisse

Ergebnisse von Prüfungen und Zertifizierungen, die im Rahmen des Qualitätsmanagements von Einrichtungen erstellt werden, müssen bei der Prüfung durch den MDK bzw. den Prüfdienst des PKV durch eine Verringerung der Prüftiefe oder eine Verlängerung des Prüfturnus berücksichtigt werden. Die Vertragsparteien werden verpflichtet, Anforderungen an Prüfinstitutionen und Verfahren der Zertifizierung festzulegen.

Mit dem Ziel, mehr Transparenz und Vergleichbarkeit für die Pflegebedürftigen zu erreichen, sind die Ergebnisse der Qualitätsprüfungen des MDK zur Darstellung der in den Pflegeeinrichtungen erbrachten Leistungen und deren Qualität sowie daraus abzuleitender Anforderungen zu veröffentlichen. Sind anlassbezogene Prüfungen in Pflegeeinrichtungen erforderlich, die bereits Qualitätszertifikate oder Gütesiegel erhalten haben, sind auch die Ergebnisse dieser Prüfungen zu veröffentlichen. Die Veröffentlichung der Ergebnisse der externen Qualitätsprüfung erfolgte über die Pflegenoten, die im Transparenzbericht einen Teil der Ergebnisse aus der umfangreicheren Qualitätsprüfung abbilden. Diese Verdichtung der Feststellungen aus der Qualitätsprüfung auf vier Notenbereiche (zusätzlich die Bewohnerbefragung) war zwar schnell für den Verbraucher wahrnehmbar, wurde aber ebenso rasch Gegenstand der Kritik.

Die Verdichtung der Daten aus der externen Qualitätsprüfung sowie die Wahrnehmung der Vorbereitungsmöglichkeiten der Pflegeeinrichtungen durch die Veröffentlichung der Ausfüllanleitung als Anlage zur damaligen QPR führten dazu, dass bald alle Pflegeeinrichtungen mit sehr guten Ergebnissen ausgestattet waren. So liegt das bundesweite Gesamtergebnis nach dem Newsletter der Datenclearingstelle (DCS) aus dem Februar 2019 bei der Note 1,2

Transparenzbericht und Prüfbericht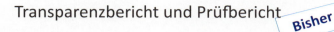

(mit Bewohnerbefragung 1,1). Ohne eine Spreizung der Noten sind aber Qualitätsunterschiede, die es geben muss, nicht erkennbar. Als dann noch einzelne stationäre Pflegeeinrichtungen von den zuständigen Heimaufsichten wegen Qualitätsmängel teilweise geschlossen wurden, die kurz vorher bei der Transprüfung eine gute Note erhalten hatten, war das Schicksal der Pflegenoten besiegelt. Die nachfolgenden Werte der einzelnen Bundesländer aus dem Februar 2019 soll es mit Beginn der Veröffentlichung der neuen Daten am 1.7.2020 (§ 114b Abs. 2 SGB XI) nicht mehr geben.

Daher ist der gesetzliche Auftrag zur Qualitätsdarstellung des Indikatorenmodells viel umfassender geworden. Die Vertragsparteien vereinbaren in der Qualitätsdarstellungsvereinbarung die Form der Darstellung und eine Bewertungssystematik, die es den Pflegebedürftigen und ihren Angehörigen ermöglicht, eine vergleichende und übersichtliche Einschätzung der Qualität von Pflegeeinrichtungen zu gewinnen. Für den stationären Bereich sind zur Darstellung der Ergebnisqualität insbesondere die nach Maßgabe der Vereinbarung nach § 113 SGB XI ausgewerteten Daten des Indikatorenmodells zu berücksichtigen. Als weitere Bestandteile der Qualitätsberichterstattung sind auch ergänzende Daten zur Struktur- und Prozessqualität darzustellen, die aus Qualitätsprüfungen auf der Grundlage der Richtlinien nach § 114a Abs. 7

Region	Anzahl geprüfte Pflege-einrich-tungen*	Noten (Mittelwert) nach Versorgungsbereichen					
		Versorgungsbereiche				Gesamt-ergebnis (ohne Bewohner-Befragung)	Befragung der Bewohner
		Pflege und medizin. Versorgung	Umgang mit demenz-kranken Bewohnern	Betreuung und Alltags-gestaltung	Wohnen, Verpflegung, Hauswirtsch., Hygiene		
Bund	11550	1,5	1,1	1,1	1,0	1,2	1,1
Baden-Württemberg	1328	1,4	1,1	1,1	1,0	1,2	1,2
Bayern	1778	1,7	1,2	1,0	1,1	1,3	1,1
Berlin	332	1,2	1,0	1,0	1,0	1,1	1,2
Brandenburg	367	1,3	1,0	1,0	1,0	1,1	1,1
Bremen	129	1,8	1,1	1,1	1,0	1,4	1,2
Hamburg	172	1,5	1,1	1,0	1,0	1,2	1,2
Hessen	857	1,6	1,1	1,1	1,0	1,2	1,1
Mecklenburg-Vorpommern	292	1,4	1,1	1,1	1,1	1,2	1,0
Niedersachsen	1419	1,5	1,1	1,1	1,0	1,2	1,2
Nordrhein-Westfalen	2188	1,6	1,1	1,1	1,0	1,2	1,1
Rheinland-Pfalz	429	1,8	1,1	1,0	1,0	1,4	1,1
Saarland	151	1,2	1,1	1,1	1,0	1,1	1,1
Sachsen	730	1,4	1,1	1,1	1,0	1,1	1,1
Sachsen-Anhalt	538	1,6	1,1	1,1	1,0	1,3	1,1
Schleswig-Holstein	635	1,8	1,2	1,1	1,0	1,4	1,2
Thüringen	205	1,5	1,1	1,1	1,0	1,3	1,1

* Einbezogen ist die Anzahl der in den letzten 12 Monaten geprüften Pflegeeinrichtungen.

SGB XI gewonnen werden. Die Vertragsparteien sollen prüfen, inwieweit diese Daten um weitere Informationen zu ergänzen sind. Hierbei sind auch die wissenschaftlichen Ergebnisse des Auftrags nach § 113b Abs. 4 Satz 2 Nr. 4 SGB XI zur Bewertung von Lebensqualität zu berücksichtigen (vgl. Bundestag-Drucksache 18/5926, S. 106).

Es entsteht so aus den zusammenfassenden Pflegenoten für vier Bereiche eine dreigliedrige Qualitäts- und Informationsdarstellung, die verschiedene Ebenen umfasst, die von verschiedenen Stellen – den Pflegeeinrichtungen, der Datenauswertungsstelle und den Pflegekassen, nach Feststellung durch den MDK bzw. den Prüfdienst der PKV – in das Informationssystem eingepflegt

Übersicht zur Komplexität des Prüfsystems stationärer Pflegeeinrichtungen ab (01.10.2019) 01.11.2019

Qualitätsrelevante Informationen	• 12 Themenbereiche • Aktualisierung halbjährlich • Nicht bewertungsrelevant Grundlagen: QDV, Anlagen 4/5, Vereinbarung nach § 115 Abs. 1 a SGB XI	Einrichtung	2 bzw. 3-stufige Qualitätsprüf-systematik
Meldung der Versorgungs-ergebnisse (Erstmalig 01.10.2019 – 30.06.2020, Testlauf)	• 10 (+5) Qualitätsindikatoren • Meldung halbjährlich nach Stichtag ab 01.07.2020 anonymisiert • Einrichtungsindividuelle Stichtage • 14-Tages -Eingabezeitraum • Feedbackbericht • „Alle" Bewohner • Generelle und spezifische Ausschlußkritierien • **Abgestufte 5er Bewertung** Grundlagen: QDV, Anlagen 2,3, Vereinbarung nach § 115 Abs. 1 a SGB XI MuG i.d.F.v. 23.11.2018, Anlagen 1,2,3	Einrichtung, DAS	
Externe Prüfungen	• 6 Qualitätsberichte, 24 Qualitätsaspekte mit Ankündigung • 1x jährliche Regelprüfung mit Ankündigung; später ggf. 2 Jahres Turnus • 6 + 3 Bewohner • Prüfbericht • **Abgestufte 4er Bewertung** Grundlagen: ➢ QDV, Anlagen 6,7,8 Vereinbarung nach § 115 Abs. 1 a SGB XI ➢ QPR vollstationär, Anlagen 1 - 9	MDK, PKV	

werden. Die Informationen für den Verbraucher sind damit ebenso umfassend wie anderseits in ihrem Detailreichtum verwirrend.

Die Vertragsparteien vereinbaren unter Beteiligung der Pflegeberufe verbindliche Anforderungen an die Inhalte und den Umfang der Pflegedokumentation. Die Dokumentation der Pflegeleistungen ist eine unverzichtbare Informationsquelle für alle am Pflegeprozess Beteiligten. Nur mit einer zuverlässigen Pflegedokumentation ist es möglich, den zu einem bestimmten Zeitpunkt erreichten Pflegezustand zu beschreiben und – ausgehend vom Hilfebedarf des Bewohners – ein Pflegeziel zu formulieren. Eine gute Pflegedokumentation ist mehr als Qualitätssicherung, sie ist auch ein Instrument zur Qualitätsförderung. Die zugelassenen Pflegeeinrichtungen sind verpflichtet, ein geeignetes Pflegedokumentationssystem vorzuhalten, aus dem das Leistungsgeschehen und der Pflegeprozess abzuleiten sind. Die Pflegedokumentation dient der Sicherung von Pflege, dem Informationsfluss, dem Leistungsnachweis, der Überprüfung von Pflegequalität und der juristischen Absicherung des pflegerischen Handelns.

Mit dem PNG hat der Gesetzgeber zusätzliche Regelungen (§§ 114 Abs. 1 S. 5ff., 115 Abs. 1b SGB XI) eingefügt, um die Qualität der ärztlichen, fachärztlichen und zahnärztlichen Versorgung in Pflegeeinrichtungen für Pflegebedürftige und ihre Angehörigen transparenter zu gestalten.

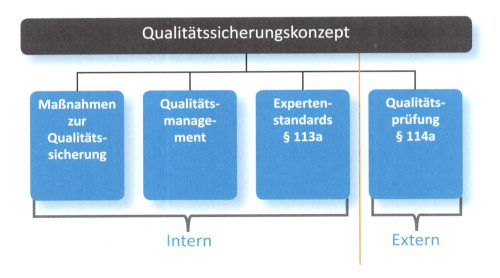

3. Säule: Externe Qualitätssicherung durch den MDK

Diese Säule wird insbesondere durch die jährliche Prüffrequenz für Pflegeeinrichtungen umgesetzt, die zunächst nur alle drei Jahre stattfinden sollte. Damit wird der Ansatz der Pflegequalität als „Bringschuld" der Pflegeeinrichtungen modifiziert, der zur Stärkung der Eigenverantwortung von Pflegeeinrichtungen mit dem PQsG eingeführt worden war (vgl. Bundestag-Drucksache 14/5395, S. 1). Geplant war, die Prüfverfahren des MDK im Hinblick auf die Prüftiefe und den Prüfturnus auf die entsprechenden Prüfungen der Heimaufsicht abzustimmen. Die Regelprüfungen durch den Medizinischen Dienst der Krankenversicherung sollten „zwingend" ausgesetzt oder zumindest im Umfang verringert werden, soweit der Nachweis über die Einhaltung der Qualitätsanforderungen durch die Vorlage der Ergebnisse einer Prüfung der zuständigen Heimaufsichtsbehörde oder eines landesrechtlich geregelten Prüfverfahrens geführt wird.

Keine neue Säule: Die Verzahnung des internen Qualitätsmanagements und der externen Qualitätsprüfung auf der Grundlage eines indikatorengestützten Verfahrens

Die durch das PSG II neu eingefügten Absätze 1a und 1b des § 113 SGB XI regeln das indikatorengestützte Verfahren und den Qualitätsausschuss. Mithilfe eines indikatorengestützten Verfahren, das in den Maßstäben und Grundsätzen beschrieben wird, soll eine vergleichende Messung und Darstellung der Ergebnisqualität im stationären Bereich ermöglicht werden.

> *§ 113 Abs. 1a Sätze 1 – 2 SGB XI: In den Maßstäben und Grundsätzen für die stationäre Pflege nach § 113 Abs. 1 SGB XI ist insbesondere das indikatorengestützte Verfahren zur vergleichenden Messung und Darstellung von Ergebnisqualität im stationären Bereich, das auf der Grundlage einer strukturierten Datenerhebung im Rahmen des internen Qualitätsmanagements eine Qualitätsberichterstattung und die externe Qualitätsprüfung ermöglicht, zu beschreiben. Insbesondere sind die Indikatoren, das Datenerhebungsinstrument sowie die bundesweiten Verfahren für die Übermittlung, Auswertung und Bewertung der Daten sowie die von Externen durchzuführende Prüfung der Daten festzulegen.*

Mit der Einführung des indikatorengestützten Qualitätsmanagements geht eine Umstrukturierung der Prüfinhalte und des Prüfgeschehens einher, denn die Indikatoren und die Gewinnung von bewertbaren Informationen sind in den bisherigen Erhebungsbögen der Qualitätsprüfungs-Richtlinien nicht ohne Weiteres integrierbar. § 113 Abs. 1a SGB XI konkretisiert daher, dass in den Maßstäben und Grundsätzen für den stationären Bereich Inhalte und Verfahren dieses Modells umfassend zu beschreiben sind. Insbesondere sind die Indikatoren, das Datenerhebungsinstrument sowie die bundesweiten Verfahren für die Übermittlung, Auswertung und Bewertung der Daten sowie die von Externen durchzuführende Prüfung der Daten festzulegen. Die Prüfung der Daten hat sowohl den Aspekt der Plausibilität (statistische Prüfung) als auch den der Richtigkeit (inhaltliche Prüfung) zu beinhalten.

Die datenschutzrechtlichen Bestimmungen sind zu beachten; ausdrücklich angeordnet wird, dass vor der Übermittlung der Daten eine Pseudonymisierung zu erfolgen hat. Zur Gewährleistung des Datenschutzes und der Datensicherheit haben die Vertragsparteien der Maßstäbe und Grundsätze mit den zuständigen Datenschutzaufsichtsbehörden ein Datenschutzkonzept abzustimmen. Wesentliche Voraussetzung für die Umsetzung des Indikatorenmodells ist die sichere und verlässliche Umsetzung der nach § 113 Abs. 1a SGB XI zu erstellenden Datenerhebung, -übermittlung, -auswertung und -bewertung. Zum Verfahren wurde deshalb weiterhin Folgendes festgelegt: Die Vertragsparteien beauftragen im Rahmen eines Vergabeverfahrens eine

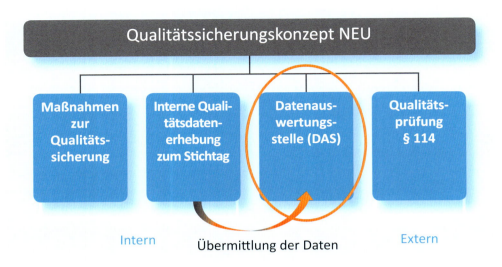

fachlich unabhängige Institution, die erhobenen Daten zusammenzuführen sowie leistungserbringerbeziehbar und fallbeziehbar auszuwerten. Zur fachlichen Qualifikation dieser Institution gehört auch die datenschutzrechtliche Eignung. Die Pflegeeinrichtungen sind in den Maßstäben und Grundsätzen zu verpflichten, die entsprechenden Daten unter Beachtung der datenschutzrechtlichen Bestimmungen an die von den Vertragsparteien beauftragte Institution zu übermitteln. Zum Zweck der Prüfung der von den Pflegeeinrichtungen erbrachten Leistungen und deren Qualität nach §§ 114 ff. SGB XI sowie zum Zweck der Qualitätsdarstellung nach § 115 Abs. 1a SGB XI leitet die beauftragte Institution die Ergebnisse der ausgewerteten Daten an die Landesverbände der Pflegekassen und die von ihnen beauftragten Prüfinstitutionen und Sachverständige weiter. Nur diese – nicht etwa einzelne Pflegekassen – dürfen die übermittelten Daten zu den genannten Zwecken verarbeiten und nutzen. Die Vertragsparteien der Maßstäbe und Grundsätze vereinbaren diesbezüglich entsprechende Verfahren zur Weiterleitung der Daten. Die Vereinbarungen stellen die Grundlagen dar für die Richtlinien des Spitzenverbandes Bund der Pflegekassen über die Durchführung der Qualitätsprüfung nach § 114a Abs. 7 SGB XI sowie für die Qualitätsdarstellungsvereinbarungen nach § 115 Abs. 1a SGB XI.

Das indikatorengestützte Verfahren vernetzt die interne Qualitätssicherung der Pflegeeinrichtung mit der externen Qualitätsprüfung, folgt also der naheliegenden Idee, dass beide Bestandteile weder inhaltlich noch organisatorisch unverbunden nebeneinanderstehen. Das interne Qualitätsmanagement umfasst die Dokumentation und Erhebung der Indikatoren zum Stichtag. Die Datenauswertungsstelle prüft die Daten auf Plausibilität und stellt den jeweiligen Qualitätsindikator fest, dem Vergleich des jeweiligen individuellen Indikatorenwert mit dem der anderen erfassten Pflegeeinrichtungen. Die externe Qualitätsprüfung beschränkt sich auf Stichproben zur Erfassung der Indikatoren.

Von der Bundesschiedsstelle zum Qualitätsausschuss

Die Pflegestärkungsgesetze erweitern den Rahmen der Selbstverwaltung mit der Umgestaltung der bisherigen Bundes-Schiedsstelle zu einem entscheidungsfähigen Qualitätsausschuss, also einem Gremium der Selbstverwaltung mit quasi eingebautem Konfliktlösungsmechanismus. Eine weitere Säule der Qualitätssicherung wird so nicht kreiert, aber es werden nach § 113b SGB XI zügige Entscheidungen der Selbstverwaltungspartner ohne ein nachgeschaltetes langwieriges Schiedsstellenverfahren ermöglicht. Die Entscheidungsabläufe werden dadurch gestrafft und vereinfacht, daneben soll durch die Zusammensetzung des Qualitätsausschusses die Qualitätsorientierung in der ambulanten und stationären Pflege gestärkt werden (dazu Bundestag-Drucksache 18/5926, S. 66).

Mit dem Qualitätsausschuss, der an die Funktionsfähigkeit der bisherigen Bundes-Schiedsstelle anknüpft, wurde keine neue bürokratische Institution geschaffen, sondern konkret und praxisnah nur die Form der Entscheidungsfindung neu geregelt. Mit dem Qualitätsausschuss und seiner potenziellen Erweiterung als „erweiterter Qualitätsausschuss" nach § 113b Abs. 3 SGB XI finden die Entscheidungen, die im Bereich der Qualitätssicherung, Qualitätsmessung und Qualitätsdarstellung in der Pflege von den Vertragsparteien zu treffen sind, einen der Bedeutung des Handlungsfeldes Pflege angemessenen und aufgrund der Dringlichkeit der zu regelnden Aufgaben auch notwendigen Rahmen (vgl. Bundestag-Drucksache 18/5926, S. 100).

Der Qualitätsausschuss entscheidet – so § 113b Abs. 1 Satz 2 SGB XI – insbesondere über:
– die Maßstäbe und Grundsätze zur Sicherung und Weiterentwicklung der Qualität in der Pflege (§ 113 SGB XI),

- die Expertenstandards zur Sicherung und Weiterentwicklung in der Pflege (§ 113 a SGB XI) und
- die Qualitätsdarstellungsvereinbarungen (§ 115 SGB XI).

> **PRAXISTIPP**
>
> Der Einrichtung des Qualitätsausschusses liegt eine kritische Bestandsaufnahme des Bundesministeriums für Gesundheit zugrunde, dass die pflegerische Selbstverwaltung weitgehend gescheitert ist. Keine der notwendigen Entscheidungen, ob zu den Maßstäben und Grundsätzen oder zur PTVA und PTVS, konnte ohne ein anschließendes Schiedsstellenverfahren beschlossen werden. Dann aber können die Verhandlungen der Selbstverwaltungsparteien auch von Anfang an moderiert und mit einem integrierten Schiedsstellenverfahren verknüpft werden!

Der Qualitätsausschuss besteht nach § 113b Abs. 2 SGB XI aus Vertretern des Spitzenverbandes Bund der Pflegekassen (Leistungsträger) und aus Vertretern der Vereinigungen der Träger der Pflegeeinrichtungen auf Bundesebene (Leistungserbringer) in gleicher Zahl; Leistungsträger und Leistungserbringer entsenden jeweils höchstens zehn Mitglieder. Auf der Seite der Sozialleistungsträger gehören auch ein Vertreter der Bundesarbeitsgemeinschaft der überörtlichen Träger der Sozialhilfe und ein Vertreter der kommunalen Spitzenverbände auf Bundesebene dem Qualitätsausschuss an; sie werden auf die Zahl der Sitze der Leistungsträger angerechnet. Dem Qualitätsausschuss kann auch ein Vertreter des Verbandes der privaten Krankenversicherung e. V. angehören; die Entscheidung hierüber obliegt dem Verband der privaten Krankenversicherung e. V. Mit der Entsendung eines Mitgliedes ist für den Verband der privaten Krankenversicherung e. V. eine Finanzierungsbeteiligung nach § 8 Abs. 4 SGB XI verbunden. Sofern der Verband der privaten Krankenversicherung e. V. ein Mitglied entsendet, wird dieses Mitglied auf die Zahl der Leistungsträger angerechnet. Dem Qualitätsausschuss gehört auch ein Vertreter der Verbände der Pflegeberufe an; er wird auf die Zahl der Leistungserbringer angerechnet. Eine Organisation kann nicht gleichzeitig der Leistungsträgerseite und der Leistungserbringerseite zugerechnet werden. Jedes Mitglied erhält eine Stimme; die Stimmen sind gleich zu gewichten. Der MDS wirkt in den Sitzungen und an den Beschlussfassungen im Qualitätsausschuss beratend mit. Die auf Bundesebene maßgeblichen Organisationen für die Wahrnehmung der Interessen und der Selbsthilfe pflegebedürftiger und behinderter Menschen wirken in den Sitzungen und an den Beschlussfassungen im Qualitätsausschuss nach Maßgabe von § 118 SGB XI beratend mit.

Die Vertragsparteien der Selbstverwaltung erhalten durch den Qualitätsausschuss einen neuen Organisationsrahmen für die ihnen übertragene Verantwortung. Wenn es in den Beratungen im Qualitätsausschuss nicht zu einer einvernehmlichen Einigung kommt, kann der Qualitätsausschuss auf Verlangen mindestens einer Vertragspartei, eines Mitglieds des Qualitätsausschusses, aber auch des Bundesministeriums für Gesundheit nach § 113b Abs. 3 SGB XI in einen „erweiterten Qualitätsausschuss" umgewandelt werden. Zur Verfahrensbeschleunigung und -beendigung tragen bei, dass für den erweiterten Qualitätsausschuss ein unparteiischer Vorsitzender und zwei weitere unparteiische Mitglieder hinzutreten. Außerdem gilt in diesen Fällen nunmehr das Mehrheitsprinzip für die Beschlussfassungen. Die unabhängigen Mitglieder übernehmen die Aufgaben als Ehrenamt. Der unparteiische Vorsitzende des erweiterten Qualitätsausschusses wird durch das Bundesministerium für Gesundheit ernannt. Dies entspricht der Bedeutung der Aufgabenstellung und sichert dem unparteiischen Vorsitzenden von Beginn an die größtmögliche Unabhängigkeit von den Mitgliedern des Ausschusses. Das Bundesministerium für Gesundheit kann bei der Benennung des unparteiischen Vorsitzenden einen Zeitraum für dessen Amtszeit bestimmen. Der Stellvertreter des unparteiischen Vorsitzenden und das weitere unparteiische Mitglied sowie deren Stellvertreter werden von den Vertragsparteien nach § 113 SGB XI gemeinsam benannt. Die durch den erweiterten Qualitätsausschuss getroffenen Festsetzungen haben dabei die Rechtswirkung einer vertraglichen Vereinbarung oder Beschlussfassung, wie sie durch die Vertragsparteien ohne Hinzuziehung der Unparteiischen einvernehmlich getroffen wird. Die durch den Qualitätsausschuss getroffenen Entscheidungen sind nach § 113b Abs. 8 SGB XI dem Bundesministerium für Gesundheit zur Genehmigung vorzulegen. Das Bundesministerium für Gesundheit kann im Rahmen einer erforderlichen Prüfung Expertise einholen und im Ergebnis Auflagen erteilen. Bei Nichteinhaltung von Fristen bzw. bei Nicht-Beheben von Beanstandungen durch die Vertragsparteien im Qualitätsausschuss kann das Bundesministerium für Gesundheit den Inhalt der Vereinbarungen und der Beschlüsse selbst festsetzen. Aufgrund einer Festsetzung durch das Bundesministerium für Gesundheit sind die Vertragsparteien nicht gehindert, zukünftige fachlich gebotene Änderungen in den Vereinbarungen und Beschlüssen vorzunehmen.

Zur Arbeitsfähigkeit des Qualitätsausschusses wurde nach § 113b Abs. 6 SGB XI eine qualifizierte Geschäftsstelle eingerichtet, die auch die Aufgaben einer wissenschaftlichen Beratungs- und Koordinierungsstelle wahrnimmt.

> **PRAXISTIPP**
>
> Die Homepage der Geschäftsstelle des Qualitätsausschusses veröffentlicht die aktuellen wissenschaftlichen Gutachten und die aktuellen Beschlüsse des Qualitätsausschusses unter: www.gs-qsa-pflege.de

1.3 Die Grundlage: Die Maßstäbe und Grundsätze für die Qualität und die Qualitätssicherung (MuG)

Die Maßstäbe und Grundsätze für die Qualität und die Qualitätssicherung (MuG) werden nach § 113 Abs. 1 SGB XI vom Spitzenverband Bund der Pflegekassen, der Bundesarbeitsgemeinschaft der überörtlichen Träger der Sozialhilfe, der Bundesvereinigung der kommunalen Spitzenverbände und der Vereinigungen der Träger der Pflegeeinrichtungen auf Bundesebene gemeinsam und einheitlich unter Beteiligung des Medizinischen Dienstes des Spitzenverbandes Bund der Krankenkassen (MDS), des Verbandes der privaten Krankenversicherung e. V., der Verbände der Pflegeberufe auf Bundesebene, der maßgeblichen Organisationen für die Wahrnehmung der Interessen und der Selbsthilfe der pflegebedürftigen und behinderten Menschen sowie unabhängiger Sachverständiger geschlossen. Sie sind die Basis eines jeden internen Qualitätsmanagements. Was dort geregelt ist, hat jede Pflegeeinrichtung über den Versorgungsvertrag zu garantieren. Ein Versorgungsvertrag darf nach § 72 Abs. 3 Nr. 3 SGB XI nur abgeschlossen werden, wenn der Inhalt der MuG erfüllt wird. Ist dies nicht mehr der Fall, kann der Versorgungsvertrag nach § 74 Abs. 1 SGB XI gekündigt werden.

Nach § 113 Abs. 1 Sätze 2 und 3 SGB XI sind in den Vereinbarungen insbesondere auch Anforderungen an eine praxistaugliche, den Pflegeprozess unterstützende und die Pflegequalität fördernde Pflegedokumentation zu regeln. Die Anforderungen dürfen über ein für die Pflegeeinrichtungen vertretbares und wirtschaftliches Maß nicht hinausgehen und sollen den Aufwand für Pflegedokumentation in ein angemessenes Verhältnis zu den Aufgaben der pflegerischen Versorgung setzen.

> **➕ PRAXISTIPP**
>
> Neben den verbindlichen vertraglichen Regelungen der Spitzenverbände nach § 113 SGB XI in den MuG gelten zum anderen die individuell nach § 84 Abs. 5 SGB XI vereinbarten Leistungs- und Qualitätsmerkmale. Die Vereinbarung der Leistungs- und Qualitätsmerkmale ist daher nicht bloß pro forma bei Abschluss der Vergütungsvereinbarung vorzunehmen, sondern sie beschreiben die individuelle Qualität der Pflegeeinrichtung!

Die Vertragspartner haben die Vereinbarung am 28.11.2018 geschlossen. Die Vereinbarung wurde im amtlichen Teil des Bundesanzeigers vom 11.2.2019 (BAnz AT 11.2.2019 B3) bekanntgemacht und tritt damit am 1.3.2019 in Kraft. Die MuG sind damit für alle Pflegeeinrichtungen und deren Verbände sowie für die Pflegekassen unmittelbar verbindlich, wie § 113 Abs. 1 Satz 8 SGB XI bestimmt.

Die einzelnen Bausteine des gesetzlichen Systems der Qualitätssicherung und der Qualitätsprüfung sind im ständigen Fluss und werden stets weiterentwickelt. Daher ist die Befassung und Beschäftigung mit dem internen Qualitätsmanagement eine Daueraufgabe der Leitungskräfte in den Pflegeeinrichtungen. Die individuellen und kollektiven vertraglichen Vereinbarungen des Qualitätssicherungs- und Qualitätsprüfsystems der §§ 112 ff. SGB XI greifen ineinander und sind daher im Zusammenhang zu sehen. Schematisch dargestellt siehe Seite 34.

Grundlage und Ausgangspunkt des Systems der Qualitätssicherung sind die Maßstäbe und Grundsätze (MuG) für die Qualität, die Qualitätssicherung und Qualitätsdarstellung in der ambulanten und stationären Pflege sowie für die Entwicklung eines einrichtungsinternen Qualitätsmanagements.

Aufbau Qualitätssicherung im Gesetz

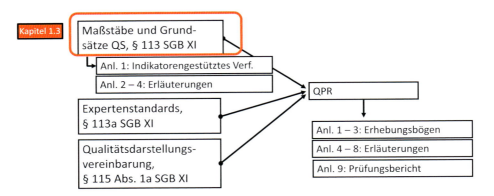

> **⊞ PRAXISTIPP**
>
> Die Struktur und Gliederung der MuG sowie viele der Aussagen dort sind eine Mustergliederung für jedes einrichtungsinterne Qualitätshandbuch. Ein bestimmtes Qualitätssicherungssystem oder -modell wird allerdings nicht vorgegeben.

Da sich die Regelungen der MuG an vielen (entscheidenden) Stellen verändert haben, soll nachfolgend die Darstellung am Vereinbarungstext erfolgen. Ausgangspunkt sind die allgemeinen Ziele der sozialen und privaten Pflegeversicherung; allerdings unter Hinweis auf die Beschränkungen in den §§ 2 Abs. 2 Satz 2 und 4 Abs. 3 SGB XI. Damit wird weiterhin deutlich, dass die Leistungen für die Pflegebedürftigen im Rahmen des Leistungsrechts zu erbringen sind, diese Leistungen aber auch wirtschaftlich erbracht werden müssen und nur im notwendigen („erforderlichen") Umfang in Anspruch genommen werden können (so zur vorherigen MuG Schiedsstelle nach § 113b SGB XI, Beschl. v. 27.5.2011, S. 73).

§ 2 Abs. 2 Satz 2 SGB XI: Ihren Wünschen zur Gestaltung der Hilfe soll, soweit sie angemessen sind, im Rahmen des Leistungsrechts entsprochen werden.

§ 4 Abs. 3 SGB XI: Pflegekassen, Pflegeeinrichtungen und Pflegebedürftige haben darauf hinzuwirken, daß die Leistungen wirksam und wirtschaftlich erbracht und nur im notwendigen Umfang in Anspruch genommen werden.

Die Ziele wurden lediglich sprachlich an den neuen Pflegebedürftigkeitsbegriff angepasst, aber nicht erweitert.

1.1 MuG – Ziele:

- Die körperbezogenen Pflegemaßnahmen und pflegerische Betreuung, Unterkunft und Verpflegung sollen den pflegebedürftigen Menschen helfen, trotz ihres Hilfebedarfs/ihrer Pflegebedürftigkeit ein möglichst selbständiges und selbstbestimmtes Leben unter Wahrung der Privat- und Intimsphäre zu führen, das der Würde des Menschen entspricht.
- Die Leistungen der vollstationären Pflegeeinrichtung streben die Förderung und den Erhalt von Lebensqualität und Zufriedenheit des pflegebedürftigen Menschen unter Berücksichtigung seiner Biografie, kulturellen Prägung und Lebensgewohnheiten sowie die Förderung und den Erhalt der Fähigkeiten, Selbständigkeit und Selbstpflegekompetenzen an.
- Die körperbezogenen Pflegemaßnahmen und pflegerische Betreuung, Unterkunft und Verpflegung sind darauf auszurichten, die körperlichen, geistigen und seelischen Kräfte der pflegebedürftigen Menschen auch in Form der aktivierenden Pflege wiederzugewinnen oder zu erhalten. Auf eine Vertrauensbasis zwischen dem pflegebedürftigen Menschen, den Angehörigen und den an körperbezogenen Pflegemaßnahmen und pflegerischer Betreuung, Unterkunft und Verpflegung Beteiligten wird hingearbeitet.
- Die Leistungen der körperbezogenen Pflegemaßnahmen und pflegerischen Betreuung zielen darauf ab, den pflegebedürftigen Menschen direkt oder indirekt darin zu unterstützen, die Auswirkungen gesundheitlicher Probleme in verschiedenen Lebensbereichen zu bewältigen.
- Die Tages- und Nachtstrukturierung wird bewohnerorientiert ausgerichtet. Die Gestaltung eines vom pflegebedürftigen Menschen als sinnvoll erlebten Alltags sowie die Teilnahme am sozialen und kulturellen Leben werden gefördert. Die pflegebedürftigen Menschen werden bei der Wahrnehmung ihrer Wahl- und Mitsprachemöglichkeiten unterstützt.

- Die Pflege wird fachlich kompetent nach dem allgemeinen anerkannten Stand medizinisch-pflegerischer Erkenntnisse unter Berücksichtigung des fachlichen Standes der beteiligten Professionen bedarfsgerecht und wirtschaftlich erbracht.
- Die körperbezogenen Pflegemaßnahmen und pflegerische Betreuung, Unterkunft und Verpflegung werden in Abstimmung mit den Wünschen des pflegebedürftigen Menschen an die individuelle Pflege- und Lebenssituation des pflegebedürftigen Menschen und seine Ziele angepasst. Umzüge innerhalb der vollstationären Pflegeeinrichtung, die nicht dem Wunsch des pflegebedürftigen Menschen entsprechen, sollen nach Möglichkeit vermieden werden.
- Bei körperbezogenen Pflegemaßnahmen und pflegerischer Betreuung, Unterkunft und Verpflegung ist auf die religiösen und spirituellen Bedürfnisse der pflegebedürftigen Menschen Rücksicht zu nehmen und nach Möglichkeit den Bedürfnissen nach einer kultursensiblen und den Wünschen nach gleichgeschlechtlicher Pflege Rechnung zu tragen.
- Bei der Pflege von Kindern und Jugendlichen ist den besonderen Belangen der Kinder und Jugendlichen Rechnung zu tragen.

➕ PRAXISTIPP

Zu diesen Zielen sind im Qualitätshandbuch konzeptionelle Aussagen vorzubereiten. Religiöse Bedürfnisse sind zu erheben, ebenso der Wunsch nach gleichgeschlechtlicher Pflege. Konzeptionell ist festzulegen, wie – ein entsprechender Wunsch vorausgesetzt – eine Teambildung zur gleichgeschlechtlichen Pflege auch bei knappen Personalressourcen erreicht werden kann. Was ist zu tun, wenn beispielsweise nicht genügend männliche Pflegekräfte bereitstehen? Darüber hinaus ist im Qualitätshandbuch festzulegen, welche die besonderen Belange von Kindern oder Jugendlichen bei der Pflege sind, bzw. der Hinweis aufzunehmen, dass dieser Personenkreis in der Einrichtung nicht gepflegt wird.

Die Ebenen der Qualität haben sich nicht verändert. Unterschieden werden nach Ziff. 1.2 MuG weiterhin die Struktur-, Prozess- und Ergebnisqualität. Ziff. 1.3 MuG regelt das einrichtungsinterne Qualitätsmanagement.

1.3 MuG – Einrichtungsinternes Qualitätsmanagement:

Der Träger der vollstationären Pflegeeinrichtung führt auf der Basis seiner konzeptionellen Grundlagen einrichtungsintern ein Qualitätsmanagement durch, das auf eine stetige Sicherung und Weiterentwicklung der Qualität ausgerichtet ist. Qualitätsmanagement bezeichnet grundsätzlich die in der vollstationären Pflegeeinrichtung organisierten Maßnahmen zur Steuerung der vereinbarten Leistungserbringung und ggf. deren Verbesserung.

Qualitätsmanagement schließt alle wesentlichen Managementprozesse (z.B. Verantwortung der Leitung, Ressourcenmanagement, Leistungserbringung, Analyse, Bewertung, Verbesserung) ein und entwickelt diese weiter. Der Träger der vollstationären Pflegeeinrichtung stellt über das einrichtungsinterne Qualitätsmanagement sicher, dass

- die vereinbarten Leistungen zu der vereinbarten Qualität erbracht werden,
- sich die Erbringung der vereinbarten Leistungen an den Bedürfnissen der pflegebedürftigen Menschen und den fachlichen Erfordernissen orientiert und dass sie stetig überprüft und ggf. verbessert wird,
- Verantwortlichkeiten, Abläufe und die eingesetzten Methoden und Verfahren in den Leistungsbereichen der Einrichtung beschrieben und nachvollziehbar sind,
- das indikatorengestützte Verfahren qualitätsgesichert eingeführt und umgesetzt wird.

> Ausgangspunkt jedes internen Qualitätsmanagement sind daher die konzeptionellen Grundlagen, die ständig hinterfragt und so regelmäßig weiterentwickelt und verbessert werden. In welchem Rahmen und auf welche Weise die konzeptionelle Weiterentwicklung geschehen kann, beschreiben die Maßstäbe und Grundsätze u.a. in ihrer Ziff. 5 MuG – „Maßnahmen der vollstationären Pflegeeinrichtung zur Qualitätssicherung und Qualitätsprüfung".

> **⊕ PRAXISTIPP**
> Die letzten beiden Spiegelstriche wurden neu vereinbart, sind also in das Qualitätshandbuch der Pflegeeinrichtung einzuarbeiten. Zu beschreiben sind die Verantwortlichkeiten (wer ist zuständig?), die Abläufe (insbesondere, wann muss gehandelt werden?) und die eingesetzten Methoden (welche wird eingesetzt?) und Verfahren (wie wird konkret vorgegangen?).

1.3 MuG – Einrichtungsinternes Qualitätsmanagement [Fortsetzung 1]:

Die Verantwortung für die Umsetzung des Qualitätsmanagements liegt auf der Leitungsebene der Pflegeeinrichtung. Der Träger der Pflegeeinrichtung stellt für das Qualitätsmanagement die personellen und sächlichen Ressourcen zur Verfügung. Bedingung für ein effektives Qualitätsmanagement ist, dass alle vom jeweiligen Prozess betroffenen Mitarbeiter bzw. Mitarbeiterinnen einbezogen sind.

Qualitätsmanagement erfordert die Festlegung von Zielen. Die Maßnahmen und Verfahren zur Erreichung der Qualitätsziele werden durch einen stetigen Prozess der Planung, Ausführung, Überprüfung und ggf. Verbesserung bestimmt. Die Leitung muss sicherstellen, dass hierfür geeignete Prozesse der Kommunikation innerhalb der vollstationären Pflegeeinrichtung eingeführt werden.

> Ein kontinuierlicher Qualitätsverbesserungsprozess beginnt mit der Formulierung des zu erreichenden bzw. zu erwartenden Qualitätsniveaus in Form von Zielen. Im Anschluss daran erfolgt die Planung, Umsetzung und Evaluation in der Praxis. Je nach Ergebnis der Evaluation werden die Maßnahmen und ggf. die Ziele angepasst werden. Schematisch dargestellt:

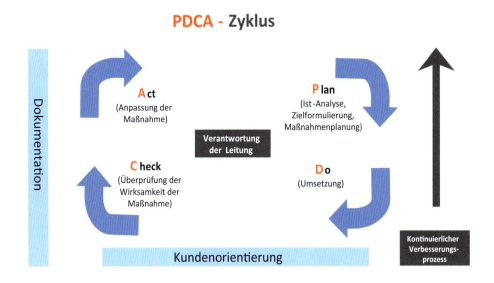

1.3 MuG – Einrichtungsinternes Qualitätsmanagement [Fortsetzung 2]:

Die wesentlichen Maßnahmen und Verfahren des einrichtungsinternen Qualitätsmanagements werden dokumentiert. Sie müssen in der vollstationären Pflegeeinrichtung den jeweils beteiligten Mitarbeiterinnen und Mitarbeitern bekannt sein und umgesetzt werden.

Qualitätsmanagement erfordert die Einbeziehung der Erwartungen und Bewertungen der pflegebedürftigen Menschen. Die vollstationäre Pflegeeinrichtung trägt damit zu einer möglichst hohen Zufriedenheit der pflegebedürftigen Menschen bei. Sie stellt die Aufnahme, Bearbeitung und ggf. Lösung von Kundenbeschwerden sicher. Soweit es für die Leistungserbringung relevant ist, werden auch die Erwartungen und Bewertungen anderer an der Pflege sowie an den Leistungen von Unterkunft und Verpflegung Beteiligten einbezogen.

> Ein offener Umgang mit Beschwerden von Bewohnern, Angehörigen und Mitarbeitern ermöglicht es der Einrichtung, sich eigener Schwachstellen bewusst zu werden und Qualitätsverbesserungen zu erreichen. Sinnvoll ist ein schriftlich festgelegtes Beschwerdeverfahren. Das Beschwerdemanagement ist ein unverzichtbarer Bestandteil eines einrichtungsinternen Qualitätsmanagements und ist in vielen Bundesländern Gegenstand der Prüfungen der Heimaufsichtsbehörden.
>
> Die Beschreibungen der Strukturqualität der vollstationären Pflegeeinrichtung in Ziff. 2.1 MuG sowie deren Darstellung in Ziff. 2.2 MuG wurden nicht verändert und die bisherigen Formulierungen übernommen. Die Träger der Pflegeeinrichtung („Unternehmer") sind gewohnt den Informationspflichten des § 3 WBVG nachzukommen und haben entsprechende Schreiben, Werbematerialien und Vertragsmuster vorbereitet. Ziff. 2.2 MuG geben daher lediglich weitere Beispiele für Leistungen, die vorgestellt werden können.

➕ PRAXISTIPP

Von den in Ziffer 2.2 MuG aufgeführten Beispielen zur Vorstellung der Einrichtung bleiben nach Erledigung der Informationspflichten nach § 3 WBVG lediglich folgende Darstellungspunkte:
- Beratungsangebote,
- Beteiligung an Qualitätssicherungsmaßnahmen,
- einrichtungsinternes Qualitätsmanagement.

Ziff. 2.3 MuG regelt die personellen Strukturanforderungen, also das „Herz" jeder vollstationären Pflegeeinrichtung. Die Maßstäbe und Grundsätze nehmen so die funktionale Verpflichtung, dass die angebotenen Pflegeleistungen unter ständiger Verantwortung einer ausgebildeten Pflegefachkraft durchzuführen sind, aus § 71 Abs. 2 Nr. 1 SGB XI auf. Der Träger der vollstationären Pflegeeinrichtung stellt dabei sicher, dass bei Ausfall der verantwortlichen Pflegefachkraft (z.B. durch Verhinderung, Krankheit oder Urlaub) die Vertretung durch eine Pflegefachkraft mit der Qualifikation nach Ziff 2.3.2.1 MuG gewährleistet ist.

2.3.1 MuG – Funktion der verantwortlichen Pflegefachkraft:

Die von der vollstationären Pflegeeinrichtung angebotenen Pflegeleistungen sind unter ständiger Verantwortung einer ausgebildeten Pflegefachkraft durchzuführen. Ist die Pflegeeinrichtung Teil einer Verbundeinrichtung, für die ein Gesamtversorgungsvertrag nach § 72 Absatz 2 SGB XI abgeschlossen worden ist, kann die verantwortliche Pflegefachkraft für mehrere oder alle diesem Verbund angehörenden Pflegeeinrichtungen verantwortlich sein, wenn dies im Vertrag so vereinbart ist und die gesetzlichen Anforderungen an die qualitätsgesicherte Leistungserbringung dadurch nicht beeinträchtigt werden.

> **PRAXISTIPP**
>
> Zur Beschreibung der Aufgaben der „PDL" (= unter ständiger Verantwortung einer ausgebildeten Pflegefachkraft) einer vollstationären Pflegeeinrichtung kann die beispielhafte, also noch erweiterbare Aufzählung der Ziff. 2.3.1 MuG Verwendung finden.

2.3.1 MuG – Funktion der verantwortlichen Pflegefachkraft [Fortsetzung]:

Pflege unter ständiger Verantwortung einer ausgebildeten Pflegefachkraft bedeutet, dass diese auf der Basis der unter 1.1 genannten Ziele u.a. verantwortlich ist für:
- die Anwendung der beschriebenen Qualitätsmaßstäbe im Pflegebereich,
- die Umsetzung des Pflegekonzeptes,
- die Planung, Durchführung, Evaluation und ggf. Anpassung der Pflege,
- die fachgerechte Führung der Pflegedokumentation,
- die an dem Pflegebedarf orientierte Dienstplanung der Pflegekräfte,

- die regelmäßige Durchführung der Dienstbesprechungen innerhalb des Pflegebereichs.

Ziff. 2.3.2 MuG regelt die Eignung als verantwortliche Pflegefachkraft, indem die gesetzlichen Voraussetzungen aus § 71 Abs. 3 Satz 1 SGB XI referiert werden. Da es sich insoweit um Regelungen der Berufsausübungsfreiheit und den grundgesetzlichen Schutz des Art. 12 GG handelt, konnten die Vertragsparteien weitergehende Voraussetzungen nicht vorsehen. Die fachlichen Voraussetzungen als verantwortliche Pflegefachkraft im Sinne des Pflegeversicherungsgesetzes erfüllen nach Ziff. 2.3.2.1 MuG Personen, die eine Ausbildung als

a. Gesundheits- und Krankenpflegerin bzw. Gesundheits- und Krankenpfleger oder

b. Gesundheits- und Kinderkrankenpflegerin bzw. Gesundheits- und Kinderkrankenpfleger oder

c. Altenpflegerin bzw. Altenpfleger (Eine vor Inkrafttreten des Gesetzes über die Altenpflege [AltPflG] nach landesrechtlichen Vorschriften erteilte Anerkennung als staatlich anerkannte Altenpflegerin bzw. als staatlich anerkannter Altenpfleger wird als Erlaubnis nach § 1 dieses Gesetzes anerkannt.) oder

d. Pflegefachfrau bzw. Pflegefachmann abgeschlossen haben.

Mit dem 1.1.2020 beginnt mit dem Inkrafttreten des Pflegeberufegesetzes (PflBG) eine neue Zeitrechnung in der pflegerischen Ausbildung. Ausbildungen nach AltPflG oder KrPflG können noch bis zum 31.12.2024 abgeschlossen werden, wenn sie spätestens bis zum 31.12.2019 begonnen haben. Die bisherigen Ausbildungen nach AltPflG oder KrPflG werden einer Ausbildung nach PflBG künftig gleichgestellt (§ 65 PflBG). Die bisherigen Berufsbezeichnungen gelten fort: Eine Umschreibung auf die neue Berufsbezeichnung Pflegefachfrau bzw. Pflegefachmann erfolgt nicht (§ 66 PflBG).

Für die Berechnung der Berufserfahrung – Ziff. 2.3.2.2 MuG gelten § 71 Abs. 3 Sätze 3 bis 5 SGB XI. Bezüglich der Weiterbildung – Ziff. 2.3.2.3 wird auf § 71 Abs. 3 Satz 6 SGB XI verwiesen bzw. die bisher bereits geltenden Regelungen zum Inhalt der 460 Stunden Weiterbildung und zum e-learning übernommen. Neu ist der Hinweis zum Niveau eines gleichwertigen Hochschulabschluss. Ausreichend ist ein Abschluss eines nach deutschem Recht anerkannten betriebswirtschaftlichen, pflegewissenschaftlichen oder sozialwissenschaftlichen Studiums an einer in- oder ausländischen (Fach-)Hochschule oder Universität zumindest auf Bachelor-Niveau.

Nach Ziff. 2.3.2.4 MuG – „Übergangsregelung" gilt für auf Grundlage früherer Fassungen der Maßstäbe und Grundsätze erworbene Qualifikationen oder begonnene Qualifizierungsmaßnahmen für die Tätigkeit von verantwortlichen Pflegefachkräften Bestandsschutz. Und wie bisher schon wird in Ziff. 2.3.2.5 MuG – „Beschäftigungsverhältnis der verantwortlichen Pflegefachkraft" geregelt, dass die verantwortliche Pflegefachkraft in dieser Funktion in einem sozialversicherungspflichtigen Beschäftigungsverhältnis tätig sein muss. Diese Voraussetzungen sind auch erfüllt, sofern die verantwortliche Pflegefachkraft Inhaberin oder Gesellschafterin der vollstationären Pflegeeinrichtung ist und die Tätigkeitsschwerpunkte der Pflegedienstleitung sich auf die jeweilige vollstationäre Pflegeeinrichtung beziehen. Ausgenommen von der Regelung sind Mitglieder geistlicher Genossenschaften, Diakonissen und Kirchenbeamte.

Die weiteren personellen Strukturanforderungen nach Ziff. 2.4 MuG hinsichtlich der geeigneten Kräfte nach Ziff. 2.4.1 MuG und der Fort- und Weiterbildung nach Ziff. 2.4.2 MuG wurden aus der bisher geltenden Fassung übernommen. Ebenso ergeben sich keine inhaltlichen Änderungen in den Regelungspunkten „Räumliche Voraussetzungen" nach Ziff. 2.5 MuG und „Kooperation mit anderen Leistungserbringern" nach Ziff. 2.6 MuG.

Die Prozessqualität sieht vor allem die Voraussetzung vor, dass die vollstationäre Pflegeeinrichtung über ein Pflegekonzept, das auf pflegewissenschaftlichen Erkenntnissen sowie praktischen Erfahrungen basiert und im Pflegeprozess umgesetzt wird, verfügt (Ziff. 3.1.1 MuG). Außerdem ist der Einzug und die Eingewöhnung (Ziff. 3.1.2 MuG) zu regeln und dabei regelmäßig ein Besuch in der eigenen Häuslichkeit oder im Krankenhaus vorzusehen. In Ziff. 3.1.3 MuG wird die Pflegedokumentation geregelt. Das Pflegedokumentationssystem kann weiterhin frei vom Träger der Pflegeeinrichtung gewählt werden.

3.1.3 MuG – Pflegeprozess und Pflegedokumentation:
Die Pflege und Betreuung der pflegebedürftigen Menschen erfolgt personenzentriert nach dem Pflegeprozess, der insbesondere die Schritte Informationssammlung, Maßnahmenplanung, Intervention/Durchführung und Evaluation umfasst. Die Steuerung des Pflegeprozesses ist Aufgabe der Pflegefachkraft. Die Sicht der pflegebedürftigen Menschen zu ihrer Lebens- und Pflegesituation und deren Wün-

sche und Bedarfe zur Hilfe und Unterstützung stellen dabei den Ausgangspunkt dar. Falls der pflegebedürftige Mensch aufgrund seiner körperlichen oder kognitiven Situation keine Aussagen treffen kann, sind nach Möglichkeit Angehörige bzw. bevollmächtige Personen hinzuzuziehen.

Die Anforderungen an den Pflegeprozess und die Pflegedokumentation werden durch das „Strukturmodell zur Entbürokratisierung der Pflegedokumentation" erfüllt. Neben dem Strukturmodell sind weitere Verfahren zur Pflegedokumentation möglich.

Die Anforderungen an den Pflegeprozess und die Pflegedokumentation sind so gestaltet, dass diese durch alle Einrichtungen erfüllt werden können, unabhängig davon, ob sie auf das sog. „Strukturmodell zur Entbürokratisierung der Pflegedokumentation" oder auf andere Konzepte zur Umsetzung des Pflegeprozesses und der Pflegedokumentation zurückgreifen.

> Das gewählte Pflegedokumentationssystem umfasst die Informationssammlung, die Maßnahmenplanung, die Intervention/Durchführung und die Evaluation.
> Nochmals: Die komplett neu und detailliert beschriebenen Anforderungen an den personenzentrierten Pflegeprozess und die Pflegedokumentation sind unabhängig davon umzusetzen und umsetzbar, ob das „Strukturmodell zur Entbürokratisierung der Pflegedokumentation" oder andere Konzepte zur Umsetzung des Pflegeprozesses und der Pflegedokumentation angewandt werden. Die bisherige Vorgabe zur Beschreibung von Zielen im Rahmen des Pflegeprozesses wurde gestrichen. Aufgenommen sind Regelungen zur Steuerung des Pflegeprozesses durch Pflegefachkräfte, zur Einbeziehung der Sicht der pflegebedürftigen Menschen, zum Aushandlungsprozess zwischen pflegebedürftigem Menschen und der Pflege und zum Nachweis der durchgeführten Maßnahmen (analog dem sogenannten „Immer-so-Beweis" im Rahmen des Strukturmodells). Klargestellt wird jedoch, dass insbesondere für Maßnahmen der Dekubitusprophylaxe, für weitere individuell festgelegte Maßnahmen im Rahmen des Risikomanagements sowie für ärztlich angeordnete Maßnahmen der Behandlungspflege stets Einzelleistungsnachweise erforderlich sind. Im Wortlaut der Ziff. 3.1.3 MuG:

3.1.3 MuG – Pflegeprozess und Pflegedokumentation [Fortsetzung]:
Informationssammlung

Zu Beginn der Versorgung führt die vollstationäre Pflegeeinrichtung eine Informationssammlung für jeden pflegebedürftigen Menschen durch. Dabei sind die relevanten Ressourcen, Fähigkeiten, Risiken, Phänomene, Bedürfnisse, Bedarfe und biografischen Informationen der pflegebedürftigen Menschen zu berücksichtigen. Das Zusammenführen der individuellen Sicht der pflegebedürftigen Menschen bzw. der Angehörigen oder sonstiger bevollmächtigter Personen mit der fachlichen Einschätzung der Pflegefachkraft erfordert, nicht nur zu Beginn, sondern fortlaufend, einen Verständigungs- und Aushandlungsprozess. Das Ergebnis dieses Verständigungsprozesses bildet die Grundlage aller pflegerischen und betreuenden Maßnahmen. Abweichende Auffassungen zwischen der fachlichen Einschätzung der Pflegefachkraft und der individuellen Sicht der pflegebedürftigen Menschen bzw. der Angehörigen oder sonstiger bevollmächtigter Personen zur pflegerischen Situation sowie den vorgeschlagenen Maßnahmen werden dokumentiert.

Maßnahmenplanung

Die Maßnahmenplanung basiert auf dem oben beschriebenen Aushandlungsprozess und orientiert sich in der Regel an den relevanten Pflegeproblemen oder an der individuell ausgestalteten Tagesstrukturierung einschließlich der nächtlichen Versorgung. Die Maßnahmenplanung umfasst die ausgehandelten individuell erforderlichen Pflegemaßnahmen, Prophylaxen (z.B. zur Vermeidung eines Dekubitus), Maßnahmen der Behandlungspflege sowie Betreuungsmaßnahmen. Externe Leistungserbringer (z.B. Physiotherapeutinnen und -therapeuten, Logopädinnen und Logopäden, Wundtherapeutinnen und -therapeuten) sollten, sofern im Einzelfall erforderlich, in die Maßnahmenplanung einbezogen werden. Aus der Situationseinschätzung im Rahmen der Informationssammlung/Risikoeinschätzung und der daraus abgeleiteten Maßnahmenplanung wird deutlich, welches Ziel mit der jeweiligen Maßnahme verfolgt wird.

Intervention/Durchführung

Die Durchführung der Maßnahmen erfolgt grundsätzlich entsprechend der Maßnahmenplanung. Abweichungen der tatsächlich durchgeführten Maßnahmen von der Maßnahmenplanung einschließlich der für die Abweichung ursächlichen Gründe, Verlaufsbeobachtungen und sonstige für den Pflegeprozess relevante Hinweise und Feststellungen werden im Bericht nachvollziehbar dokumentiert. Wenn dieses Vorgehen im Rahmen des Qualitätsmanagements konzeptionell geregelt ist und den Mitarbeiterinnen und Mitarbeitern nachweislich bekannt ist, sind Einzelleistungsnachweise zur Durchführung der geplanten Maßnahmen in der Regel nicht erforderlich. Insbesondere für Maßnahmen der Dekubitusprophylaxe, weitere individuell festgelegte Maßnahmen im Rahmen des Risikomanagements sowie ärztlich angeordnete Maßnahmen der Behandlungspflege sind hingegen stets Einzelleistungsnachweise erforderlich. Die vollstationäre Pflegeeinrichtung handelt bei ärztlich angeordneten Leistungen im Rahmen des ärztlichen Behandlungs- und Therapieplanes.

Evaluation

Abhängig von der Gesundheitssituation und vom Pflegebedarf erfolgt in fachlich angemessenen Abständen die Evaluation der Pflegesituation und der Maßnahmenplanung sowie bei Bedarf eine Anpassung der Informationssammlung und der Maßnahmenplanung. Bei akuten Veränderungen erfolgt unverzüglich eine anlassbezogene Evaluation.

Pflegedokumentation

Die Pflegedokumentation dient als intra- und interprofessionelles Kommunikationsinstrument. Sie bildet den Pflegeprozess nachvollziehbar ab und unterstützt dessen Umsetzung. Die Pflegedokumentation dient damit auch der Sicherung der Pflegequalität und der Transparenz der Pflege- und Betreuungsleistungen. Die Pflegedokumentation muss praxistauglich sein. Die Anforderungen an sie und insbesondere an den individuellen Dokumentationsaufwand müssen verhältnismäßig sein und dürfen für die vollstationäre Pflegeeinrichtung über ein vertretbares und wirtschaftliches Maß nicht hinausgehen. Veränderungen des Pflegezustandes sind aktuell (bis zur nächsten Übergabe) zu dokumentieren. Mit dem Dokumentationssystem müssen mindestens die folgenden Inhalte erfasst werden können:
- Stammdaten,
- Informationssammlung einschließlich Risikoeinschätzung (ggf. differenziertes Assessment) und relevanter biografischer Informationen,
- Maßnahmenplanung,
- Bericht,
- Leistungsnachweis (für Behandlungspflege, Dekubitusprophylaxe und ggf. weitere individuell festgelegte Maßnahmen im Rahmen des Risikomanagements).

Das Dokumentationssystem ist in Abhängigkeit von bestehenden Pflegeproblemen im Rahmen der vereinbarten Leistungen ggf. temporär zu erweitern (z.B. Ein- und Ausfuhrprotokolle; Bewegungs-/Lagerungsprotokolle).

Für die ärztlich angeordnete Behandlungspflege wird ein gesondertes Dokument geführt.

Die vollstationäre Pflegeeinrichtung hat die Pflegedokumentation nach der hier geltenden Regelung mindestens drei Jahre nach Ablauf des Kalenderjahres der Leistungserbringung aufzubewahren.

> **PRAXISTIPP**
>
> Die Maßstäbe und Grundsätze regeln eine Mindest-Aufbewahrungsfrist für die Pflegedokumentation, die mit drei Jahren sehr kurz ausgefallen ist. Vor der Vernichtung sind die Regelungen der jeweiligen Landes-Heimgesetze, der Abgabeordnung für steuerlich relevante Unterlagen, den handelsrechtlichen Vorschriften und den allgemein zivilrechtlichen Verjährungsvorschriften zu prüfen. Gemeinhin empfiehlt sich die Aufbewahrung aller Unterlagen für zehn Jahre.

Ziff. 3.1.4 MuG – „Pflegeteams" regt die Bildung überschaubarer Pflegeteams, um eine größtmögliche personelle Kontinuität sicherzustellen, an. Die weiteren Unterpunkte der Prozessqualität wurden weitgehend aus dem Text der bisherigen MuG übernommen, so der Unterpunkt der „Unterkunft und Verpflegung" – Ziff. 3.2 MuG. Das Speise- und Getränkeangebot soll sich nun ausdrücklich an den Bedürfnissen der pflegebedürftigen Menschen orientieren (Ziff. 3.2.1 MuG). Der „pflegerischen Betreuung" – Ziff. 3.3 MuG, die sich auch auf die Wiedergewinnung verloren gegangener sozialer Kontakte, Beziehungen und Fähigkeiten und die sozialraumorientierte Förderung der Kontakte im Quartier (Ziff. 3.3.2 MuG) beziehen soll. Ebenso wird in Hinblick auf die §§ 28 Abs. 4 und 75 SGB XI klargestellt, dass die Einrichtung Angebote zur Sterbebegleitung auf Basis eines Konzeptes durchführen muss (bisher: soll; Ziff. 3.3.2 MuG). Sowie die Unterpunkte der „Einbeziehung der An- und Zugehörigen" – Ziff. 3.4 MuG, der „Dienstplanung" – Ziff. 3.5 MuG, der „Koordination der Leistungsbereiche" – Ziff. 3.6 MuG und der „regionalen Vernetzung mit weiteren Institutionen" – Ziff. 3.7 MuG, die nun neben der Unterstützung der ärztlichen auch die zahnärztliche Inanspruchnahme umfasst.

Die in Ziff. 4 MuG beschriebene Ergebnisqualität ist gegenüber der bisherigen Fassung der MuG nur sprachlich angepasst worden, nachdem sie für die Fassung 2011 der MuG völlig neu gefasst worden war. Dieser Befund mag nur auf den ersten Blick verwundern, da die MuG nach § 113 Abs. 1a Satz 1 SGB XI insbesondere das indikatorengestützte Verfahren zur vergleichenden Messung und Darstellung von Ergebnisqualität im stationären Bereich, das auf der Grundlage einer strukturierten Datenerhebung im Rahmen des internen Qualitätsmanagements eine Qualitätsberichterstattung und die externe Qualitätsprüfung ermöglicht, beschreiben sollen. Die Vertragsparteien sind dem gesetzlichen Auftrag nachgekommen und haben das indikatorengestützte Verfahren detailliert in den Anlagen der MuG beschrieben.

4. MuG – Ergebnisqualität:
Die Ergebnisqualität beschreibt die Wirkung der körperbezogenen Pflegemaßnahmen und pflegerischen Betreuung, Unterkunft und Verpflegung auf die pflegebedürftigen Menschen. Sie zeigt sich in dem im Rahmen der geplanten Pflege erreichten Pflegezustand des pflegebedürftigen Menschen sowie dem erreichten Grad an Wohlbefinden, Zufriedenheit, Selbstbestimmung und Selbständigkeit, welches sich in seinem Verhalten ausdrücken kann.

Gute Ergebnisqualität ist beispielsweise gewährleistet, wenn
- die Pflegeinterventionen erkennbar auf Wohlbefinden, Selbstbestimmung und Selbständigkeit, Lebensqualität, Gesundheitsförderung und Prävention gerichtet sind,
- dem pflegebedürftigen Menschen kein körperlicher Schaden (Sekundärschaden) entstanden ist,
- die Ernährung (im Besonderen auch die Flüssigkeitszufuhr) auf die spezifischen Bedürfnisse des pflegebedürftigen Menschen abgestimmt ist,
- der Ernährungszustand angemessen ist,
- die Flüssigkeitsversorgung angemessen ist,
- die Standards von Hygiene und Sauberkeit eingehalten sind,
- der pflegebedürftige Mensch in den alltäglichen Verrichtungen selbst entscheidet und in seiner Eigenständigkeit unterstützt wird,
- der pflegebedürftige Mensch im Rahmen der Körperpflege unter Beachtung der Selbstpflegefähigkeit über die notwendige Unterstützung verfügt,
- die Selbstbestimmung im Bereich der Blasen- und Darmentleerung gewahrt ist,
- der pflegebedürftige Mensch über die angemessene Unterstützung zur Erhaltung der Kommunikationsfähigkeit und zur Beteiligung am sozialen und kulturellen Leben innerhalb und außerhalb der Einrichtung verfügt und
- die Privat- und Intimsphäre des pflegebedürftigen Menschen berücksichtigt ist.

1.4 Das indikatorengestützte Verfahren

Im Hinblick auf die mit dem indikatorengestützten Verfahren einhergehende Umstrukturierung der Prüfinhalte und des Prüfgeschehens insgesamt ist eine ausführliche Normierung notwendig, die in der in Anlage 1 der MuG geregelten Vereinbarung indikatorengestütztes Verfahren (ViV) sowie den Anlagen 2 bis 4 geregelt wurde. Dort wurden die Anforderungen an das indikatorengestützte Verfahren geregelt. Diese betreffen insbesondere die Festlegungen zu den Indikatoren, zu deren Risikoadjustierung, zur strukturierten Datenerhebung im Rahmen des internen Qualitätsmanagements, zur Datenübermittlung an die fachlich unabhängige Institution nach § 113 Abs. 1b SGB XI (Datenauswertungsstelle), zur Bewertung der Indikatorenergebnisse und zur Prüfung der statistischen Plausibilität der erhobenen Daten. Die in der Anlage 1 der MuG sowie den Anlagen 2 bis 4 der MuG getroffenen Festlegungen basieren insbesondere auf den Ergebnissen des von den Vertragsparteien nach § 113 SGB XI durch den Qualitätsausschuss beauftragten Projekts zur Entwicklung der Instrumente und Verfahren für die Qualitätsprüfung und -darstellung in der stationären Pflege gemäß § 113b Abs. 4 Nr. 1 und 2 SGB XI.

Aufbau Qualitätssicherung im Gesetz

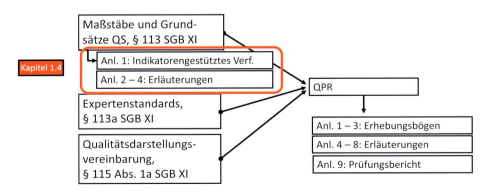

> **⊕ PRAXISTIPP**
>
> Die Anlagen 1 bis 4 der MuG regeln das indikatorengestützte Verfahren ausführlich und greifen dabei ineinander über. Sie sind daher im Zusammenhang zu sehen und wirken nur bei der allerersten Anwendung sehr technisch und sehr abstrakt. Mit jeder Anwendung wird sich die konkrete Anwendung erleichtern und beschleunigen. – Lassen Sie sich schlicht darauf ein!

Anlage 1 der MuG enthält die Vereinbarung der Vertragsparteien (ViV), bildet quasi die Grundlage für das indikatorengestützte Verfahren, während die Anlagen 2 bis 4 der MuG der Erläuterung der Begrifflichkeiten sowie der einzelnen Schritte dienen. Die Anlage 1 der MuG ist daher – als Vertragstext – in „§§" unterteilt.

Anlage 2 der MuG enthält die Definition der Indikatoren.

Anlage 3 der MuG beschreibt das Erhebungsinstrument.

Anlage 4 der MuG beschreibt die Datenaufbereitung und -übermittlung sowie die Stichprobenbildung.

Im Folgenden gehen wir von der Anlage 1 der MuG – deren „§§" einzeln vollständig im Text ausgedruckt werden – aus und fügen Hinweise für die ersten Schritte aus den Anlagen 2 bis 4 der MuG sowie Praxistipps hinzu.

§ 1 ViV – Indikatorengestütztes Verfahren

(1) Die im Rahmen des indikatorengestützten Verfahrens gewonnenen Qualitätsdaten sind eine wesentliche Grundlage für die Qualitätsdarstellung nach § 115 Abs. 1a SGB XI.

(2) Mit dem indikatorengestützten Verfahren nach § 113 Abs. 1a SGB XI werden im Rahmen des einrichtungsinternen Qualitätsmanagements zu ausgewählten Qualitätsaspekten Daten über bestimmte Versorgungssituationen (Indikatorenergebnisse) gewonnen. Diese Indikatorenergebnisse dienen der Messung von Ergebnisqualität und bilden ergänzend zu Merkmalen der Struktur- und Prozessqualität eine weitere Grundlage für das interne Qualitätsmanagement einer vollstationären Pflegeeinrichtung.

(3) Die nach § 72 SGB XI zugelassenen vollstationären Pflegeeinrichtungen nehmen am indikatorengestützten Verfahren teil. Sie sind verpflichtet, die nachfol-

gend aufgeführten Anforderungen zu erfüllen. Für teilstationäre Pflegeeinrichtungen (Tages- und Nachtpflege) sowie solitäre Einrichtungen der Kurzzeitpflege gelten diese Vorgaben nicht.

(4) Für die Teilnahme an dem nachfolgend beschriebenen indikatorengestützten Verfahren ist eine Registrierung jeder zugelassenen vollstationären Pflegeeinrichtung bei der Datenauswertungsstelle erforderlich.

> **➕ PRAXISTIPP**
>
> Das nun vereinbarte indikatorengestützte Verfahren gilt nach dem Wortlaut auch für eingestreute Plätze der Kurzzeitpflege, allerdings gilt für alle Kurzzeitpflegegäste nach Anlage 3 der MuG, Ziff. 2.4.1 ein Ausschlusskriterium, so dass diese Bewohner nicht einbezogen werden. Bereits nach dem Wortlaut gilt das indikatorengestützte Verfahren aber nicht für die solitäre Kurzzeitpflege und teilstationäre Pflegeeinrichtungen der Tages- und Nachtpflege. Diese Festlegung gilt auch dann, wenn derartige Versorgungstypen mit vollstationärer Pflege in einem Gesamtversorgungsvertrag zugelassen wurden.

Bis zum 15.9.2019 muss die Datenauswertungsstelle technisch startklar sein. Wenn nicht, verschiebt sich die gesamte Zeitplanung. Zur Datenauswertungsstelle wurde als fachlich unabhängige Institution (§ 113 Abs. 1b SGB XI) das Institut für angewandte Qualitätsprüfung und Forschung im Gesundheitswesen (aQua-Institut) aus Göttingen ernannt. Die Umsetzung des indikatorengestützten Qualitätsmanagement beginnt mit der einmaligen Registrierung bei der DAS, nach entsprechender Aufforderung. Die Pflegeeinrichtung kann im Registrierungsvorgang drei Zeiträume für den ersten Stichtag zur internen Datenerhebung in der Einrichtung auswählen. Dieser Stichtag ist bewusst zu wählen, da der 1. Stichtag auch alle folgenden Stichtage im 6-Monats-Rhythmus festlegt.

> **➕ PRAXISTIPP**
>
> Fragen Sie sich: Welcher Stichtag alle 6 Monate ist für meine Pflegeeinrichtung der beste? Entscheidend sind mittelfristige Terminplanungen (und nicht kurzfristige!): Wann sind typischerweise entspannte Arbeits- und Belastungszeiten? Urlaubsplanung (Schulferien!)?

Zeitplan: Vorbereitung/ Umsetzung

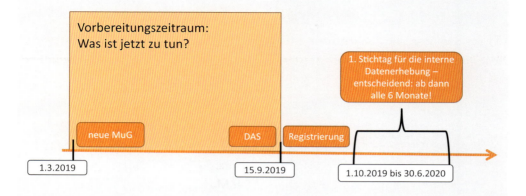

> ✚ **PRAXISTIPP**
>
> Den Vorbereitungszeitraum nutzen! Vor allem:
> - technische Umsetzung mit dem EDV-Anbieter klären,
> - personelle Verantwortlichkeiten in Pflegeeinrichtung regeln,
> - Qualitätshandbuch an die neue MuG anpassen,
> - Umsetzungsprozess planen.

§ 2 ViV – Indikatoren

(1) Die im Rahmen des indikatorengestützten Verfahrens zur Anwendung kommenden Indikatoren sind in Anlage 2 aufgeführt.

(2) Die zur Berechnung der Indikatorenergebnisse notwendigen Daten sind von den Pflegeeinrichtungen in halbjährlichem Abstand gemäß Anlage 3 zu erheben und unaufgefordert an die Datenauswertungsstelle (Institution gemäß § 113 Abs. 1b SGB XI) zu übermitteln. Näheres ist in § 3 Strukturierte Datenerhebung und § 5 Datenaufbereitung und -übermittlung geregelt.

(3) Aus Gründen der Vergleichbarkeit der indikatorenbezogenen Einrichtungsergebnisse werden ausgewählte Indikatoren nach bestimmten Bewohnermerkmalen (i. d. R. Grad der kognitiven Beeinträchtigung) getrennt ausgewiesen (Risikoadjustierung). Die Merkmale und Verfahren zur Risikoadjustierung sind in Anlage 2 aufgeführt.

(4) Aus der Berechnung der Indikatorenergebnisse werden unter bestimmten Bedingungen einzelne Bewohnerinnen und Bewohner ausgeschlossen. Die Ausschlussgründe sind in Anlage 3 aufgeführt.

(5) Im Rahmen der Indikatorenerhebung ist auch der Erhebungsreport nach Anlage 3 zu aktualisieren.

> **➕ PRAXISTIPP**
>
> Die Indikatoren werden in Anlage 2 der MuG ausführlich beschrieben und definiert. Das Erhebungsinstrument für die notwendigen Daten wird in Anlage 3 der MuG geregelt. So müssen die Anlagen 2 bis 4 der MuG stets zusammen eingesetzt und ausgewertet werden, um die Erläuterungen und weiteren Verfahrensschritte zu erhalten.

Anlage 2 der MuG – Indikatoren
1. Indikatoren zur Messung der Ergebnisqualität
Qualitätsbereich 1: Erhalt und Förderung von Selbständigkeit
1. Erhaltene Mobilität*
2. Erhaltene Selbständigkeit bei alltäglichen Verrichtungen (z. B. Körperpflege)*
3. Erhaltene Selbständigkeit bei der Gestaltung des Alltagslebens und sozialer Kontakte

Qualitätsbereich 2: Schutz vor gesundheitlichen Schädigungen und Belastungen
4. Dekubitusentstehung*
5. Schwerwiegende Sturzfolgen*
6. Unbeabsichtigter Gewichtsverlust*

Qualitätsbereich 3: Unterstützung bei spezifischen Bedarfslagen
7. Durchführung eines Integrationsgesprächs
8. Anwendung von Gurten
9. Anwendung von Bettseitenteilen
10. Aktualität der Schmerzeinschätzung

* nach Risikogruppen getrennte Bewertung

2. Definition der Indikatoren
Nachfolgend werden die einzelnen durch die Einrichtung zu erfassenden Indikatoren definiert. Dabei werden bei einigen Indikatoren zur Risikoadjustierung die

Berechnungen getrennt für bestimmte Risikogruppen durchgeführt. Für diejenigen Indikatoren, für die die Ergebnisse nach Risikogruppen getrennt ausgewiesen werden, wird das Vorgehen bei der Gruppenbildung beschrieben.

Die Indikatoren werden zum Teil auf Grundlage von Modulen aus dem Begutachtungsinstrument zur Feststellung der Pflegebedürftigkeit (BI) berechnet, die Bestandteil der Ergebniserfassung sind.

> **➕ PRAXISTIPP**
>
> Die nach Risikogruppen getrennte Erhebung der Daten der Indikatoren 1, 2, 4 – 6 erfolgt auf Grundlage des Ergebnisses des jeweiligen Moduls aus dem Begutachtungsinstrument zur Feststellung der Pflegebedürftigkeit (BI).

Beispiel für den Indikator 1.1. „Erhaltene Mobilität" der Anlage 2 der MuG unterteilt in Risikogruppe 1 und Risikogruppe 2 nach der Bewertung des Moduls 2 des Begutachtungsinstruments zur Feststellung der Pflegebedürftigkeit (BI). Die „Kognitiven Fähigkeiten" gelten nach Ziff. 2.1.2 der Anlage 3 der MuG als beeinträchtigt, wenn es regelmäßig zu Störungen des Kurzzeitgedächtnisses, der zeitlichen und örtlichen Orientierung sowie der Personenerkennung kommt.

Indikator 1.1.1 Erhaltene Mobilität (Risikogruppe 1)

Kurzbezeichnung	Erhaltene Mobilität bei Bewohnern bzw. Bewohnerinnen, die keine oder nur geringe kognitive Einbußen aufweisen.
Definition	Anteil der Bewohner bzw. Bewohnerinnen dieser Risikogruppe, bei denen sich die Mobilität innerhalb eines Zeitraumes von sechs Monaten verbessert oder nicht verschlechtert hat. Von einem Erhalt der Mobilität wird ausgegangen, wenn sich der Punktwert im BI-Modul 1 verringert, gleich bleibt oder um maximal einen Punkt erhöht.
Gruppenbildung	In die Berechnung werden Bewohner bzw. Bewohnerinnen einbezogen, die keine oder geringe kognitive Beeinträchtigungen (gemäß Wertung des BI-Moduls 2) aufweisen.

Indikator 1.1.2 Erhaltene Mobilität (Risikogruppe 2)

Kurzbezeichnung	Erhaltene Mobilität bei Bewohnern bzw. Bewohnerinnen mit mindestens erheblichen kognitiven Einbußen.
Definition	Anteil der Bewohner bzw. Bewohnerinnen dieser Risikogruppe, bei denen sich die Mobilität innerhalb eines Zeitraumes von sechs Monaten verbessert oder nicht verschlechtert hat. Von einem Erhalt der Mobilität wird ausgegangen, wenn sich der Punktwert im BI-Modul 1 verringert, gleich bleibt oder um maximal einen Punkt erhöht.
Gruppenbildung	In die Berechnung werden Bewohner bzw. Bewohnerinnen einbezogen, die mindestens erhebliche kognitive Beeinträchtigungen (gemäß Wertung des BI-Moduls 2) aufweisen.

§ 3 ViV – Strukturierte Datenerhebung

(1) Die für die Berechnung der Indikatorenergebnisse notwendigen Daten werden auf der Grundlage einer strukturierten Datenerhebung im Rahmen des internen Qualitätsmanagements von den Pflegeeinrichtungen erhoben. Die für das indikatorengestützte Verfahren zu erhebenden Daten sind in Anlage 3 aufgeführt (Erhebungsinstrument). Das in Anlage 3 aufgeführte Manual mit methodischen und verfahrenstechnischen Anforderungen ist Bestandteil des Erhebungsinstruments.

(2) Für die strukturierte Datenerhebung im Rahmen des indikatorengestützten Verfahrens ist die Pflegeeinrichtung verantwortlich. Sie stellt sicher, dass die Erhebung mit dem in Anlage 3 festgelegten Erhebungsinstrument unter Berücksichtigung der dort festgelegten methodischen und verfahrenstechnischen Anforderungen erfolgt und dass die Daten vollständig und zutreffend sind.

(3) Für Bewohnerinnen und Bewohner, die zum Stichtag in der Einrichtung leben, aber eines der in Anlage 3 aufgeführten Ausschlusskriterien erfüllen, wird keine Ergebniserfassung durchgeführt. Sie werden allerdings unter Nennung des zutreffenden Ausschlusskriteriums im Erhebungsreport aufgeführt, sodass nachvollziehbar ist, wie viele Bewohner bzw. Bewohnerinnen ausgeschlossen wurden und aus welchem Grund dies geschah.

> Der Abschlussbericht Ergebnisqualität hat zur Belegung der Praktikabilität der Durchführung des neuen indikatorengestützten Verfahrens in den ausgewählten Pflegeeinrichtungen festgestellt (S. 276), dass die Zeit für das Ausfüllen der Fragebögen eines Bewohners in den Erhebungszeitpunkten signifikant

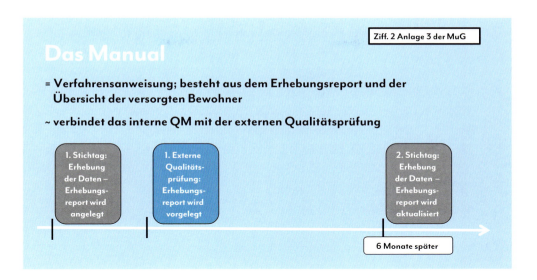

sank. Dabei nahm allerdings die Zeitspanne zwischen der Minimum- und der Maximum-Ausfüllzeit kaum ab:

1. Erhebungszeitpunkt: durchschnittlich 21 Minuten (Minimum 5 Min., Maximum 75 Min.)
2. Erhebungszeitpunkt: durchschnittlich 15 Minuten (Minimum 2 Min., Maximum 70 Min.)
3. Erhebungszeitpunkt: durchschnittlich 14 Minuten (Minimum 1 Min., Maximum 65 Min.)

Mit zunehmender Routine und Übung konnte der zeitliche Aufwand verringert werden. In den Gesprächen mit und Rückmeldungen aus den beteiligten Einrichtungen wurde darüber hinaus deutlich, dass der Zeitaufwand erheblich geringer war, wenn die erhebende Pflegekraft den Bewohner gut kannte und die Daten schnell aus der Dokumentation entnommen werden konnten, d. h. wenn die Datenerfassung durch die Bezugspflegenden erfolgte.

Ein Erfordernis zur Anpassung der Dokumentation gab es nur selten. Im Blick auf zukünftige Formen der Erfassung von Ergebnisqualität wäre es allerdings sinnvoll, eine Anpassung der Routinedokumentation vorzunehmen, weil dadurch der Arbeitsaufwand zu den Erhebungsstichtagen verringert werden könnte. Der Zusatzaufwand, der durch die Ergebnisindikatoren verursacht wurde, ließe sich damit noch einmal reduzieren. Eine Integration des Verfahrens in den Routinebetrieb wurde von den meisten Einrichtungen als unproblematisch eingestuft. Viele Informationen, die benötigt werden, sind bereits heute gut in den Einrichtungen dokumentiert.

Den Erprobungserfahrungen zufolge ist davon auszugehen, dass diese Herausforderungen in den meisten Fällen ohne große Probleme zu bewältigen sind und im Routinebetrieb einen relativ geringen Aufwand nach sich ziehen. Die eingesetzten Einschätzungsverfahren erwiesen sich als praktikabel. Fachlich gesehen wurde ihr Einsatz für die Einrichtungen als Gewinn angesehen, weil durchgängig Einschätzungen vorgenommen werden, die für den individuellen Pflegeprozess relevant sind. Eine sorgfältige Auswahl der Mitarbeiter und eine intensive Einweisung in das Instrumentarium sind notwendig, um eine hohe Datenqualität zu gewährleisten. Der Aufwand für die Qualifizierung des Pflegepersonals zum Umgang mit dem Instrumentarium wird realistisch in einer zweitägigen Schulungsveranstaltung zu veranschlagen sein. Erfahrungen in der Anwendung standardisierter Einschätzungsinstrumente sollten bei den Mitarbeitern, die die Erhebungen durchführen, vorhanden sein.

> **PRAXISTIPP**
>
> Es werden die Daten aller Bewohnerinnen und Bewohner erhoben, nicht – wie bisher – eine zufällige Stichprobe gezogen. Ausgenommen sind lediglich die Bewohner für die allgemeine oder spezifische Ausschlusskriterien gelten.

Folgende Ausschlusskriterien sind nach Anlage 3 der MuG, Ziff. 2.4.1 zu beachten:
- Einzugsdatum liegt weniger als 14 Tage vor dem Stichtag.
- Bewohner bzw. Bewohnerin ist Kurzzeitpflegegast.
- Bewohner bzw. Bewohnerin befindet sich in der Sterbephase.
- Bewohner bzw. Bewohnerin hält sich seit mindestens 21 Tagen vor dem Stichtag nicht mehr in der Einrichtung auf (z. B. wegen einer Krankenhausbehandlung oder eines längeren Urlaubs mit Angehörigen).

Daneben sind jeweils die spezifischen Ausschlusskriterien für die Berechnung einzelner Indikatoren der Anlage 3 der MuG, Ziff. 2.4.2 zu prüfen.
Schematisch lässt sich die Wirkung der Ausschlusskriterien und deren Plausibilitätskontrolle wie folgt darstellen:

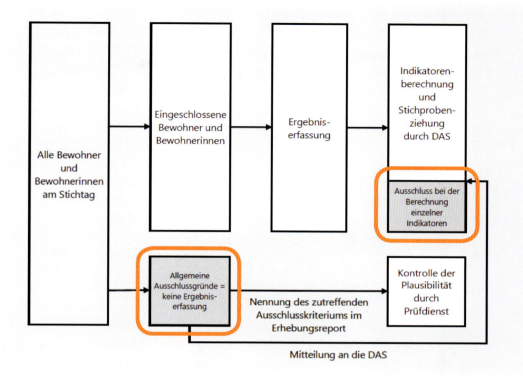

§ 4 ViV – Erhebungs-, Ergebniserfassungs-, Korrektur- und Auswertungszeiträume

(1) Für das indikatorengestützte Verfahren gelten die in den Absätzen 2 bis 7 beschriebenen Zeiträume. Näheres ist in Anlage 3 geregelt.

(2) Der ERHEBUNGSZEITRAUM umfasst eine sechsmonatige Zeitspanne; das Beginn- und Enddatum dieser Zeitspanne ist für alle Bewohnerinnen und Bewohner einer Einrichtung identisch und richtet sich nach dem einrichtungsinternen Stichtag. Mit Beginn des Erhebungszeitraums können von der Pflegeeinrichtung Daten gemäß Anlage 3 an die Datenauswertungsstelle übermittelt werden. Der Erhebungszeitraum endet mit dem einrichtungsspezifischen Stichtag. Mit dem STICHTAG beginnt gleichzeitig der nächste sechsmonatige Erhebungszeitraum.

(3) Der ERGEBNISERFASSUNGSZEITRAUM beginnt zeitgleich mit dem Ablauf des Erhebungszeitraums am Stichtag und umfasst 14 Kalendertage. Innerhalb des Ergebniserfassungszeitraums hat die Pflegeeinrichtung die Daten gemäß Anlage 3 in pseudonymisierter Form an die Datenauswertungsstelle zu übermitteln.

(4) Mit Ablauf des Ergebniserfassungszeitraums beginnt der bis zu 21 Kalendertage umfassende KORREKTURZEITRAUM. Die Datenauswertungsstelle prüft die ihr übermittelten Daten hinsichtlich ihrer Vollständigkeit und statistischen Plausibilität und übermittelt der Pflegeeinrichtung innerhalb von 7 Kalendertagen ab Beginn des Korrekturzeitraums einen Bericht über die Vollständigkeit und die statistische Plausibilität der übermittelten Daten. Für das Verfahren zur Prüfung der Vollständigkeit und statistischen Plausibilität der Daten des indikatorengestützten Verfahrens gelten die in Anlage 4 getroffenen Vereinbarungen.

(5) Sofern die Datenauswertungsstelle die Unvollständigkeit des Datensatzes festgestellt hat, hat die Pflegeeinrichtung der Datenauswertungsstelle innerhalb von 14 Kalendertagen einen vervollständigten Datensatz zu übermitteln.

(6) Im Falle von statistisch nicht plausiblen Datensätzen prüft die Pflegeeinrichtung die von der Datenauswertungsstelle als nicht plausibel eingeschätzten Daten und teilt der Datenauswertungsstelle innerhalb von 14 Kalendertagen das Ergebnis ihrer Prüfung ggf. in Form geänderter Datensätze mit oder informiert die Datenauswertungsstelle darüber, dass die zuvor übermittelten Daten trotz statistischer Auffälligkeit gemäß den Anforderungen im Manual erhoben wurden und zutreffend sind.

(7) Dem Korrekturzeitraum folgt der AUSWERTUNGSZEITRAUM. Innerhalb von 7 Kalendertagen nach Ablauf des Korrekturzeitraums wertet die Datenauswertungsstelle die vorliegenden Daten gemäß Anlage 3 aus. Spätestens am letzten Tag des Auswertungszeitraums erfolgt die Übermittlung der Ergebnisse des indikatorengestützten Verfahrens gemäß § 7. Mit der Übermittlung von der Datenauswertungsstelle an die in § 7 genannten Institutionen endet der Auswertungszeitraum.

> Dazu regelt Ziff. 2.2 – „Erhebungs-, Ergebniserfassungs- und Korrekturzeiträume" der Anlage 3 der MuG, dass die Pflegeeinrichtung der Datenauswertungsstelle einmalig im Zuge der Registrierung gemäß der Anlage 1 der MuG, § 1 Abs. 4 maximal drei mögliche Stichtage in einem vorgegebenen Zeitfenster anbietet. Die Datenauswertungsstelle prüft die von der Pflegeeinrichtung angebotenen Stichtage im Hinblick auf eine bundesweit gleichmäßige Verteilung der Stichtage. Sollten die von der Pflegeeinrichtung angebotenen Stichtage hinsichtlich vorgenannter Anforderung ungeeignet sein, bietet die Datenauswertungsstelle der Pflegeeinrichtung drei alternative Vorschläge für Stichtage

an (mit Ausnahme der Monate Juni und Dezember), von denen die Pflegeeinrichtung einen Stichtag auswählen und diesen der Datenauswertungsstelle unverzüglich mitteilen muss. Der von der Datenauswertungsstelle gegenüber der Pflegeeinrichtung bestätigte erste Stichtag bestimmt alle folgenden Erhebungs-, Ergebniserfassungs-, Korrektur- und Auswertungszeiträume gemäß § 4, Anlage 1 der MuG. Diese gelten in den Folgejahren unverändert fort.

Der Erhebungszeitraum umfasst die unmittelbar zurückliegende sechsmonatige Zeitspanne (z. B. 01. Oktober 2019 bis 31. März 2020) einschließlich des Stichtages. Nach Ablauf des Erhebungszeitraums beginnt unmittelbar der nächste Erhebungszeitraum (z. B. 01. April 2020 bis 30. September 2020). Mit Beginn des Erhebungszeitraums können von der Pflegeeinrichtung bereits Daten an die Datenauswertungsstelle übermittelt werden, die sich auf diesen Erhebungszeitraum beziehen.

Der 14tägige Ergebniserfassungszeitraum beginnt zeitgleich mit dem Ablauf des Erhebungszeitraums (z. B. 01. April 2020 bis 14. April 2020). Innerhalb des Erhebungszeitraums hat die Pflegeeinrichtung die Daten an die Datenauswertungsstelle zu übermitteln (vgl. Anlage 4).

Im folgenden Korrekturzeitraum prüft die Datenauswertungsstelle die Daten hinsichtlich ihrer Vollständigkeit und statistischen Plausibilität und übermittelt der Pflegeeinrichtung innerhalb von 7 Kalendertagen einen Bericht über die Vollständigkeit und die statistische Plausibilität der übermittelten Daten. Im Falle unvollständiger Daten, hat die Pflegeeinrichtung der Datenauswertungsstelle innerhalb von 14 Kalendertagen einen vervollständigten Datensatz zu übermitteln. Im Falle von statistisch nicht plausiblen Datensätzen muss die Pflegeeinrichtung die von der Datenauswertungsstelle als nicht plausibel eingeschätzten Daten prüfen und der Datenauswertungsstelle innerhalb von 14 Kalendertagen das Ergebnis mitteilen. Sofern es sich um Fehler bei der Datenerhebung oder Dateneingabe handelt, sind mit dem Ergebnis der Prüfung geänderte Datensätze zu übermitteln. Andernfalls informiert die Pflegeeinrichtung die Datenauswertungsstelle darüber, dass die zuvor übermittelten Daten trotz statistischer Auffälligkeiten gemäß den Anforderungen im Manual erhoben wurden und zutreffend sind.

➕ PRAXISTIPP

Eine Frist kann nicht an einem Samstag, Sonntag oder Feiertag enden. Sie verlängert sich nach § 193 BGB automatisch auf den nächsten Werktag. Das Fristende kann deshalb bundeslandabhängig sein, wenn es rechnerisch auf einen nicht bundeseinheitlichen Feiertag fällt.

Dem Korrekturzeitraum folgt der Auswertungszeitraum. Innerhalb von 7 Kalendertagen nach Ablauf des Korrekturzeitraums bzw. nach der Feststellung, dass die Daten vollständig und statistisch plausibel sind, erfolgt die Übermittlung der Ergebnisse des indikatorengestützten Verfahrens gemäß § 7 der Anlage 1 der Maßstäbe und Grundsätze (Übermittlung der Indikatorenergebnisse durch die Datenauswertungsstelle (Reporting)). Mit der Übermittlung von der Datenauswertungsstelle an die in § 7, Anlage 1 der MuG genannten Institutionen endet der Auswertungszeitraum.

Abfolge und Dauer der beschriebenen Zeiträume sind in der folgenden Abbildung 1 schematisch dargestellt.

§ 5 ViV – Datenaufbereitung und -übermittlung
(1) Für die Übermittlung der Daten gemäß Anlage 3 von den Pflegeeinrichtungen an die Datenauswertungsstelle gelten die in Anlage 4 getroffenen Festlegungen.

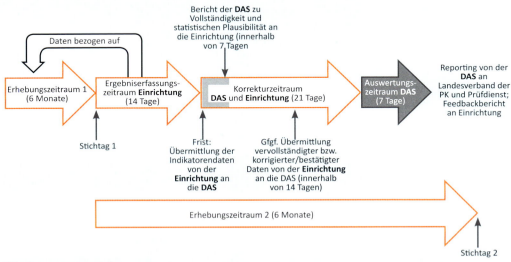

(2) Die Pflegeeinrichtung ist für die fristgerechte sowie vollständige und sachlich zutreffende Erhebung und Übermittlung der Daten gemäß Anlage 3 verantwortlich.

(3) Die Pflegeeinrichtung hat die von der Datenauswertungsstelle bereitgestellten Übermittlungswege (Webportal, Webservice) zu nutzen. Die Datenübermittlung erfolgt ausschließlich elektronisch und hat in dem zu diesem Zweck entwickelten Datenformat zu erfolgen.

(4) Die Pflegeeinrichtung bietet der Datenauswertungsstelle einmalig im Zuge der Registrierung gemäß § 1 Absatz 4 maximal drei mögliche Stichtage in einem vorgegebenen Zeitfenster an. Die Datenauswertungsstelle prüft die von der Pflegeeinrichtung angebotenen Stichtage im Hinblick auf eine bundesweit gleichmäßige Verteilung der Stichtage. Sollten die von der Pflegeeinrichtung angebotenen Stichtage hinsichtlich vorgenannter Anforderung ungeeignet sein, bietet die Datenauswertungsstelle der Pflegeeinrichtung drei alternative Vorschläge für Stichtage an (mit Ausnahme der Monate Juni und Dezember), von denen die Pflegeeinrichtung einen Stichtag auswählen und diesen der Datenauswertungsstelle unverzüglich mitteilen muss. Der von der Datenauswertungsstelle gegenüber der Pflegeeinrichtung bestätigte erste Stichtag bestimmt alle folgenden Erhebungs-, Ergebniserfassungs-, Korrektur- und Auswertungszeiträume gemäß § 4. Diese gelten in den Folgejahren unverändert fort.

> Die Verantwortung für die Qualität der erbrachten Leistungen in ihren Einrichtungen tragen die Träger der Pflegeeinrichtungen, daher ist die Pflegeeinrichtung für die fristgerechte sowie sachlich zutreffende Erhebung und Übermittlung der Daten gemäß Anlage 3 der MuG verantwortlich. Die Datenübermittlung erfolgt ausschließlich elektronisch. Im Anschluss an die im Abstand von 6 Monaten vorzunehmende Ergebniserfassung werden die erhobenen Daten an die Datenauswertungsstelle in pseudonymisierter Form elektronisch übermittelt (vgl. Anlage 3 der MuG).

§ 6 ViV – Indikatorenbewertung
Die zur Bewertung der Indikatoren anzuwendenden Verfahren sind in der Qualitätsdarstellungsvereinbarung geregelt.

> **➕ PRAXISTIPP**
> Die Qualitätsdarstellungsvereinbarung folgt im Kapitel F dieses Buches.

§ 7 ViV – Übermittlung der Indikatorenergebnisse durch die Datenauswertungsstelle (Reporting)

(1) Vollständige und statistisch plausible Datensätze werden von der Datenauswertungsstelle innerhalb des Auswertungszeitraums leistungserbringerbeziehbar und fallbeziehbar auf Grundlage der in der Qualitätsdarstellungsvereinbarung vereinbarten Bewertungsregeln ausgewertet.

(2) Innerhalb des Auswertungszeitraums informiert die Datenauswertungsstelle die Pflegeeinrichtung über die Ergebnisse des indikatorengestützten Verfahrens anhand eines Feedbackberichtes. Der Feedbackbericht umfasst die Indikatorenergebnisse, eine Einordnung der Ergebnisse anhand der Referenzwerte sowie eine Darstellung der zeitlichen Entwicklung der Ergebnisse über die letzten drei Erhebungszeiträume.

(3) Die unter Absatz 2 genannten Ergebnisse sind von der Datenauswertungsstelle zeitgleich dem federführenden Landesverband der Pflegekassen sowie dem zuständigen Medizinischen Dienst der Krankenversicherung bzw. Prüfdienst der Privaten Krankenversicherung zu übermitteln.

(4) Die unter Absatz 3 genannten Institutionen werden von der Datenauswertungsstelle zeitgleich über ggf. fehlende und/oder unvollständige Datensätze in Kenntnis gesetzt. Die fehlenden/unvollständigen Daten sind zu benennen.

(5) Die unter Absatz 3 genannten Institutionen werden von der Datenauswertungsstelle zeitgleich über statistisch nicht plausible Daten in Kenntnis gesetzt. Die statistisch nicht plausiblen Daten sind zu benennen.

(6) Die Datenauswertungsstelle übermittelt die für die Qualitätsdarstellung nach § 115 Absatz 1a SGB XI erforderlichen Daten des indikatorengestützten Verfahrens innerhalb des Auswertungszeitraums an die Landesverbände der Pflegekassen oder an eine von ihnen benannte Institution.

> Die Anlage 4 der MuG bestimmt in der Ziff. 5 die Vollständigkeitsprüfung durch die Datenauswertungsstelle. Die Pflegeeinrichtung muss gewährleisten, dass

die für das indikatorengestützte Verfahren erforderlichen Daten für alle in der Pflegeeinrichtung lebenden Bewohnerinnen und Bewohner vollständig an die Datenauswertungsstelle übermittelt werden. Die Pflegeeinrichtungen sind verpflichtet, der Datenauswertungsstelle die für die Überprüfung der Plausibilität der Angaben zur Gesamtzahl der am Stichtag betreuten Personen erforderlichen Daten und Angaben gemäß den Vorgaben der Datenauswertungsstelle zeitgleich mit den indikatorenbezogenen Daten zu übermitteln.

In der externen Qualitätsprüfung, in die 9 Bewohnerinnen und Bewohner einbezogen werden, erfolgt u.a. eine Prüfung der Plausibilität. Für die Plausibilitätsprüfung der von der Pflegeeinrichtung erhobenen Indikatordaten werden 6 Bewohnerinnen und Bewohner bzw. Bewohnercodes (Pseudonyme) vor dem Einrichtungsbesuch durch eine Stichprobe bestimmt, die durch die Datenauswertungsstelle gezogen wird. Weitere 3 Bewohnerinnen und Bewohner, bei denen keine Plausibilitätsprüfung erfolgt, werden durch eine Zufallsauswahl während des Besuchs der Prüferinnen und Prüfer in der Einrichtung bestimmt.

Bei der Ziehung der Teilstichprobe durch die Auswertungsstelle handelt es sich um eine geschichtete Zufallsstichprobe. Es kommt eine Kombination von Merkmalen zur Anwendung, die Beeinträchtigungen der Mobilität sowie der kognitiven und kommunikativen Fähigkeiten abbilden. Diese Beeinträchtigungen treten unabhängig voneinander auf und sind mit unterschiedlichen Beeinträchtigungen der Selbständigkeit und damit unterschiedlichen Bedarfskonstellationen assoziiert.

Die Ziehung der Stichprobe orientiert sich an den Modulwertungen des Begutachtungsinstruments (BI; Wertungen der Module 1 und 2, die auch Bestandteil der Ergebniserfassung sind, die von den Einrichtungen vorgenommen wird). Es werden jeweils 2 Bewohnerinnen bzw. Bewohner mit folgenden Merkmalskombinationen bestimmt:

Bewohner bzw. Bewohnerinnen, die in beiden Bereichen mindestens erhebliche Beeinträchtigungen aufweisen (Modulwertung jeweils >1) (Subgruppe 1),

Bewohner bzw. Bewohnerinnen, die im Bereich der Mobilität mindestens erhebliche Beeinträchtigungen aufweisen (Modulwertung>1), aber keine oder eine geringe Beeinträchtigung der kognitiven und kommunikativen Fähigkeiten (Modulwertung 0 oder 1) (Subgruppe 2),

Bewohner bzw. Bewohnerinnen, die im Bereich der Mobilität keine oder eine geringe Beeinträchtigung aufweisen (Modulwertung 0 oder 1), aber mindestens erhebliche Beeinträchtigungen der kognitiven und kommunikativen Fähigkeiten (Modulwertung >1) (Subgruppe 3).

Durch eine Reserveliste wird sichergestellt, dass genügend Bewohnerinnen und Bewohner in die Stichprobe einbezogen werden können. Dazu sind je Subgruppe 6 weitere Bewohnerinnen und Bewohner per Zufallsauswahl durch die Datenauswertungsstelle zu bestimmen. Damit entsteht eine Liste, die folgendermaßen strukturiert ist:

Subgruppe 1:	Code 1, Code 2	Reserve: Code 3 bis Code 8
Subgruppe 2:	Code 9, Code 10	Reserve: Code 11 bis Code 16
Subgruppe 3:	Code 17, Code 18	Reserve: Code 19 bis Code 24

Die Plausibilitätskontrolle der Indikatorendaten erfolgt nach § 2 QDVS in Verbindung mit Anlage 2 zur QDVS (siehe dazu Kapitel 1.6 dieses Buches) anhand statistischer Verfahren durch die Datenauswertungsstelle und im Rahmen externer Qualitätsprüfungen. Die Regelungen in der QDVS schließen an die Regeln zur statistischen Plausibilitätskontrolle in Kapitel 4 der Anlage 4 der MuG an.

Die Plausibilitätskontrolle im Rahmen externer Qualitätsprüfungen stützt sich auf die Informationserfassung, die durch die externen Prüfer erfolgt. Mit dieser Informationserfassung verschafft sich der Prüfer ein Bild des Bewohners und seiner Versorgungssituation, etwa durch Inaugenscheinnahme des Bewohners, durch Gespräche mit dem Bewohner oder den Pflegenden sowie durch die Hinzuziehung der Dokumentation. Zum Zweck der Plausibilitätskontrolle wird beurteilt, ob diese Informationen mit den Angaben aus der regelgeleiteten und statistisch durch die DAS geprüften Erhebung der Einrichtungen für die Daten zur Indikatorenberechnung in Einklang stehen oder nicht.

Werden hierbei Widersprüche festgestellt, die sich nicht aufklären lassen, wird von fehlender Plausibilität ausgegangen. Widersprüche, die erklärt werden können (z.B. Verschlechterung der Mobilität nach einem Sturz, der sich nach der Ergebniserfassung ereignete), sind nicht als mangelnde Plausibilität einzustufen.

Abweichungen zwischen den einrichtungsintern erhobenen Versorgungsergebnissen (Erhebung der Daten für die Indikatorenberechnung) und den im Rahmen der externen Qualitätsprüfung erfolgten Feststellungen, d. h. unplausible Daten, werden als „kritischer Themenbereich" eingestuft und entsprechend in der Qualitätsdarstellung dokumentiert. Als unplausibel bzw. „kritisch" gilt ein Themenbereich aus der externen Qualitätsprüfung dann, wenn die Prüfer bei mindestens zwei der geprüften Bewohner feststellen, dass die von der Einrichtung übermittelten Indikatorenergebnisse vor dem Hintergrund der Informationserfassung nicht plausibel sind.

Bei Einrichtungen, für die einzelne Indikatoren bzw. weniger als vier Themenbereiche als „kritisch" eingestuft werden, wird in der Qualitätsdarstellung der betroffenen Indikatoren ein Hinweis integriert, der verdeutlicht, dass der entsprechende Indikator als unplausibel betrachtet wird.

Ab einer Anzahl von vier kritischen Themenbereichen werden die Indikatorenergebnisse insgesamt als unplausibel bzw. nicht ausreichend belastbar betrachtet und in der Qualitätsdarstellung für die betreffende Einrichtung nicht aufgeführt. An Stelle dessen erfolgt der Hinweis, dass die Plausibilitätskontrolle im Rahmen der externen Qualitätsprüfung zu erheblichen Zweifeln daran führte, dass die von der Einrichtung bereitgestellten Informationen über die Versorgungsergebnisse fachlich und methodisch korrekt sind.

Gegenstand der im Rahmen externer Qualitätsprüfungen durchzuführenden Plausibilitätskontrolle ist auch die Kontrolle der von den Einrichtungen zu führenden Erhebungsreporte durch die externen Prüfer. Hierbei ist die Frage zu beantworten, ob im Erhebungsreport

- eine eindeutige und vollständige Zuordnung der Pseudonyme zu den versorgten Personen erkennbar ist und
- ob die Ausschlusskriterien zur Einbeziehung der versorgten Personen in die Ergebniserfassung entsprechend der methodischen Vorgaben erfolgte und
- dementsprechend erkennbar ist, für welche Personen keine Ergebniserfassung durchgeführt wurde und
- aus welchem Grund im jeweiligen Fall auf die Ergebniserfassung verzichtet wurde.

Grundlage für diese Bewertung sind die Ausschlusskriterien, die in der Anlage 3 der MuG, Ziff. 2.4.1 und 2.4.2 geregelt werden.

Bei der Plausibilitätskontrolle der Erhebungsreporte wird die Feststellung von Auffälligkeiten bei drei und mehr Bewohnerinnen bzw. Bewohnern als „kritisch" definiert. In diesen Fällen werden die Indikatorenergebnisse insgesamt als unplausibel bzw. nicht ausreichend belastbar betrachtet und damit die Kennzahlen in der öffentlichen Qualitätsdarstellung für die betreffende Einrichtung nicht aufgeführt. An Stelle dessen erfolgt der Hinweis, dass die Plausibilitätskontrolle im Rahmen der externen Qualitätsprüfung zu erheblichen Zweifeln daran führte, ob die von der Einrichtung bereitgestellten Informationen über die Versorgungsergebnisse fachlich und methodisch korrekt sind.

Ergibt die statistische Plausibilitätskontrolle, dass die von der Einrichtung übermittelten Daten zur Indikatorenberechnung nicht plausibel und/oder nicht vollständig sind, erfolgt nach § 3 Abs. 2 QDVS in Verbindung mit Ziff. 3 der Anlage 3 der QDVS anstelle der Veröffentlichung der Indikatorenergebnisse folgender Hinweis:

Bei der statistischen Plausibilitätskontrolle ergaben sich erhebliche Zweifel an den von der Pflegeeinrichtung bereitgestellten Informationen. Daher wird auf die Darstellung der Indikatorenergebnisse verzichtet.

Ergibt die von den Prüfinstitutionen im Rahmen der externen Qualitätsprüfung durchzuführende Plausibilitätskontrolle, dass die von der Einrichtung übermittelten Daten zur Indikatorenberechnung insgesamt nicht plausibel und/oder nicht vollständig sind (siehe § 2 QDVS in Verbindung mit Ziff. 3.2 der Anlage 2 der QDVS), erfolgt anstelle der Veröffentlichung der Indikatorenergebnisse folgender Hinweis:

Bei der im Rahmen der Qualitätsprüfung durchgeführten Plausibilitätskontrolle ergaben sich erhebliche Zweifel an den von der Pflegeeinrichtung bereitgestellten Informationen. Daher wird auf die Darstellung der Indikatorenergebnisse verzichtet.

Ergibt die von den Prüfinstitutionen im Rahmen der externen Qualitätsprüfung durchzuführende Plausibilitätskontrolle, dass die von der Einrichtung übermittelten Daten zur Indikatorenberechnung zu einzelnen Indikatoren nicht plausibel und/oder nicht vollständig sind, erfolgt anstelle der Veröffentlichung des entsprechenden Indikatorenergebnisses folgender Hinweis:

Bei der im Rahmen der Qualitätsprüfung durchgeführten Plausibilitätskontrolle ergaben sich bei diesem Indikator Hinweise darauf, dass die von der Pflegeeinrichtung bereitgestellten Informationen nicht zuverlässig sind. Daher wird auf die Darstellung des Indikatorenergebnisses verzichtet.

Die Landesverbände der Pflegekassen stellen den Pflegeeinrichtungen zusammen mit den Prüfergebnissen die nach der Plausibilitätskontrolle im Rahmen der Qualitätsprüfung für die Veröffentlichung vorgesehenen Indikatorenergebnisse bereit. Innerhalb einer Frist von 28 Kalendertagen können die Pflegeeinrichtungen den Landesverbänden der Pflegekassen Hinweise zur Plausibilität der nicht zur Veröffentlichung vorgesehenen Indikatorenergebnisse geben. In dieser Frist können strittige Fragen zwischen der Pflegeeinrichtung und den Landesverbänden geklärt werden. Dieses Vorgehen ist Bestandteil des in § 6 Abs. 2 QDVS in Verbindung mit Ziff. 6 der Anlage 8 der QDVS dargestellten Verfahrens.

§ 8 ViV – Pseudonymisierung
(1) Vor der Übermittlung der Daten des indikatorengestützten Verfahrens von der Pflegeeinrichtung an die Datenauswertungsstelle sind die Daten von der Pflegeeinrichtung zu pseudonymisieren.

(2) Für die zur Pseudonymisierung anzuwendenden Verfahren gelten die in Anlage 4 getroffenen Vereinbarungen.

Die Pseudonymisierung der Versichertendaten gem. § 113 Abs. 1a Satz 3 SGB XI muss nach einem einheitlichen Verfahren erfolgen, welches jede Pflegeeinrichtung selbständig ohne zusätzliche Informationen anwenden kann. Dieses ist in der Anlage 4 der MuG beschrieben worden. Die rückwärtige Auflösung des Pseudonyms auf Seite der Pflegeeinrichtung muss ebenfalls eigenständig möglich sein. Die Pseudonymisierung erfolgt ausschließlich auf Seite der Pflegeeinrichtung. Die Übermittlung von versichertenbezogenen Informationen ist an keiner Stelle vorgesehen.

Die Pseudonymisierung erfolgt über eine einrichtungsseitig zu führende Pseudonymisierungsliste, in der jedem Bewohner und jeder Bewohnerin jeweils eine eindeutige, innerhalb der Einrichtung einmalig vergebene, bis zu sechsstellige Nummer zugeordnet wird (bspw. laufende Nummer: 000001, ..., 999999). Dieses Pseudonym gilt für die gesamte Dauer des stationären Aufenthaltes in der Einrichtung. Das Pseudonym darf auch dann nicht erneut vergeben werden, wenn die entsprechende Person die Einrichtung dauerhaft nicht mehr bewohnt (z. B. weil sie verstorben ist oder wegen eines Umzugs in eine andere Einrichtung).

Bei der Registrierung der dokumentationspflichtigen Pflegeeinrichtungen vergibt die DAS für jede Einrichtung eine ebenfalls sechsstellige Nummer, welche die Identität der Pflegeeinrichtung sicherstellt. Das Pseudonym stellt eine Kombination aus beiden Nummern dar.

👁 BEISPIEL FÜR EIN PSEUDONYM

„Einrichtungs-ID": 987654

„bewohnerbezogene Nummer": 000001

Dann lautet das Pseudonym für den Bewohner: 987654000001

Die datenschutzrechtlichen Bestimmungen hinsichtlich des Zugangs zu und der Aufbewahrung dieser Liste sind einzuhalten. Die Datenübermittlung an die Datenauswertungsstelle erfolgt dann ausschließlich unter Verwendung des jeweils personenspezifischen Pseudonyms.

§ 9 ViV – Feststellung der Vollständigkeit der übermittelten Datensätze

(1) Die Pflegeeinrichtung hat zu gewährleisten, dass die für das indikatorengestützte Verfahren erforderlichen Daten für alle in der Pflegeeinrichtung lebenden Bewohnerinnen und Bewohner übermittelt werden.

(2) Zur Gewährleistung und ggf. Überprüfung dieser Anforderung gelten die in Anlage 4 getroffenen Vereinbarungen.

Die datentechnische (statistische) Plausibilitätskontrolle wird routinemäßig nach der Übermittlung der vollständigen Daten aus der Ergebniserfassung an die Datenauswertungsstelle noch vor der Durchführung der externen Prüfung durchgeführt und wird in Ziff. 4 der Anlage 4 der MuG beschrieben.

Es wird geprüft, ob die Angaben der Einrichtung zu einer Bewohnerin oder einem Bewohner bzw. bezogen auf die Bewohnerschaft insgesamt in sich stimmig sind. So ist es beispielsweise unwahrscheinlich, dass ein Bewohner bzw. eine Bewohnerin, der bzw. die mit nur wenig Unterstützung Treppen steigen kann, in liegender Position erheblich in der Bewegung eingeschränkt ist (fallbezogene Prüfung). Ebenso wenig plausibel ist es, dass eine größere Zahl Bewohner bzw. Bewohnerinnen keinerlei Beeinträchtigung des Erinnerungsvermögens aufweist, aber räumlich desorientiert ist (Prüfung auf die Bewohnerschaft insgesamt). Die statistische Plausibilitätskontrolle umfasst auch die Überprüfung der Frage, ob in den Bereichen Beurteilung von Selbständigkeit und kognitiven Fähigkeiten Daten aus der letzten Ergebniserfassung unverändert übernommen worden sind.

Im Ergebnis lässt sich feststellen, ob eine Einrichtung in bestimmten Bereichen der Ergebniserfassung (z. B. im Bereich der Mobilität) systematische Auffälligkeiten zeigt, die Hinweise auf methodische Schwächen geben. Entsprechende Hinweise werden als Vorinformation von der Datenauswertungsstelle an den Prüfdienst übermittelt. Folgende Auswertungsprozeduren liegen der datentechnischen Plausibilitätskontrolle zugrunde:

– Überprüfung der unreflektierten Übernahme vorheriger Ergebnisse bei der Einschätzung der Selbständigkeit – im Bereich der Mobilität – im Bereich der kognitiven Fähigkeiten – im Bereich der Selbstversorgung – im Bereich des Alltagslebens und der sozialen Kontakte.
– Überprüfung auf innere Widersprüche der Angaben in den Bereichen Mobilität, kognitive/kommunikative Fähigkeiten, Selbstversorgung, Alltagsleben und soziale Kontakte
– Überprüfung der Datumsangaben (Relevanz für den Beobachtungszeitraum)
– Überprüfung der Angaben zu Krankenhausaufenthalten.

Die Ergebniserfassung einer Einrichtung wird als insgesamt „nicht plausibel" eingestuft, wenn bei mehr als 25% der Bewohner bzw. Bewohnerinnen, für die eine Ergebniserfassung durchgeführt wurde, eine Auffälligkeit im Sinne der oben genannten Punkte feststellbar ist.

§ 10 ViV – Datennutzung durch die Vertragsparteien nach § 113 SGB XI
Zum Zwecke der Evaluation und Weiterentwicklung des indikatorengestützten Verfahrens erhalten die Vertragsparteien nach § 113 SGB XI unter Beachtung der datenschutzrechtlichen Anforderungen einen gleichberechtigten Zugang zu den Daten des indikatorengestützten Verfahrens.

1.5 Die gesetzlichen Expertenstandards

Für den Abschluss und den Erhalt des Versorgungsvertrages muss der Träger der Pflegeeinrichtung die Expertenstandards nach § 113a SGB XI anerkennen. Die Expertenstandards bilden die nach MuG und den individuellen Leistungs- und Qualitätsmerkmalen nächste Ebene der Qualitätsregelungen und konkretisieren das allgemeine gesetzliche Erfordernis des „anerkannten Stands der medizinisch-pflegerischen Erkenntnisse", die dem gesamten pflegerischen Handeln zugrunde liegen (vgl. §§ 11 und 69 SGB XI).

Die Bewohnerinnen und Bewohner der Einrichtung haben einen Rechtsanspruch darauf, dass sie entsprechend dem allgemein anerkannten Stand medizinisch-pflegerischer Erkenntnisse gepflegt, versorgt und betreut werden. Der nicht unumstrittene Begriff des Expertenstandards wurde durch das Deutsche Netzwerk für Qualitätsentwicklung in der Pflege (DNQP) geprägt und vom Gesetzgeber bei Einführung des § 113a SGB XI aufgegriffen und verwendet. Nach Ansicht des Gesetzgebers ist der Begriff allgemein in der Pflege eingeführt (Bundestag-Drucksache 16/7439, S. 83). Nach § 113a Abs. 2 Satz 3 SGB XI muss ein Expertenstandard

- in einem transparenten Verfahren,
- nach einer allgemein anerkannten methodischen Grundlage, insbesondere wissenschaftlich fundiert und unabhängig,
- in einer planmäßigen Schrittfolge und
- in fachlicher Abstimmung entwickelt werden, sowie
- in der Praxis und
- modellhaft erprobt werden.

Diesen Vorgaben genügen die Expertenstandards des Deutschen Netzwerks für Qualitätsentwicklung in der Pflege (DNQP) zweifelsohne. Es fehlt für diese Expertenstandards jedoch an der notwendigen Veröffentlichung im Bundesanzeiger. Nach § 113a Abs. 3 Satz 1 SGB XI sind die gesetzlichen Expertenstandards zu veröffentlichen, um die Verbindlichkeit zu erlangen.

§ 113a Abs. 3 Satz 1 SGB XI: Die Expertenstandards sind im Bundesanzeiger zu veröffentlichen.

Aufbau Qualitätssicherung im Gesetz

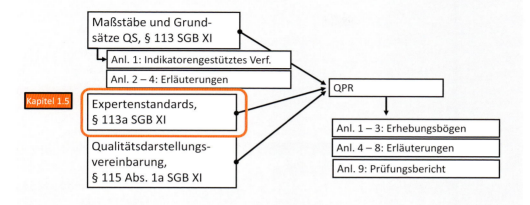

Wurde der Expertenstand nicht veröffentlicht, so ist er nicht verbindlich, mithin freiwillig. Die allgemeine Verbindlichkeit für einen gesetzlichen Expertenstandard wird erst durch die Veröffentlichung im Bundesanzeiger erlangt. Dies ist allerdings auch über zehn Jahre nach Inkrafttreten der Regelung zum 01.07.2008 noch immer nicht der Fall. Der fachlich konsentierte Expertenstandard-Entwurf „Erhaltung und Förderung der Mobilität" wurde bis 2016 von einem Wissenschaftlerteam der Universität Bremen im Auftrag der Vertragsparteien nach § 113 SGB XI modellhaft implementiert. Die Erprobung ergab, dass der Expertenstandard praxistauglich ist und die Kosten für die Einführung gering sind. Eine Wirksamkeit konnte zunächst nicht nachgewiesen werden.

Der erweiterte Qualitätsausschuss Pflege hat im Februar 2018 mit der Mehrheit seiner Mitglieder die freiwillige Einführung des Expertenstandards Mobilität für zunächst zwei Jahre beschlossen. Parallel sollen eine Aktualisierung des Expertenstandards und eine Begleitforschung erfolgen.

Fachlich anerkannt – aber eben nicht im Bundesanzeiger veröffentlicht und damit nicht allgemein verbindlich – sind die bereits vom DNQP erarbeiteten Expertenstandards (angegeben ist der jeweils letzte Stand) zur

- Dekubitusprophylaxe in der Pflege 2017,
- Entlassungsmanagement in der Pflege 2009 [Aktualisierung im 1. Halbjahr 2019 erwartet],

- Schmerzmanagement in der Pflege bei akuten Schmerzen 2011,
- Schmerzmanagement in der Pflege bei chronischen Schmerzen 2015,
- Sturzprophylaxe in der Pflege 2013,
- Förderung der Harnkontinenz in der Pflege 2014,
- Pflege von Menschen mit chronischen Wunden 2015,
- Ernährungsmanagement zur Sicherung und Förderung der oralen Ernährung in der Pflege 2017 und
- Beziehungsgestaltung in der Pflege von Menschen mit Demenz 2018.

PRAXISTIPP

Setzen Sie die Implementierung und Umsetzung der bekannten DNQP-Expertenstandards fort. Allerdings ist stets zu prüfen, ob die jeweilige inhaltliche Aussage Programm- oder Zielcharakter hat oder es sich um den allgemein anerkannten Stand medizinisch-pflegerischer Erkenntnisse handelt. Nur im letzten Fall muss die Umsetzung der Vorgaben im DNQP-Expertenstandard erfolgen.

1.6 Die Qualitätsdarstellungsvereinbarung stationär (QDVS)

Nach § 115 Abs. 1a SGB XI stellen die Landesverbände der Pflegekassen sicher, dass die Leistungen der Pflegeeinrichtungen sowie deren Qualität für pflegebedürftige Menschen und ihre Angehörigen verständlich, übersichtlich und vergleichbar im Internet sowie in anderer geeigneter Form veröffentlicht werden.

Neu für die Qualitätsdarstellung im vollstationären Bereich sind Qualitätsinformationen, die aus Qualitätsindikatoren stammen (§ 113 Abs. 1a SGB XI). Qualitätsindikatoren stehen für Bereiche zur Verfügung, für die nach übereinstimmender Auffassung der Vertragsparteien die Versorgungsqualität (Ergebnisqualität) bewertet werden kann. Hierfür erheben alle Pflegeeinrichtungen in sechsmonatigem Abstand festgelegte Qualitätsdaten und übermitteln diese an eine fachlich unabhängige Institution nach § 113 Abs. 1b SGB XI (Datenauswertungsstelle), welche die Daten statistisch prüft und einrichtungs- bzw. fallbeziehbar auswertet. Weiterhin sind für die Information der pflegebedürf-

Aufbau Qualitätssicherung im Gesetz

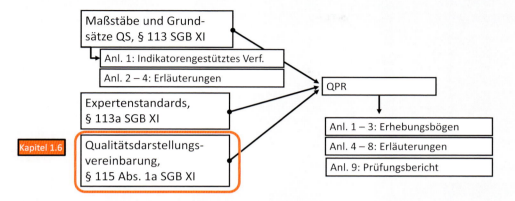

tigen Menschen und ihrer Angehörigen die Ergebnisse aus Qualitätsprüfungen nach §§ 114 f. SGB XI zugrunde zu legen. Diese Informationen werden um Angaben, die die Pflegeeinrichtungen zur Verfügung stellen (z. B. zur Erreichbarkeit der Pflegeeinrichtung mit öffentlichen Verkehrsmitteln), ergänzt. Für jede vollstationäre Pflegeeinrichtung werden entsprechende Qualitätsdaten veröffentlicht. Bei dieser Qualitätsdarstellung handelt es sich um für pflegebedürftige Menschen und ihre Angehörigen relevante Informationen, die unterschiedlichen Quellen entstammen und bei der Auswahl einer Pflegeeinrichtung als eine Entscheidungsgrundlage herangezogen werden können.

Der MDK bzw. der Prüfdienst der PKV führen weiterhin im Auftrag der Landesverbände der Pflegekassen regelmäßig Qualitätsprüfungen in den Pflegeeinrichtungen durch. In diesen Prüfungen werden die Versorgungsergebnisse sowie die hierfür erforderlichen Strukturen und Prozesse der Qualität der Leistungen der Pflegeeinrichtungen geprüft. Das Themenspektrum der Qualitätsprüfung ist umfassender als die für die Qualitätsdarstellung relevanten Aspekte. Die Qualitätsprüfung zielt somit auf eine umfassende Prüfung vieler Qualitätsaspekte einer Pflegeeinrichtung ab und ist Grundlage für die Bescheide der Landesverbände der Pflegekassen über ggf. festgellte Mängel und auferlegte Maßnahmen für ihre Beseitigung. Die aus der Prüfung des MDK bzw. des Prüfdienstes der PKV resultierenden Ergebnisse für die Qualitätsdarstellung (§ 115 Abs. 1a SGB XI) und das von den Landesverbänden der

Pflegekassen durchgeführte Qualitätssicherungsverfahren (§ 115 Abs. 2 bis 5 SGB XI) haben somit unterschiedliche Funktionen.

Die der Qualitätsdarstellungsvereinbarung für die stationäre Pflege zugrunde liegenden (pflege-) wissenschaftlichen Erkenntnisse, Instrumente und Verfahren sind dynamische Instrumente, die dem aktuellen Stand der Kenntnisse anzupassen und weiterzuentwickeln sind. Die Qualitätsdarstellungsvereinbarung stationär (QDVS) gilt für alle Einrichtungen der vollstationären Langzeit- (§ 43 SGB XI) und Kurzzeitpflege (§ 42 SGB XI). Die Regelungen zu dem indikatorengestützen Verfahren gelten für die vollstationäre Langzeitpflege; die Regelungen zu den Qualitätsprüfungen und zur Darstellung der einrichtungsbezogenen Informationen gelten für die vollstationäre Langzeit- und Kurzzeitpflege.

Die QDVS ersetzt die Pflege-Transparenzvereinbarung stationär (PTVS) vom 17.12.2008 in der Fassung vom 11.08.2016.

Die QDVS besteht aus dem Vertragstext und 8 Anlagen. Auf die Anlagen 2 – 8 wird im Text der QDVS verwiesen und der Abdruck an dieser Stelle vorgenommen. Die Anlage 1, auf die nicht im Text der QDVS verwiesen wird, betrifft die Qualitätsdarstellung. Die Darstellung dieser Anlage 1 erfolgt am Ende dieses Kapitels. Im Einzelnen:

- Anlage 1: Qualitätsdarstellung
- Anlage 2: Bewertungssystematik für die Indikatoren → § 2 QDVS
- Anlage 3: Darstellung der Indikatoren → § 3 QDVS
- Anlage 4: Einrichtungsinformationen → § 7 QDVS
- Anlage 5: Darstellung der Einrichtungsinformationen → § 7 QDVS
- Anlage 6: Zu veröffentlichende Prüfergebnisse → § 4 QDVS
- Anlage 7: Bewertungssystematik der Prüfergebnisse → § 5 QDVS
- Anlage 8: Darstellung der Prüfergebnisse → § 6 QDVS

§ 1 QDVS – Indikatoren

Die zu veröffentlichenden Indikatorenergebnisse basieren auf den in den Maßstäben und Grundsätzen für die stationäre Pflege (dort: Anlage 2) aufgeführten 15 Indikatoren.

➕ PRAXISTIPP

Die Indikatoren werden in Anlage 1 der MuG, § 2 geregelt und sind in der Anlage 2 der MuG im Einzelnen aufgeführt und in drei Qualitätsbereiche unterteilt (siehe Kapitel 1.4 dieses Buches). Zur schnellen Wiederholung:

Qualitätsbereich 1: Erhalt und Förderung von Selbständigkeit
1. Erhaltene Mobilität*
2. Erhaltene Selbständigkeit bei alltäglichen Verrichtungen (z. B. Körperpflege)*
3. Erhaltene Selbständigkeit bei der Gestaltung des Alltagslebens und sozialer Kontakte

Qualitätsbereich 2: Schutz vor gesundheitlichen Schädigungen und Belastungen
4. Dekubitusentstehung*
5. Schwerwiegende Sturzfolgen*
6. Unbeabsichtigter Gewichtsverlust*

Qualitätsbereich 3: Unterstützung bei spezifischen Bedarfslagen
7. Durchführung eines Integrationsgesprächs
8. Anwendung von Gurten
9. Anwendung von Bettseitenteilen
10. Aktualität der Schmerzeinschätzung

Die mit einem (*) gekennzeichneten Indikatoren 1, 2 und 3 – 6 werden in jeweils 2 Risikogruppen bewertet, so dass insgesamt 15 Indikatoren die Grundlage für die Veröffentlichung der Ergebnisse bilden.

§ 2 QDVS – Bewertungssystematik für das indikatorengestützte Verfahren

Einzelheiten zur Bewertung der Indikatorenergebnisse ergeben sich aus der ANLAGE 2 dieser Vereinbarung.

Die Bewertung der Indikatoren nach Anlage 2 zur QDVS, d. h. die einrichtungsbezogene Zuordnung einer Qualitätsbewertung zu einem Indikatorenwert erfolgt mithilfe von Referenzwerten und einer fünfstufigen Bewertungssystematik.

Diese Bewertungssystematik formuliert eine Qualitätsbewertung unter Bezugnahme auf den Referenzwert (d. h. den Durchschnitt der Versorgung) und anhand eines Punktesystems (im Folgenden „Indikatorenbewertung"):

Ergebnisqualität liegt weit über dem Durchschnitt:	■■■■■
Ergebnisqualität liegt leicht über dem Durchschnitt:	■■■■☐
Ergebnisqualität liegt nahe beim Durchschnitt:	■■■☐☐
Ergebnisqualität liegt leicht unter dem Durchschnitt:	■■☐☐☐
Ergebnisqualität liegt weit unter dem Durchschnitt:	■☐☐☐☐

Um Verzerrungen aufgrund unterschiedlicher zeitlicher Abstände zwischen den Ergebniserfassungen zu neutralisieren und Vergleichbarkeit zu gewährleisten, werden die Indikatoren der Qualitätsbereiche 1 und 2 im Rahmen der Datenaufbereitung durch die unabhängige Datenauswertungsstelle standardisiert, also rechnerisch so angepasst, dass der für 6 Monate zu erwartende Anteilswert ausgewiesen wird, auch wenn der Abstand im Einzelfall beispielsweise lediglich 5,5 Monaten betrug. Die Standardisierung erfolgt für die Qualitätsbereiche 1 und 2 nach folgenden Formeln:

Qualitätsbereich 1:
Standardisierter Indikator = $100 - (100 - x) * 183 / \text{Zeitabstand}$
Qualitätsbereich 2:
Standardisierter Indikator = $x * 183 / \text{Zeitabstand}$

Mit X = errechneter Indikator; Zeitabstand = Mittlerer Zeitabstand zwischen dem aktuellen und dem vorherigen Erfassungszeitpunkt in Tagen.

Indikatoren für eine Einrichtung werden nur dann ausgewiesen, wenn die Bewohnergruppe, auf die sich die Bewertung bezieht, eine bestimmte Mindestgröße aufweist. Dabei gilt:

Qualitätsbereich 1: Mindestgröße = 10 Personen
Qualitätsbereich 2: Mindestgröße = 5 Personen
Indikator 3.1: Mindestgröße = 4 Personen
Indikatoren 3.2 – 3.4: Mindestgröße = 5 Personen.

Zudem gilt der Grundsatz, dass eine Einrichtung aufgrund eines Einzelfalls nicht als „durchschnittlich" oder schlechter bewertet werden darf. Bei Indikatoren, bei denen lediglich bei einem einzelnen Bewohner bzw. einer einzelnen Bewohnerin ein negatives Ergebnis berichtet wurde, erfolgt dementsprechend nur dann eine Indikatorenbewertung, wenn in dem Punktesystem mindestens das Bewertungsergebnis „Ergebnisqualität liegt leicht über dem Durchschnitt" erzielt wird. Anderenfalls findet sich in der Darstellung lediglich der Hinweis „Einzelfall". „Negatives Ergebnis" bedeutet, dass diese Person die positive Definition des Indikators nicht erfüllt. Im Falle des Indikators 1.3 Erhaltene Selbständigkeit bei der Gestaltung des Alltagslebens und sozialer Kontakte wäre ein negatives Ereignis beispielsweise gleichbedeutend mit einer Verschlechterung der Selbständigkeit, d. h. einer Verschlechterung im BI-Modul 6 um mehr als einen Punkt.

Die Qualitätsbewertung anhand der Indikatoren über das Punktesystem erfolgt unter Bezugnahme auf empirisch hergeleitete Referenzwerte, die sich am rechnerischen Durchschnittswert der Gesamtheit der einbezogenen Einrichtungen orientieren. Die Indikatorenbewertung wird anhand der Größe der Abweichung des jeweiligen Indikatorenwertes vom Referenzwert vorgenommen. Definierte Schwellenwerte legen fest, wie die Abweichung des konkreten Indikatorenwertes vom Referenzwert (d. h. Durchschnittswertes) bewertet wird. Die Definition der Schwellenwerte erfolgt also rein rechnerisch.

Als Schwellenwerte, bis zu denen eine bestimmte Bewertung (beispielsweise „Ergebnisqualität liegt leicht über dem Durchschnitt") zutrifft, werden für die einzelnen Indikatoren die sogenannten Quintile der Verteilung der Indikatorenwerte gesetzt. Das sind diejenigen Werte, die die empirische Verteilung der Indikatorenwerte in der Gesamtheit aller Einrichtungen in fünf jeweils gleich stark besetzte Gruppen aufteilen.

Für die Implementierung des Systems wird zunächst eine vorläufige Setzung auf wissenschaftlicher Basis vorgenommen. Die Referenz- und Schwellenwerte werden angepasst, sobald eine ausreichende Grundlage valider Daten aus der Umsetzung des neuen Systems vorliegt. Die Vertragsparteien überprüfen die Referenzwerte sowie die daraus abgeleiteten Schwellenwerte in regelmäßigen Abständen und passen diese ggf. an. Für den Einstieg in das System werden vorläufig folgende wissenschaftlich basierte Schwellenwerte gesetzt:

§ 3 QDVS – Darstellungsform der Indikatorenergebnisse
(1) Die Ergebnisse des indikatorengestützten Verfahrens werden einrichtungs- und indikatorenbezogen veröffentlicht. Für jeden Indikator erfolgt eine fünfstufige Darstellung der Indikatorenergebnisse.

Indikator	Referenzwert (Durchschnitt)	Schwellenwerte für die fünfstufige Bewertung			
		a)	b)	c)	d)
1.1.1 Erhaltene Mobilität (Risikogruppe 1)	88,4 %	80,497	85,754	91,011	96,268
1.1.2 Erhaltene Mobilität (Risikogruppe 2)	69,4 %	58,623	65,776	72,929	80,082
1.2.1 Erhaltene Selbständigkeit bei alltäglichen Verrichtungen (z.B. Körperpflege) (Risikogruppe 1)	83,8 %	75,278	80,970	86,662	92,354
1.2.2 Erhaltene Selbständigkeit bei alltäglichen Verrichtungen (z.B. Körperpflege) (Risikogruppe 2)	57,9 %	45,440	53,719	61,998	70,277
1.3 Erhaltene Selbständigkeit bei der Gestaltung des Alltagslebens und sozialer Kontakte	74,8 %	64,030	71,198	78,366	85,534
2.1.1 Dekubitusentstehung (Risikogruppe 1)	1,6 %	3,091	2,091	1,091	0,091
2.1.2 Dekubitusentstehung (Risikogruppe 2)	8,4 %	16,083	10,955	5,827	2,914
2.2.1 Stürze mit gravierenden Folgen (Risikogruppe 1)	6,9 %	11,089	8,312	5,535	2,758
2.2.2 Stürze mit gravierenden Folgen (Risikogruppe 2)	12,9 %	18,464	14,768	11,072	7,376
2.3.1 Unbeabsichtigter Gewichtsverlust (Risikogruppe 1)	2,1 %	3,562	2,562	1,562	0,562
2.3.2 Unbeabsichtigter Gewichtsverlust (Risikogruppe 2)	4,9 %	9,103	6,325	3,547	0,769
3.1 Integrationsgespräch nach dem Einzug	50,7 %	20,659	40,659	60,659	80,659
3.2 Anwendung von Gurten bei kognitiv beeinträchtigten Bewohnerinnen und Bewohnern	2,8 %	5,210	3,623	2,036	0,449
3.3 Anwendung von Bettseitenteilen bei kognitiv beeinträchtigten Bewohnerinnen und Bewohnern	18,7 %	32,311	23,222	14,133	5,044
3.4 Aktualität der Schmerzeinschätzung	79,0 %	63,965	73,966	83,967	93,968

Erläuterung: Spalte a) beinhaltet den unteren Schwellenwert, also den Wert, unterhalb dessen die Qualitätsbewertung „weit unter dem Durchschnitt" zugewiesen wird. Beim Indikator 1.1.1 ist dies bei Werten kleiner als 80,497 der Fall. Die Qualitätsbewertung „leicht unter dem Durchschnitt" ergibt sich bei Werten im Bereich von 80,497 bis einschließlich 85,753 (Spalten a) und b)).

(2) Einzelheiten zur Darstellungsform der Indikatorenergebnisse ergeben sich aus der Anlage 3 dieser Vereinbarung.

Die Darstellung der Indikatoren im Kontext der Qualitätsdarstellung nach Anlage 3 der QDVS insgesamt erfolgt

1. als vorangestellte kompakte Übersicht über alle Indikatoren („Übersicht der Bewertung der Versorgungsergebnisse: Ergebnisqualität") und

2. in detaillierter Form („Erläuterungen zu den Versorgungsergebnissen (Ergebnisqualität)"). Der Aufbau der Qualitätsdarstellung insgesamt ist in Anlage 1 der QDVS (siehe am Ende dieses Kapitels) beschrieben.

Zunächst erhält der Nutzer bzw. die Nutzerin einen Gesamtüberblick über die Bewertung von Versorgungsergebnissen mithilfe der Indikatoren. Zur Erläuterung des Bewertungsschemas findet der Nutzer bzw. die Nutzerin eine Beschreibung der Symbole unterhalb der Ergebnisse. Zusätzlich findet der Nutzer bzw. die Nutzerin eine kurze Erläuterung dazu, dass die vorliegenden Ergebnisse von der Einrichtung halbjährlich selbst und bei allen Bewohnerinnen und Bewohnern der Einrichtung erhoben werden.

Fiktives Beispiel der kompakten Übersicht über alle Indikatoren („Übersicht der Bewertung der Versorgungsergebnisse: Ergebnisqualität") aus der Anlage 3 der QDVS:

Bedeutung der Symbole:

● ● ● ● ●   Die Ergebnisqualität liegt weit über dem Durchschnitt.
● ● ● ● ○   Die Ergebnisqualität liegt leicht über dem Durchschnitt.
● ● ● ○ ○   Die Ergebnisqualität liegt nahe beim Durchschnitt.
● ● ○ ○ ○   Die Ergebnisqualität liegt leicht unter dem Durchschnitt.
● ○ ○ ○ ○   Die Ergebnisqualität liegt weit unter dem Durchschnitt.
✗   Die Ergebnisqualität konnte nicht berechnet werden.
Einzelfall   Das Ereignis ist bei einem einzelnen Bewohner bzw. einer einzelnen Bewohnerin aufgetreten und wird nicht bewertet.

Einführend erhält der Nutzer bzw. die Nutzerin in diesem Teil der detaillierten Qualitätsdarstellung eine Erläuterung zu den Versorgungsergebnissen, in der beschrieben wird, weshalb Versorgungsergebnisse wichtig sind und was diese über die Versorgung der Bewohner bzw. Bewohnerinnen aussagen. Weiter wird beschrieben, anhand welchen Bewertungsschemas die Versorgungsergebnisse

Bewertung der Versorgungsergebnisse: Ergebnisqualität	
beste Bewertung: 5 Punkte / schlechteste Bewertung: 1 Punkt	
1. Erhaltene Mobilität	
a) bei Bewohnern bzw. Bewohnerinnen, die **nicht oder nur wenig** geistig beeinträchtigt sind	● ● ○ ○ ○
b) bei Bewohnern bzw. Bewohnerinnen, die **erheblich oder schwer** geistig beeinträchtigt sind	● ○ ○ ○ ○
2. Erhaltene Selbständigkeit bei alltäglichen Verrichtungen (z. B. Körperpflege)	
a) bei Bewohnern bzw. Bewohnerinnen, die **nicht oder nur wenig** geistig beeinträchtigt sind	● ● ● ● ○
b) bei Bewohnern bzw. Bewohnerinnen, die **erheblich oder schwer** geistig beeinträchtigt sind	● ● ● ○ ○
3. Erhaltene Selbständigkeit bei der Gestaltung des Alltagslebens und sozialer Kontakte	● ● ● ● ●
4. Dekubitusentstehung	
a) bei Bewohnern bzw. Bewohnerinnen mit **geringem Risiko** einen Dekubitus zu entwickeln	● ● ● ● ○
b) bei Bewohnern bzw. Bewohnerinnen mit **hohem Risiko** einen Dekubitus zu entwickeln	● ● ● ○ ○
5. Schwerwiegende Sturzfolgen	
a) bei Bewohnern bzw. Bewohnerinnen, die **nicht oder nur wenig** geistig beeinträchtigt sind	● ● ● ○ ○
b) bei Bewohnern bzw. Bewohnerinnen, die **erheblich oder schwer** geistig beeinträchtigt sind	● ● ● ● ○
6. Unbeabsichtigter Gewichtsverlust	
a) bei Bewohnern bzw. Bewohnerinnen, die **nicht oder nur wenig** geistig beeinträchtigt sind	● ● ● ● ●
b) bei Bewohnern bzw. Bewohnerinnen, die **erheblich oder schwer** geistig beeinträchtigt sind	● ● ● ● ○
7. Durchführung eines Integrationsgesprächs	● ● ● ● ○
8. Anwendung von Gurten zur Fixierung von Bewohnern bzw. Bewohnerinnen	● ● ● ○ ○
9. Anwendung von Bettseitenteilen	● ● ● ● ●
10. Aktualität der Schmerzeinschätzung	✗

dargestellt werden und welche Bedeutung die verwendeten Symbole haben. Die einleitenden Erläuterungen lauten wie folgt:

Unter Versorgungsergebnissen versteht man das, was die Mitarbeiterinnen und Mitarbeiter bei den Bewohnerinnen und Bewohnern bewirken, vor allem in gesundheitlicher Hinsicht. Einrichtungen und ihre Mitarbeiterinnen und Mitarbeiter haben beispielsweise die Aufgabe, soweit wie möglich zu verhindern, dass die Bewohnerinnen und Bewohner stürzen und sich verletzen. Auch die Erhaltung der Selbständigkeit der Bewohnerinnen und Bewohner ist ein wichtiges pflegerisches Ergebnis.

Es gibt keinen hundertprozentigen Einfluss der stationären Einrichtung auf die Gesundheit und Pflegebedürftigkeit. In vielen Punkten kann eine gute Pflege aber dabei mithelfen, dass es nicht zu gesundheitlichen Verschlimmerungen kommt. Manchmal können sogar trotz Pflegebedürftigkeit gesundheitliche Verbesserungen erreicht werden.

Die folgende Bewertung der Versorgungsergebnisse sagt Ihnen etwas darüber, wie erfolgreich die Einrichtung dabei ist. Sie können zum Beispiel erfahren, wie hoch der Anteil der Bewohner bzw. Bewohnerinnen ist, bei denen eine Verschlechterung bei der Fortbewegung vermieden wurde. Nicht alle Einrichtungen erzielen gleich gute Ergebnisse, es können sich vielmehr Qualitätsunterschiede zeigen.

Diese Unterschiede werden durch eine Punktzahl verdeutlicht. An der Punktzahl ist ablesbar, ob eine Einrichtung bessere, gleich gute oder schlechtere Versorgungsergebnisse zeigt, als andere Einrichtungen. Je besser die Versorgungsergebnisse sind, umso mehr Punkte erhält eine Einrichtung (maximal 5 Punkte).

Ergebnisqualität liegt weit über dem Durchschnitt:	■■■■■
Ergebnisqualität liegt leicht über dem Durchschnitt:	■■■■□
Ergebnisqualität liegt nahe beim Durchschnitt:	■■■□□
Ergebnisqualität liegt leicht unter dem Durchschnitt:	■■□□□
Ergebnisqualität liegt weit unter dem Durchschnitt:	■□□□□
Die Ergebnisqualität konnte nicht berechnet werden.	x
Das Ereignis ist bei einem einzelnen Bewohner bzw. einer einzelnen Bewohnerin aufgetreten und wird nicht bewertet.	Einzelfall
Die **beste** Ergebnisqualität haben also Einrichtungen mit der Bewertung	■■■■■
Die *schlechteste* Ergebnisqualität haben Einrichtungen mit der Bewertung	■□□□□

Die Daten, die diesen Bewertungen zugrunde liegen, werden durch die Pflegeeinrichtung erfasst und von einer unabhängigen Stelle ausgewertet.

Die Versorgungsergebnisse werden daran anschließend anhand folgender zehn Indikatoren dargestellt:

- Erhaltene Mobilität
- Erhaltene Selbständigkeit bei alltäglichen Verrichtungen (z. B. Körperpflege)
- Erhaltene Selbständigkeit bei der Gestaltung des Alltagslebens und sozialer Kontakte
- Dekubitusentstehung
- Schwerwiegende Sturzfolgen
- Unbeabsichtigter Gewichtsverslust
- Durchführung eines Integrationsgesprächs
- Anwendungen von Gurten
- Anwendung von Bettseitenteilen
- Aktualität der Schmerzeinschätzung.

Im Einzelnen werden alle Indikatoren nach dem gleichen Schema dargestellt:
1. Qualitätsbewertung,
2. inhaltliche Beschreibung und Erläuterungen zur Relevanz eines Indikators,
3. prozentuale Darstellung des Einrichtungswertes und des Referenzwertes,
4. Ergebnisse früherer Bewertungen.

Als Referenzwert dient der Durchschnittswert aller Einrichtungen (vgl. Anlage 2 der QDVS). Die Darstellung erfolgt ggf. für die Risikogruppen getrennt. Diese Darstellungsform ermöglicht es den Nutzern bzw. Nutzerinnen, sich bei Interesse zu jedem Qualitätsindikator einen raschen Überblick zu verschaffen.

Fiktives Beispiel in detaillierter Form („Erläuterungen zu den Versorgungsergebnissen (Ergebnisqualität)") aus der Anlage 3 der QDVS für den Indikator „Erhalt der Mobilität". Für die weiteren Indikatoren gibt die Anlage 3 der QDVS inhaltliche Beschreibung und die Erläuterungen zur Relevanz des jeweiligen Indikators vor. Auf die Darstellung an dieser Stelle wurde verzichtet.

1. Erhaltene Mobilität

Zur Mobilität gehört die Fähigkeit, sich über kurze Strecken fortzubewegen und eigenständig die Position im Bett zu wechseln. Bei pflegebedürftigen Menschen ist das Risiko besonders groß, dass die Mobilität im Laufe der Zeit immer schlechter wird. Einrichtungen sollten sich darum bemühen, die Mobilität der Bewohner bzw. Bewohnerinnen zu erhalten. Wenn sich die Mobilität verschlechtert, hat das Auswirkungen auf den gesamten Lebensalltag. Wird die Verschlechterung nicht aufgehalten, entsteht am Ende Bettlägerigkeit. Schon bei Kleinigkeiten besteht dann eine große Abhängigkeit von anderen Menschen.

Der Anteil der Bewohner bzw. Bewohnerinnen, bei denen die Mobilität unverändert bleibt oder sich sogar verbessert hat, ist ein wichtiges Kennzeichen für die Pflegequalität.

Ergebnisse der Einrichtung bei Bewohnerinnen und Bewohnern, die <u>nicht oder nur wenig</u> geistig beeinträchtigt sind:

Bei 90,7 % der Bewohner bzw. Bewohnerinnen konnte die Mobilität erhalten werden.
Dies entspricht der Qualitätsbewertung ●●●●○ = leicht über dem Durchschnitt
Der Durchschnitt aller Einrichtungen lag bei 88,4 %.
Höhere Prozentangaben entsprechen einer besseren Qualität.

Ergebnisse früherer Bewertungen: 01. Oktober 2020:   *Bei der im Rahmen der Qualitätsprüfung durchgeführten Plausibilitätskontrolle ergaben sich erhebliche Zweifel an den von der Pflegeeinrichtung bereitgestellten Informationen. Daher wird auf die Darstellung der Indikatorenergebnisse verzichtet.*
        01. April 2020:   ●●●●○

Ergebnisse der Einrichtung bei Bewohnerinnen und Bewohnern, die <u>erheblich oder schwer</u> geistig beeinträchtigt sind:

Bei 68,8 % der Bewohner bzw. Bewohnerinnen konnte die Mobilität erhalten werden.
Dies entspricht der Qualitätsbewertung ●●●○○ = nahe beim Durchschnitt
Der Durchschnitt aller Einrichtungen lag bei 69,4 %.
Höhere Prozentangaben entsprechen einer besseren Qualität.

Ergebnisse früherer Bewertungen: 01. Oktober 2020: ●●●○○
           01. April 2020:   ●●●○○

§ 4 QDVS – Aus Qualitätsprüfungen nach §§ 114 f. SGB XI zu berücksichtigende Ergebnisse

Die zu veröffentlichenden Ergebnisse aus Qualitätsprüfungen basieren auf den in der Anlage 6 aufgeführten 20 Qualitätsaspekten.

Folgende Qualitätsaspekte, die bei Qualitätsprüfungen durch den MDK oder den Prüfdienst der PKV bewertet worden sind, sind nach Anlage 6 der QDVS für die Veröffentlichung vorgesehen:

Bereich 1: Unterstützung bei der Mobilität und Selbstversorgung
1.1 Unterstützung im Bereich der Mobilität
1.2 Unterstützung beim Essen und Trinken
1.3 Unterstützung bei Kontinenzverlust, Kontinenzförderung
1.4 Unterstützung bei der Körperpflege

Bereich 2: Unterstützung bei der Bewältigung von krankheits- und therapiebedingten Anforderungen und Belastungen
2.1 Unterstützung bei der Medikamenteneinnahme
2.2 Schmerzmanagement
2.3 Wundversorgung
2.4 Unterstützung bei besonderem medizinisch-pflegerischem Bedarf

Bereich 3: Unterstützung bei der Gestaltung des Alltagslebens und der sozialen Kontakte
3.1 Unterstützung bei Beeinträchtigung der Sinneswahrnehmung (z. B. Sehen, Hören)
3.2 Unterstützung bei der Strukturierung des Tages, Beschäftigung und Kommunikation
3.3 Nächtliche Versorgung

Bereich 4: Unterstützung in besonderen Bedarfs- und Versorgungssituationen
4.1 Unterstützung in der Eingewöhnungsphase nach dem Einzug
4.2 Überleitung bei Krankenhausaufenthalt
4.3 Unterstützung von Bewohnern bzw. Bewohnerinnen mit herausforderndem Verhalten
4.4 Anwendung freiheitsentziehender Maßnahmen

Bereich 5: Begleitung sterbender Heimbewohnerinnen und Heimbewohner und ihrer Angehörigen

5.1 Liegt ein schriftliches Konzept für die Begleitung sterbender Bewohner bzw. Bewohnerinnen und ihrer Angehörigen vor?

5.2 Gibt es Regelungen für die Zusammenarbeit mit externen Einrichtungen (z. B. Palliativdienste, Hospizinitiativen) und namentlich bekannte Mitarbeiterinnen und Mitarbeiter als Ansprechpartner für solche Einrichtungen?

5.3 Ist konzeptionell geregelt, dass die Wünsche der versorgten Person und der Angehörigen für den Fall einer gesundheitlichen Krise und des Versterbens erfasst werden?

5.4 Sind Patientenverfügungen oder Vorsorgevollmachten den Mitarbeiterinnen und Mitarbeitern bekannt und jederzeit verfügbar?

5.5 Ist konzeptionell geregelt, dass im Sterbefall eine direkte Information der Angehörigen entsprechend den von ihnen hinterlegten Wünschen erfolgt?

§ 5 QDVS – Bewertungssystematik für Ergebnisse aus Qualitätsprüfungen nach §§ 114 f. SGB XI

Einzelheiten zur Bewertungssystematik ergeben sich aus der Anlage 7 dieser Vereinbarung.

Für die Bewertung und Darstellung der Ergebnisse aus externen Qualitätsprüfungen (vgl. Anlage 6 der QDVS) wird die nach Anlage 7 der QDVS nachfolgende Bewertungssystematik angewendet. Dabei werden die individuelle Bewohnerversorgung und einrichtungsbezogene Qualitätsaspekte unterschieden. Für die Qualitätsdarstellung der individuellen Bewohnerversorgung sind die Bereiche 1 – *Unterstützung bei der Mobilität und Selbstversorgung* (4 Qualitätsaspekte), 2 – *Unterstützung bei der Bewältigung von krankheits- und therapiebedingten Anforderungen und Belastungen* (4 Qualitätsaspekte), 3 – *Unterstützung bei der Gestaltung des Alltagslebens und der sozialen Kontakte* (3 Qualitätsaspekte) und 4 – *Unterstützung in besonderen Bedarfs- und Versorgungssituationen* (4 Qualitätsaspekte) relevant. Ferner wird aus dem Bereich 6 Organisationsaspekte und internes Qualitätsmanagement der Qualitätsaspekt „Begleitung sterbender Heimbewohnerinnen und Heimbewohner und ihrer Angehörigen" einrichtungsbezogen bewertet.

1. Bewertungskategorien (individuelle Bewohnerversorgung)
Zur Qualitätsbeurteilung auf der Ebene der individuellen Bewohnerversorgung1 kommen vier Kategorien zur Anwendung:

A) Keine Auffälligkeiten oder Defizite
B) Auffälligkeiten, die keine Risiken oder negativen Folgen für den Bewohner bzw. die Bewohnerin erwarten lassen
C) Defizit mit Risiko negativer Folgen für den Bewohner bzw. die Bewohnerin
D) Defizit mit eingetretenen negativen Folgen für den Bewohner bzw. die Bewohnerin.

Diese Abstufung soll sichtbar machen, inwieweit aus einem fachlichen Defizit tatsächlich negative Folgen für den Bewohner bzw. die Bewohnerin erwachsen sind und damit eine differenzierte Bewertung des Qualitätsaspekts ermöglichen. Das Verständnis der „negativen Folgen" ist von zentraler Bedeutung für das neue Prüfverfahren. Der Begriff umfasst folgende Sachverhalte:

– Im Extremfall kommt es durch ein fachliches Defizit zu einer gesundheitlichen, körperlichen Schädigung des Bewohners bzw. der Bewohnerin. Beispiele hierfür sind die Entstehung eines Dekubitus infolge fehlender Dekubitusprophylaxe, Dehydration aufgrund unzureichender Flüssigkeitsversorgung oder Wundinfektionen infolge fehlender Beachtung von Hygienevorschriften.

– Eine negative Folge liegt aber auch dann vor, wenn die durchgeführten Maßnahmen nicht dem individuellen Bedarf des Bewohners bzw. der Bewohnerin entsprechen, auch wenn noch keine sichtbaren gesundheitlichen Nachteile entstanden sind. Beispiele sind fehlende Mobilisierung von bettlägerigen Bewohnern bzw. Bewohnerinnen, unzureichende Körperpflege bei unselbständigen Bewohnern bzw. Bewohnerinnen oder die fehlende Unterstützung bei der Nutzung von Hilfsmitteln, die das Alltagsleben des Bewohners bzw. der Bewohnerin erheblich einschränkt.

– Eine nicht bedürfnisgerechte Versorgung zählt ebenfalls zu den negativen Folgen. Beispiele hierfür sind die wiederholte Verweigerung von Selbstbestimmung oder die regelmäßige Missachtung von explizit geäußerten/ dokumentierten Wünschen.

Vor dem Hintergrund dieses Verständnisses sind die Bewertungskategorien folgendermaßen definiert:

A) Keine Auffälligkeiten oder Defizite
Für die zu beurteilenden Sachverhalte gab es keine Hinweise auf ein fachliches Defizit.

B) Auffälligkeiten, die keine Risiken oder negativen Folgen für den Bewohner bzw. die Bewohnerin erwarten lassen
Für die zu beurteilenden Sachverhalte wurden Auffälligkeiten festgestellt, die jedoch keine Auswirkungen auf den Bewohner bzw. die Bewohnerin nach sich ziehen. Dazu gehört beispielsweise das punktuelle Fehlen eines Durchführungsnachweises im Bereich der Behandlungspflege.

C) Defizit mit Risiko negativer Folgen für den Bewohner bzw. die Bewohnerin
Fachliche Defizite wirken sich nicht automatisch nachteilig auf den Bewohner bzw. die Bewohnerin aus. So entsteht aufgrund einer unzutreffenden Risikoeinschätzung nicht sofort, vielleicht auch nicht über einen längeren Zeitraum, ein neuer Dekubitus, aber doch ein vermeidbares Risiko negativer Folgen für den betreffenden Bewohner bzw. Bewohnerin, die dem Verantwortungsbereich der Einrichtung zuzuschreiben sind.

D) Defizit mit eingetretenen negativen Folgen für den Bewohner bzw. die Bewohnerin
Diese Bewertungskategorie ist für den Fall vorgesehen, dass eine negative Folge aufgrund eines fachlichen Defizits bereits eingetreten ist – wobei negative Folgen im Sinne des oben dargestellten Verständnisses auch das Fehlen einer bedarfs- oder bedürfnisgerechten Unterstützung umfassen. Die Kategorie D) ist also nur in folgenden Fällen anzuwenden:
– Der Bewohner bzw. die Bewohnerin hat eine gesundheitliche Schädigung infolge des Handelns oder infolge von Unterlassungen der Mitarbeiter bzw. Mitarbeiterinnen der Einrichtung erlitten.
– Der Bewohner bzw. die Bewohnerin erhält regelmäßig nicht die seinem bzw. ihrem Bedarf entsprechende Unterstützung, wenngleich diese Unterstützung im Rahmen der Einwirkungsmöglichkeiten der Einrichtung geleistet werden könnte.

- Der Bewohner bzw. die Bewohnerin erhält regelmäßig nicht die seinen bzw. ihren Bedürfnissen entsprechende Unterstützung, wenngleich diese Unterstützung im Rahmen der Einwirkungsmöglichkeiten der Einrichtung geleistet werden könnte.

Es ist besonders wichtig, dass eine D-Bewertung für fehlende Bedarfs- oder Bedürfnisgerechtigkeit nicht allein auf der Grundlage einer fehlenden Information in der Pflegedokumentation vergeben werden darf. Auch eine isolierte Aussage des Bewohners bzw. der Bewohnerin, die nicht durch weitere Feststellungen verifiziert werden kann, reicht nicht aus. Fehlt beispielsweise ein Durchführungsnachweis, so genügt dies allein nicht, um eine nicht bedarfsgerechte Versorgung nachzuweisen. Es kann sich auch um ein systematisches Dokumentationsdefizit handeln. Bei einer D-Bewertung, die vergeben werden soll, weil nach Feststellungen des Prüfers bzw. der Prüferin erforderliche Maßnahmen nicht durchgeführt wurden, müssen neben fehlenden Dokumentationseinträgen zum Nachweis daher weitere Feststellungen getroffen werden.

Zur Feststellung des einrichtungsbezogen zu beurteilenden Qualitätsaspekts Begleitung sterbender Heimbewohnerinnen und Heimbewohner und ihrer Angehörigen bedarf es keiner differenzierenden Beurteilung oder Zusammenführung von Prüffragen. Die Feststellung des Prüfergebnisses in diesem Bereich umfasst die Angabe, ob die Anforderungen erfüllt oder nicht erfüllt sind (Ja/Nein-Darstellung).

§ 6 QDVS – Darstellungsform der Ergebnisse aus Qualitätsprüfungen nach §§ 114 f. SGB XI

(1) Die Ergebnisse aus einer Qualitätsprüfung werden einrichtungsbezogen für jeden Qualitätsaspekt separat veröffentlicht. Für jeden Qualitätsaspekt erfolgt eine vierstufige Einordnung (keine oder geringe, moderate, erhebliche, schwerwiegende Qualitätsdefizite).

(2) Einzelheiten zur Darstellung der Ergebnisse aus Qualitätsprüfungen ergeben sich aus der Anlage 8 dieser Vereinbarung.

Die Darstellung der Qualitätsaspekte im Kontext der Qualitätsdarstellung nach Anlage 3 der QDVS insgesamt erfolgt 1. als vorangestellte kompakte Übersicht („Übersicht der Ergebnisse der externen Qualitätsprüfung durch den MDK/PKV-Prüfdienst") und 2. in detaillierter Form („Erläuterungen der

Ergebnisse der externen Qualitätsprüfung durch den MDK bzw. den Prüfdienst der PKV"). Der Aufbau der Qualitätsdarstellung insgesamt ist in Anlage 1 der QDVS beschrieben. Den aktuellen Ergebnissen werden die Ergebnisse der letzten beiden Prüfungen gegenübergestellt.

Die Ergebnisse für die einzelnen Qualitätsaspekte werden anhand eines vierstufigen Bewertungsschemas mit Quadraten dargestellt. Eine Beschreibung der Symbole findet sich unterhalb der Bewertungen. Zusätzlich wird der Nutzer darauf aufmerksam gemacht, dass den dargestellten Ergebnissen eine Qualitätsprüfung durch Mitarbeiter eines Prüfdienstes zugrunde liegt und anhand einer Stichprobe aus Bewohnern der Einrichtung erhoben worden sind.

Wiederum eine fiktive Beispielsdarstellung aus der Anlage 8 der QDVS finden Sie auf Seite 90.

Die Darstellung der einzelnen Qualitätsaspekte erfolgt nach einem einheitlichen Schema. Sie umfasst eine kurze Beschreibung des Qualitätsaspekts und die Bewertung anhand des vierstufigen Bewertungsschemas mit Quadraten sowie eine Verbalisierung der Bewertung. Außerdem findet sich eine Information dazu, bei wie vielen Personen aus der Stichprobe der Qualitätsaspekt beurteilt werden konnte und wie das Ergebnis der Qualitätsprüfung bei den einzelnen in die Stichprobe einbezogenen Bewohnerinnen und Bewohnern ausgefallen ist. Hierbei bedeutet

A) Keine Auffälligkeiten oder Defizite
B) Auffälligkeiten, die keine Risiken oder negativen Folgen für die Bewohnerinnen und Bewohner erwarten lassen
C) Defizit mit Risiko negativer Folgen für die Bewohnerinnen und Bewohner
D) Defizit mit eingetretenen negativen Folgen für die Bewohnerinnen und Bewohner.

Diese Abstufung soll sichtbar machen, inwieweit aus einem fachlichen Defizit tatsächliche negative Folgen für die Bewohnerinnen und Bewohner erwachsen sind.

Schließlich werden auch die Ergebnisse der beiden letzten Qualitätsprüfungen dargestellt, so dass eine gewisse Entwicklungstendenz bei dem jeweiligen Qualitätsaspekt erkennbar ist.

Die folgenden Bewertungen sind das Ergebnis einer externen Qualitätsprüfung durch den MDK/PKV-Prüfdienst.
Datum der Qualitätsprüfung: Tag Monat Jahr
Angabe der Prüfungsart: Regel-, Anlass- oder Wiederholungsprüfung

Ergebnis der externen Qualitätsprüfung durch den MDK/PKV-Prüfdienst
beste Bewertung: 4 Punkte / schlechteste Bewertung: 1 Punkt

Qualitätsaspekt:				
1.1. Unterstützung im Bereich der Mobilität	■	□	□	□
1.2 Unterstützung beim Essen und Trinken	■	■	■	■
1.3 Unterstützung bei Kontinenzverlust, Kontinenzförderung	■	■	■	□
1.4 Unterstützung bei der Körperpflege	■	■	■	□
2.1 Unterstützung bei der Medikamenteneinnahme	■	■	□	□
2.2 Schmerzmanagement	■	■	□	□
2.3 Wundversorgung	■	■	■	■
2.4 Unterstützung bei besonderem medizinisch-pflegerischem Bedarf	■	■	■	■
3.1 Unterstützung bei Beeinträchtigung der Sinneswahrnehmung (z. B. Sehen, Hören)	■	■	■	■
3.2 Unterstützung bei der Strukturierung des Tages, Beschäftigung und Kommunikation	■	■	□	□
3.3 Nächtliche Versorgung	■	■	■	■
4.1 Unterstützung in der Eingewöhnungsphase nach dem Einzug	■	■	■	□
4.2 Überleitung bei Krankenhausaufenthalt	■	■	■	■
4.3 Unterstützung von Bewohnern bzw. Bewohnerinnen mit herausforderndem Verhalten	✕			
4.4 Anwendung freiheitsentziehender Maßnahmen	✕			
5. Begleitung sterbender Heimbewohner und ihrer Angehörigen	[Link zu den Ergebnissen]			

Bedeutung der Symbole:
- ■ ■ ■ ■ Keine oder geringe Qualitätsdefizite
- ■ ■ ■ □ Moderate Qualitätsdefizite
- ■ ■ □ □ Erhebliche Qualitätsdefizite
- ■ □ □ □ Schwerwiegende Qualitätsdefizite
- ✕ Das Thema konnte bei keinem Bewohner bzw. keiner Bewohnerin der Stichprobe geprüft werden.

Die einleitenden Erläuterungen lauten wie folgt:

In Pflegeeinrichtungen erfolgen regelmäßig Qualitätsprüfungen. Sie werden durch spezialisierte Dienste im Auftrag der Pflegekassen durchgeführt. Einbezogen werden dabei je nach Thema bis zu 9 Bewohnerinnen und Bewohner, aber nicht alle Bewohner bzw. Bewohnerinnen („Stichprobe").

Die im Folgenden dargestellten Ergebnisse stammen aus solchen Prüfungen. Ziel der Prüfung ist es zu beurteilen, ob es Mängel bei der Versorgung des Bewohners bzw. der Bewohnerin gab.

Das Ergebnis dieser externen Prüfung wird anhand folgenden Schemas dargestellt:

Keine oder geringe Qualitätsdefizite: ■■■■

Moderate Qualitätsdefizite: ■■■□

Erhebliche Qualitätsdefizite: ■■□□

Schwerwiegende Qualitätsdefizite: ■□□□

Das Thema konnte bei keinem Bewohner bzw. keiner Bewohnerin der Stichprobe geprüft werden.   x

Das *beste* Ergebnis der Qualitätsprüfung haben Einrichtungen mit der Bewertung ■■■■

Das *schlechteste* Ergebnis der Qualitätsprüfung haben Einrichtungen mit der Bewertung ■□□□

Die in diesem Bereich dargestellten Ergebnisse wurden in einer externen Qualitätsprüfung durch den MDK/Prüfdienst der PKV erhoben.

Die Bereiche und Qualitätsaspekte (vgl. Anlage 6 der QDVS) werden daran anschließend jeweils einzeln dargestellt. Eine erläuternde Abbildung soll das Darstellungsschema verdeutlichen:

Ergebnis der Qualitätsprüfung	■ □ □ □
Bewertung	Anzahl
A) Keine Auffälligkeiten oder Defizite	1
B) Auffälligkeiten, die keine Risiken oder negativen Folgen für die Bewohnerinnen und Bewohner erwarten lassen	1
C) Defizit mit Risiko negativer Folgen für die Bewohnerinnen und Bewohner	3
D) Defizit mit eingetretenen negativen Folgen für die Bewohnerinnen und Bewohner	4

Bewertung: schwerwiegende Qualitätsdefizite.

In die Prüfung einbezogen waren bei diesem Thema 9 Bewohner bzw. Bewohnerinnen.

Ergebnisse früherer Qualitätsprüfung
01. Juni 2016: ■ ■ □ □
01. April 2015: ■ ■ ■ □

➕ PRAXISTIPP

Lassen Sie sich an dieser Stelle nicht verwirren! Die Ergebnisqualität, also die vergleichende Bewertung der Indikatoren nach § 2 QDVS in Verbindung mit Anlage 2 der QDVS, wird mit maximal 5 Punkten (Quadrate) dargestellt. Die Darstellung der Qualitätsdefizite und damit das Ergebnis der Qualitätsprüfung erfolgt mit maximal 4 Punkten (Quadrate).

Die Landesverbände der Pflegekassen stellen die für die Veröffentlichung vorgesehenen Ergebnisse den Pflegeeinrichtungen bereit. Innerhalb einer Frist von 28 Kalendertagen können die Pflegeeinrichtungen den Landesverbänden der Pflegekassen Hinweise zu der Veröffentlichung geben. In dieser Frist können auch strittige Fragen zwischen der Pflegeeinrichtung und den Landesverbänden geklärt werden.

➕ PRAXISTIPP – RECHTSCHUTZ

Wird eine Klärung nicht erreicht, so bleibt – wie bisher – das Anhörungsverfahren im Verwaltungsverfahren des Qualitätsberichts, das Widerspruchsverfahren gegen den Maßnahmen der Landesverbände der Pflegekassen und der gerichtliche Rechtsschutz – sofern notwendig – gegen die Veröffentlichung des Qualitätsdarstellung.

➕ PRAXISTIPP

Aus den Problemen bei Einführung der Pflege-Transparenzvereinbarung stationär (PTVS) hat der Gesetzgeber gelernt: In dem Zeitraum 1.11.2019 bis zum 31.12.2020 wird jede Pflegeeinrichtung nur einmal geprüft, § 114 Abs. 2 Satz 2 SGB XI. Vor allem aber werden die Ergebnisse dieser ersten Prüfung nicht veröffentlicht (§ 114b Abs. 2 SGB XI), um die „Anfängerfehler" auf beiden Seiten intern abstellen zu können und so die Sozialgerichte von den einstweiligen Rechtsschutzverfahren zu entlasten.

Die Frist beginnt mit dem Zugang der Benachrichtigungen über die Einstellung der vorläufigen Ergebnisse der externen Qualitätsprüfung. Die Benachrichtigung erfolgt grundsätzlich zu den üblichen Geschäftszeiten per E-Mail. Erfolgt die Benachrichtigung außerhalb der üblichen Geschäftszeiten, beginnt die Frist mit dem nächsten Werktag. Nach Ablauf dieser Frist werden die Prüfergebnisse von den Landesverbänden der Pflegekassen im Internet sowie in anderer geeigneter Form veröffentlicht. Die stationären Pflegeeinrichtungen hängen die Übersicht der Indikatorenergebnisse und die Übersicht der Ergebnisse der externen Qualitätsprüfung durch den MDK/PKV-Prüfdienst und die von den Pflegeeinrichtungen bereitzustellenden Informationen an gut sichtbarer Stelle aus.

Die geprüften Einrichtungen haben innerhalb der 28-Tage-Frist die Möglichkeit zur Kommentierung. Sofern sich die geprüfte Einrichtung äußern möchte, wird der Kommentar in der Qualitätsdarstellung veröffentlicht. Kommentare dürfen keine unsachlichen und verunglimpfenden Inhalte enthalten. Sie dürfen maximal den Umfang von 3.000 Zeichen inkl. Leerzeichen umfassen.

➕ PRAXISTIPP

Auch insoweit nichts Neues für die Pflegeeinrichtungen. Die Kommentarfunktion sollte – wie bisher – genutzt werden.

§ 7 QDVS – Von Pflegeeinrichtungen bereitzustellende Einrichtungsinformationen inkl. Darstellungsform

(1) Neben den in §§ 1 und 4 QDVS dargestellten Qualitätsinformationen, die einer Qualitätsbewertung unterzogen werden, werden von den Pflegeeinrichtungen ergänzend Einrichtungsinformationen bereitgestellt.

(2) Die in **Anlage 4** aufgeführten Einrichtungsinformationen werden von den Pflegeeinrichtungen unter Berücksichtigung der Ausfüllanleitung für Einrichtungsinformationen erhoben. Es erfolgt keine Prüfung der von den Pflegeeinrichtungen zur Verfügung gestellten Einrichtungsinformationen.

(3) Einzelheiten zur Darstellung ergeben sich aus der **Anlage 5** dieser Vereinbarung.

In dem Informationsteil zur Darstellung der Pflegeeinrichtung sind die folgenden zwölf Bereiche enthalten. Die Informationen der Pflegeeinrichtung werden nicht geprüft, sondern einfach übernommen:
1. Allgemeine Informationen über die Einrichtung
2. Ausstattung
3. Spezialisierung/Versorgungsschwerpunkte
4. Möglichkeiten des Kennenlernens der Einrichtung
5. Gruppenangebote
6. Religiöse Angebote
7. Einbeziehung von Angehörigen
8. Kontakte der Einrichtung zum sozialen Umfeld/Quartier
9. Personelle Ausstattung (im Bereich Pflege und Betreuung)
10. Kooperationsvereinbarungen
11. Gesundheitliche Versorgungsplanung für die letzte Lebensphase
12. Zusätzliche kostenpflichtige Dienstleistungsangebote

Im vereinbarten Formular sind je nach Gegenstand der Information unterschiedliche Antwortformate vorgesehen:
- Angaben in Freitextfeldern,
- eine Auswahl aus vorhandenen Möglichkeiten, teilweise mit der Gelegenheit für Erläuterungen im Freitext,
- Antworten im Ja-Nein-Format, teilweise mit der Gelegenheit für Erläuterungen im Freitext,
- quantitative Angaben (z. B. zur Dauer).

Aus den Angaben wird folgende (beispielhaft) ausgefüllte Darstellung erreicht:

Name der Einrichtung:	Altenpflegeeinrichtung Musterhaus
Art der Einrichtung:	vollstationäre Pflegeeinrichtung
letzte Aktualisierung:	30. April 2017

Allgemeine Informationen über die Einrichtung

Anschrift:	Mustermannstraße 3, 12345 Musterhausen
Telefon:	01234/1112345
Internetadresse:	www.AltenpflegeMusterhaus.de
Kontaktperson der Einrichtung:	Name und Funktion der Person
Kontaktperson des Heimbeirats/Heimfürsprecher:	Name der Person
Anzahl der Plätze gesamt:	40
davon Anzahl der Plätze für Kurzzeitpflege:	5
Anzahl der Plätze in Einzelzimmern:	30
Anzahl der Plätze in Doppelzimmern:	10
Entfernung zur nächsten Haltestelle (Bus, Straßenbahn usw.):	ca. 800 m. Haltestelle Apfelstraße: Buslinie 12
Werden Mahlzeiten in der Einrichtung zubereitet?	JA Durch einen externen Dienstleister.
Besteht die Möglichkeit, eigene Möbel mitzubringen?	JA maximal eine Kommode, ein Kleiderschrank, ein Sessel
Können die Bewohner bzw. Bewohnerinnen Haustiere halten?	JA Katzen, Kleintiere in Käfighaltung

Ausstattung

Wann wurde die Einrichtung errichtet?	2001, umfangreiche Renovierungen in allen Bädern der Bewohnerzimmer im Jahr 2010
Ist ein Telefonanschluss im Bewohnerzimmer vorhanden?	JA Dieser ist kostenpflichtig.
Ist ein TV- bzw. Kabelanschluss im Bewohnerzimmer vorhanden?	JA Dieser ist kostenpflichtig.
Stellt die Pflegeeinrichtungen einen Internetzugang für Bewohner bzw. Bewohnerinnen zur Verfügung?	NEIN
Ist ein kabelloser Internetzugang (W-LAN) vorhanden?	Ja. Dieser ist kostenfrei.
Sind Aufenthaltsmöglichkeiten im Freien vorhanden?	JA, eigener Garten mit Terrasse und Sitzmöglichkeiten und Hochbeet
Sind alle Wohn- und Gemeinschaftsflächen für die Bewohner und deren Angehörige barrierefrei zugänglich.	JA

Spezialisierung/Versorgungsschwerpunkt

Für welche Bewohnergruppen sind in der Einrichtung Spezialisierungen oder Versorgungsschwerpunkte vorhanden?	
Pflegebedürftige Menschen in jungem Alter:	NEIN
Menschen mit Verhaltensauffälligkeiten:	JA

Menschen im Wachkoma:	NEIN
Menschen mit Schwerstbehinderung:	JA
Beatmungspflichtige Bewohner bzw. Bewohnerinnen:	NEIN
Menschen mit Suchterkrankungen:	NEIN
Andere Bewohnergruppen:	NEIN

Möglichkeit des Kennenlernens der Einrichtung

Gibt es eine Möglichkeit der Teilnahme an Mahlzeiten vor dem Einzug?	JA
Gibt es eine Möglichkeit der Teilnahme an Gruppenaktivitäten vor dem Einzug?	JA, z.B. durch Teilnahme an Ausflügen oder Betreuungsangeboten.
Gibt es eine Möglichkeit des Probewohnens?	JA
Weitere Möglichkeiten:	NEIN

Gruppenangebote

Welche Gruppenangebote stehen den Bewohnerinnen und Bewohnern regelmäßig zu Verfügung? Erläuterungen:	wöchentlich Gedächtnistraining und Gymnastik, monatlich Bingo

Religiöse Angebote

Welche religiösen Angebote sind in der Einrichtung vorhanden?	
Räumlichkeiten zur Ausübung religiöser Aktivitäten Erläuterung:	JA, katholisch
Regelmäßiger Besuch eines Seelsorgers	JA, evangelisch u. katholisch
Weitere spirituelle Angebote: Erläuterung:	NEIN Keine

Einbeziehung von Angehörigen

Welche Formen der Einbeziehung von Angehörigen sind in der Einrichtung vorhanden? Erläuterung:	Teilnahme an Mahlzeiten, alle drei Monate Angehörigenabend zum Austausch

Kontakte der Einrichtung zum sozialen Umfeld/Quartier

Welche Kontakte bestehen zum sozialen Umfeld oder dem Quartier der Einrichtung? Erläuterung:	Kinder der Kindertagesstätte besuchen jeden Freitagvormittag die Einrichtung

Personelle Ausstattung (im Bereich Pflege und Betreuung)

Mitarbeiter bzw. Mitarbeiterinnen/Stellen

In der Pflegesatzvereinbarung festgelegte Personalschlüssel für

Pflegegrad 1	1 : 7,25
Pflegegrad 2	1 : 3,9
Pflegegrad 3	1 2,8:
Pflegegrad 4	1 : 2,2

Pflegegrad 5	1 : 1,8
	Das Verhältnis gibt an, für wie viele Bewohner eine Pflegekraft zuständig ist (z. B. 1:2,8 bedeutet, dass eine Pflegekraft für durchschnittlich 2,8 Bewohner zuständig ist).
Stellen/Vollzeitstellen in Pflege und Betreuung insgesamt:	34,8
Fremdsprachenkenntnisse der Mitarbeiter bzw. Mitarbeiterinnen:	*JA*
Erläuterung:	*türkisch und italienisch*
Mitarbeiterinnen und Mitarbeiter mit Zusatzqualifikationen	
Gerontopsychiatrische Pflege	*Vollzeitstellen: 1,0*
Palliativ- und Hospizpflege	*Vollzeitstellen: 1,5*
Weitere Qualifikationen:	*KEINE*
Kooperationsvereinbarungen	
Bestehen vertraglich geregelte Kooperationsbeziehungen mit Ärzten/Fachärzten/Zahnärzten?	*NEIN*
Bestehen Kooperationen mit Apotheken?	*JA*
Bestehen Kooperationen zur Hospiz- und Palliativversorgung?	*JA*
	Hospizverein Musterstadt
	Auf Wunsch vermitteln wir gerne den Kontakt zum ambulant tätigen Hospizverein Musterstadt.
Gesundheitliche Versorgungsplanung für die letzte Lebensphase	
Besteht ein Beratungsangebot zur gesundheitlichen Versorgungsplanung für die letzte Lebensphase?	*NEIN*
Zusätzliche kostenpflichtige Dienstleistungsangebote	
Welche kostenpflichtigen Dienstleistungen vermittelt die Einrichtung? Erläuterung:	*Friseur und Fußpflege nach Vereinbarung*

Die einrichtungsindividuellen Qualitätsdarstellungen werden – so ist es in Anlage 1 der QDVS vereinbart – in für den Adressaten individuell gestaltbarer Form zur Verfügung gestellt. Um den Informationsinteressen unterschiedlicher Adressatengruppen gerecht werden zu können, sind dabei drei verschiedene Formen vorgesehen, in denen man die Inhalte von Qualitätsbeurteilungen im Rahmen des SGB XI nutzen kann:

1. ein Standarddokument,
2. eine webbasierte Lösung, die eine Selektion von Informationen gestattet sowie
3. ein individuell gestaltbares Dokument.

1. Standarddokument

Das Standarddokument ist wie folgt gegliedert:
- Überblick der Bewertungen der Ergebnisqualität (Darstellung der einzelnen Indikatoren einschließlich ihrer Bewertung; vgl. § 3 QDVS in Verbindung mit Anlage 3 der QDVS)
- Überblick der Ergebnisse aus Qualitätsprüfungen (Bewertung der einzelnen Qualitätsaspekte ohne weiter differenzierende Informationen; vgl. § 6 QDVS in Verbindung mit Anlage 8 der QDVS)
- Darstellung der einrichtungsbezogenen Informationen (ungekürzt; vgl. § 7 QDVS in Verbindung mit Anlage 5 der QDVS)
- Erläuterungen der Bewertungen der Ergebnisqualität (vgl. § 3 QDVS in Verbindung mit Anlage 3 der QDVS)
- Erläuterungen der Ergebnisse aus Qualitätsprüfungen (§ 6 QDVS in Verbindung mit Anlage 8 der QDVS)

Dieses Dokument ist in seinem Aufbau und in seinem Informationsgehalt fest definiert, also nicht durch den Nutzer bzw. die Nutzerin gestaltbar. Zusätzlich zu einer Übersicht der Bewertungen selbst (beispielsweise der einzelnen Qualitätsindikatoren) auf der ersten Ebene enthält dieses Dokument auf einer zweiten Ebene ausführliche Erläuterungen zu den einzelnen Indikatoren und zu den Qualitätsaspekten. Diese ermöglichen es dem Nutzer bzw. der Nutzerin, ein besseres Verständnis für die Indikatoren und den aus Qualitätsprüfungen stammenden Qualitätsaspekten sowie den symbolisch dargestellten Bewertungen zu entwickeln. Schließlich werden im Falle der Qualitätsindikatoren und der Qualitätsaspekte zusätzlich Informationen über Qualitätsbewertungen angeboten, die es zum Beispiel ermöglichen, die Qualitätsentwicklung im Zeitverlauf nachzuvollziehen.

2. Webbasiertes Informationsangebot

Das webbasierte Informationsangebot enthält neben dem Standarddokument ein individuell gestaltbares Informationsangebot. Über das Informationsangebot im Internet sind alle Informationen greifbar, die im Rahmen des neuen Systems der Qualitätsdarstellung für die interessierte Öffentlichkeit vorgehalten werden. Angelehnt an die Darstellungsform des Standarddokumentes, kann sich der Anwender bzw. die Anwenderin auf der ersten Ebene einen Gesamteindruck über die Qualität verschaffen. Auf der zweiten Ebene werden jeweils zu den einzelnen Qualitätsindikatoren als auch zu den Ergebnissen der externen Prüfung tiefergehende Informationen angeboten. Der Anwender bzw. die Anwenderin kann sich somit individuell und seinem bzw. ihrem Interesse entsprechend informieren. Um eine Einschätzung der Qualitätsänderung im Verlauf innerhalb einer Einrichtung vornehmen zu können, ist auch hier die Darstellung der Ergebnisse vergangener Indikatorenbewertungen und externer Prüfungen möglich.

Der Nutzer bzw. die Nutzerin dieses Informationsangebots soll in der Lage sein, die aus seiner bzw. ihrer Sicht interessierenden Informationen auszuwählen (und nicht interessierende Informationen auszublenden) sowie einen Vergleich der für ihn bzw. sie relevanten Informationen zwischen Einrichtungen vorzunehmen:

- Sortierung: Es besteht die Möglichkeit, sich alle Informationen und Ergebnisse der drei Bereiche (Ergebnisse der Qualitätsindikatoren, Ergebnisse der externen Prüfung, Einrichtungsangaben) in der vorgegebenen Form am Bildschirm anzeigen zu lassen, aber auch innerhalb der drei Bereiche Informationen und Ergebnisse auszuwählen, die in einer neuen Sortierung als erstes angezeigt werden.
- Vergleiche: Dem Anwender bzw. der Anwenderin wird der Vergleich von Einrichtungen mit den Informationen auf der ersten und der zweiten Ebene ermöglicht. Alle Informationen zu den ausgewählten Einrichtungen werden (nebeneinander und entsprechend einer individuell definierbaren Sortierung) aufgeführt. Auf diese Weise wird ein Vergleich der Einrichtungen anhand von Qualitätsbewertungen und anhand der einrichtungsbezogenen Informationen ermöglicht. Das Vorgehen gestattet eine Gegenüberstellung anhand aller Informationen.

3. Individuell gestaltbares Dokument

Als dritte Form der Aufbereitung von Qualitätsdarstellungen ist ein individuell gestaltbares Dokument vorgesehen. Es setzt auf dem webbasierten Informationsangebot auf. Der Nutzer bzw. die Nutzerin kann für die ihn bzw. sie interessierenden Einrichtungen eine Zusammenstellung ausgewählter Informationen vornehmen und diese als gesondertes Dokument generieren. Damit ist auch ein Ausdruck auf Papier, der bei Bedarf relativ umfangreiche Informationen enthält, möglich. Schließlich umfasst das Webangebot erläuternde Hinweise, die es den Nutzern bzw. Nutzerinnen ermöglicht, sich über Details des Systems der Qualitätsprüfung und der Qualitätsindikatoren zu informieren.

§ 8 QDSV – Inkrafttreten und Kündigung
(1) Diese Vereinbarung tritt zum XX.XX.XXXX in Kraft *(Bei Drucklegung dieses Buches noch nicht verabschiedet)*. Mit diesem Zeitpunkt tritt die Pflege-Transparenzvereinbarung stationär (PTVS) in der Fassung vom 11.08.2016 außer Kraft.

(2) Die Vertragsparteien können diese Vereinbarung durch einvernehmliche Einigung im Qualitätsausschuss nach § 113b SGB XI bzw. durch Festsetzung im erweiterten Qualitätsausschuss nach § 113b Abs. 3 SGB XI ändern.

1.7 Die Qualitätsprüfungs-Richtlinie (QPR)

Entscheidend für den erfolgreichen Ablauf der externen Qualitätsprüfungen sind die Kenntnisse der Qualitätsprüfungs-Richtlinie (QPR) und insbesondere der dort geregelten Rechte der Prüfer, der Bewohner sowie der Einrichtung. Vor allem aber das völlig neue „Prüfverständnis" durch die Verzahnung des internen Qualitätsmanagements der Pflegeeinrichtung, das die Indikatoren erhebt, mit der externen Qualitätsprüfung. Dort wird „lediglich" eine Plausibilitätskontrolle vorgenommen. Das neue Qualitätsprüfungsverfahren ändert die Vorgehensweise der Prüfer grundlegend. Die externe Qualitätsprüfung wollen wir im Folgenden vorstellen und erläutern.

Wegen der großen Bedeutung und der vielen inhaltlichen Änderungen finden Sie die QPR im Anhang abgedruckt.

Während die Maßstäbe und Grundsätze (MuG) und die Qualitätsdarstellungsvereinbarung Verträge vor allem zwischen den Pflegekassen und den Leistungserbringerverbänden, als Vertreter der Träger der Pflegeeinrichtungen, auf gesetzlicher Grundlage sind, regelt die Qualitätsprüfungs-Richtlinie (QPR) nur das Verhältnis zwischen den Pflegekassen und dem MDK bzw. anderen Prüfdiensten.

Aufbau Qualitätssicherung Pflege im Gesetz

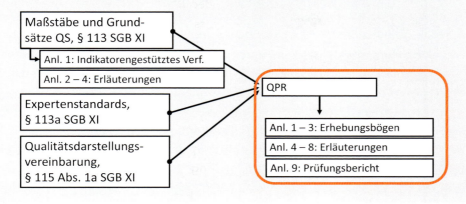

Ziff. 2 Abs. 1 QPR – Geltungsbereich
Diese Richtlinien sind für den MDK, den Sozialmedizinischen Dienst der Deutschen Rentenversicherung Knappschaft-Bahn-See (SMD) und den PKV-Prüfdienst nach § 114a Abs. 7 SGB XI verbindlich.

> **PRAXISTIPP**
>
> Die Qualitätsprüfungs-Richtlinie (QPR) ist eine „interne Dienstanweisung" zur Durchführung der Qualitätsprüfung an die Prüfdienste, die die Pflegekassen einsetzen. Sie wird vom Bundesminister für Gesundheit genehmigt.

Sie betrifft die Pflegeeinrichtungen nur mittelbar: Rechte und Pflichten erwachsen für die Pflegeeinrichtungen daraus nicht, insoweit ist allein das Gesetz, also vor allem § 114a SGB XI bindend; aber die QPR stellt den Prüfungsablauf und den Prüfungsumfang konkret da, so dass eine konkrete Vorbereitung auf die Prüfung ermöglicht wird.

Ziff. 1 Abs. 1 QPR – Ziele der Richtlinien
Diese Richtlinien bilden die verbindliche Grundlage für die Prüfung der Qualität in vollstationären Pflegeeinrichtungen einschließlich sogenannter eingestreuter

Kurzzeitpflegeplätze sowie in Einrichtungen der solitären Kurzzeitpflege nach einheitlichen Kriterien.

Die Qualitätsprüfungs-Richtlinie (QPR) hat neben dem Vereinbarungstext, der den Ablauf der Prüfung regelt und die gesetzlichen Bestimmungen zur Qualitätsprüfung konkretisiert, 9 Anlagen. Die Anlagen 1 – 3 der QPR betreffen die Erhebungsbögen A zur Beurteilung der personenbezogenen Versorgung, B zur Beurteilung auf der Einrichtungsebene und C Gesamtergebnis der Plausibilitätskontrolle. Die Anlagen 4 – 8 der QPR geben Erläuterungen zu den Erhebungsbögen und Strukturierungshilfen für das Team- und das Abschlussgespräch. Die Anlage 9 der QPR betrifft den Prüfbericht.

1. Beginn der Qualitätsprüfung: Das einrichtungsinterne Qualitätsmanagement

Die Qualitätsprüfung beginnt – und dies ist die eigentliche Neuheit des indikatorengestützten Qualitätsprüfungsverfahrens – mit der Erhebung der Daten zum Stichtag durch die Einrichtung selbst und nicht mehr durch das unangekündigte Erscheinen des MDK zur Prüfung! Daher gehen der externen Qualitätsprüfung viele Prozessschritte in der Pflegeeinrichtung voraus, an die wir im Folgenden immer wieder anknüpfen werden. § 114b Abs. 1 SGB XI regelt den Beginn jeder Qualitätserhebung. In dem Zeitraum 1.10.2019 bis 30.6.2020 einmal und ab 1.7.2020 halbjährlich sind die indikatorenbezogenen Daten zur vergleichenden Messung und Darstellung der Ergebnisqualität zu erheben und an die Datenauswertungsstelle elektronisch zu übersenden.

§ 114b Abs. 1 SGB XI
Die zugelassenen vollstationären Pflegeeinrichtungen sind verpflichtet, ab dem 1. Oktober 2019 bis zum 30. Juni 2020 einmal und ab dem 1. Juli 2020 halbjährlich zu einem bestimmten Stichtag indikatorenbezogene Daten zur vergleichenden Messung und Darstellung von Ergebnisqualität im vollstationären Bereich zu erheben und an die Datenauswertungsstelle nach § 113 Abs. 1b SGB XI zu übermitteln.

Wir folgen aber zum besseren Verständnis der QPR dem Ablauf der externen Qualitätsprüfung durch den MDK bzw. den Prüfdienst der PKV. Die eingeschalteten Prüfdienste erhalten durch die Datenauswertungsstelle weitreichende Informationen und Auswertungen. Im Einzelnen in Ziff. 4 der QPR geregelt:

Ziff. 4 QPR – Der Prüfung vorausgehende Prozesse
Die Qualitätsprüfung wird mit der Erteilung des Prüfauftrags an den MDK bzw. den PKV Prüfdienst durch den zuständigen Landesverband der Pflegekasse eingeleitet. Die DAS stellt bei vollstationären Pflegeeinrichtungen dem MDK oder PKV-Prüfdienst die folgenden Informationen in der jeweils aktuellen Fassung zum Abruf bereit:
- Eine Code-Liste (Pseudonyme) zur Bestimmung der versorgten Personen, bei denen die Prüfung durchzuführen ist, und derjenigen versorgten Personen, die ersatzweise in die Stichprobe aufgenommen werden. Diese Code-Liste wird auch bereitgestellt, wenn das Ergebnis der statistischen Plausibilitätskontrolle ergeben hat, dass die Daten nicht plausibel sind.
- Drei Zufallszahlen zwischen 1 und 20, die zur Vervollständigung der Stichprobe in der Einrichtung benötigt werden.
- Eine tabellarische Übersicht über die Ergebnisqualität der Einrichtung für die letzten drei Erhebungen, mit der auch der einrichtungsindividuelle Beratungsauftrag für die Prüferinnen und Prüfer definiert wird (Kennzahlen mit der Beurteilung „weit unter dem Durchschnitt").
- Die fallbezogenen Daten der Ergebniserfassung der versorgten Personen, die von der DAS für die Personenstichprobe vorgegeben werden.
- Hinweise auf mögliche Schwachstellen der Ergebniserfassung, die mit der statistischen Plausibilitätskontrolle sichtbar wurden. Ergibt sich bereits bei der statistischen Plausibilitätskontrolle, dass die Datenqualität nicht ausreicht, um Kennzahlen für Ergebnisqualität zu generieren, so erhält der MDK oder der PKV-Prüfdienst einen entsprechenden Hinweis – mit der Konsequenz, dass die Plausibilitätskontrolle der Ergebniserfassung entfällt.

2. Die Prüfungsarten – Prüfungsauftrag

Je nachdem, welche Art der Prüfung vorliegt, stehen den Prüfern des MDK unterschiedliche Rechte zu. Daher ist stets am Anfang jeder Prüfung der Prüfauftrag vorzulegen und der Inhalt, insbesondere die Prüfungsart, der Einrichtung bekannt zu machen.

Zur Durchführung einer Qualitätsprüfung erteilen die Landesverbände der Pflegekassen dem MDK einen konkreten Prüfauftrag. Der Prüfauftrag enthält folgende Angaben (Ziff. 3 Abs. 2 QPR):
- Art der Prüfung,
- bei Anlassprüfungen der dem Prüfauftrag zugrunde liegende Sachverhalt (z. B. Beschwerde),
- Informationen darüber, ob für die Pflegeeinrichtung aktuelle, statistisch plausible und vollständige Indikatorenergebnisse vorliegen und eine entsprechende Kennung für die Datenanforderung des MDK bzw. PKV-Prüfdienstes bei der beauftragten fachlich unabhängigen Institution nach § 113 Abs. 1b SGB XI (Datenauswertungsstelle – DAS),
- Einbindung der Pflegekassen und der Landesverbände der Pflegekassen,
- Zeitpunkt der Prüfung,
- Prüfmodalitäten (insbesondere Information/Abstimmung mit den nach heimrechtlichen Vorschriften zuständigen Aufsichtsbehörden, ggf. auch mit anderen Behörden wie zum Beispiel dem Gesundheitsamt).

Der Prüfauftrag zur externen Qualitätsprüfung ist nach Anlage 2 der QPR – Prüfbogen B für Beurteilungen auf der Einrichtungsebene zu finden.

F. Prüfauftrag nach § 114 SGB XI		
1.	☐ Regelprüfung	
2.	☐ Anlassprüfung (Beschwerde durch versorgte Person, Angehörige o.ä.)	
	☐ Anlassprüfung (Hinweise von anderen Institutionen)	
	☐ Anlassprüfung (sonstige Hinweise)	
3.	☐ Wiederholungsprüfung nach Regelprüfung	
	☐ Wiederholungsprüfung nach Anlassprüfung	
4.	☐ nächtliche Prüfung	
5. Datum der letzten Prüfung nach § 114 Abs. 1 SGB XI:		
		TT.MM.JJJJ
6. Letzte Prüfung anderer Prüfinstitutionen		TT.MM.JJJJ
	☐ Nach heimrechtlichen Vorschriften zuständige Aufsichtsbehörde	
	☐ Gesundheitsamt	
	☐ Sonstige	
	☐ keine Angaben	

Die Prüfung erfolgt als:
- Regelprüfung,
- Anlassprüfung oder
- Wiederholungsprüfung.

Die Anlassprüfung wird bei einem konkreten Verdacht auf einen oder mehrere bestimmte Qualitätsmängel veranlasst. Bei Anlassprüfungen geht der Prüfauftrag in der Regel über den jeweiligen Prüfanlass hinaus; er umfasst regelmäßig eine vollständige Prüfung mit dem Schwerpunkt der Ergebnisqualität. Unterschieden wird die Anlassprüfung aufgrund der Beschwerde durch versorgte Bewohnerinnen und Bewohner, Angehörige oder andere – meist ausgeschiedene Mitarbeiter – Personen sowie Hinweise von anderen Institutionen. Die den Prüfauftrag gebende Pflegekasse ist verpflichtet, vor der Auftragserteilung einer Anlassprüfung die Beschwerden und Hinweise auf ihre Stichhaltigkeit zu prüfen, Ziff. 3 Abs. 1 Satz 3 QPR.

Ziff. 3 Abs. 1 Satz 3 QPR – Prüfauftrag
Vor der Erteilung eines Prüfauftrages zur Durchführung einer Anlassprüfung sind Beschwerden und Hinweise zunächst durch die Landesverbände der Pflegekassen auf ihre Stichhaltigkeit zu prüfen.

> **PRAXISTIPP**
>
> Bei einer anlassbezogenen Prüfung aufgrund von Beschwerden von Bewohnern, Angehörigen oder Mitarbeitern hat der MDK-Prüfer den Anlass konkret zu benennen und dabei auch „Ross und Reiter" offenzulegen. Der Hinweis auf eine (angebliche) anonyme Beschwerde ist nicht ausreichend, schließlich ist die Stichhaltigkeit der Beschwerde oder des Hinweises bereits von der Pflegekasse geprüft worden.

Das „stichhaltige" Argument für eine Offenlegung des Vorwurfs ist die Regelung in § 136 Abs. 1 Satz 1 StPO, also der Strafprozessordnung! Wörtlich heißt es dort: „Bei Beginn der ersten Vernehmung ist dem Beschuldigten zu eröffnen, welche Tat ihm zur Last gelegt wird und welche Strafvorschriften in Betracht kommen." Wenn die Rechtsordnung schon vorsieht, dass einem Beschuldigten in einem Strafverfahren der Vorwurf konkret offengelegt werden muss, dann doch „erst recht" einer Pflegeeinrichtung während einer Prüfung!

Wird daher der Vorwurf für eine Anlassprüfung nicht offengelegt, kann eine solche Prüfung von Seiten der Pflegeeinrichtung wegen der Verletzung des Grundsatzes der Verhältnismäßigkeit verweigert werden.

Mit dem Prüfauftrag werden dem MDK bzw. dem Prüfdienst der PKV die weiteren erforderlichen Informationen und Unterlagen für die Qualitätsprüfung von Seiten der Pflegekassen nach Ziff. 3 Abs. 4 QPR zur Verfügung gestellt, insbesondere:

- Institutskennzeichen (IK),
- Versorgungsverträge,
- Strukturdaten,
- festgelegte Leistungs- und Qualitätsmerkmale nach § 84 Abs. 5 SGB XI,
- ggf. vorliegende Maßnahmenbescheide nach § 115 Abs. 2 SGB XI,
- Stellungnahmen und Unterlagen der Pflegeeinrichtung an die Landesverbände der Pflegekassen sowie
- eventuell Beschwerden über die zu prüfende Pflegeeinrichtung.

Dem MDK bzw. dem Prüfdienst der PKV ist der Zugang zur Pflegeeinrichtung zu gewähren. Das Prüfteam ist verpflichtet, sich auf Wunsch der Pflegeeinrichtung auszuweisen; Ziff. 5 Abs. 2 QPR.

3. Die Rechte der Prüfer während der Qualitätsprüfung

Nach § 114 Abs. 1 Satz 4 SGB XI haben die Pflegeeinrichtungen die ordnungsgemäße Durchführung der Prüfungen zu ermöglichen. Was dies im Einzelnen bedeutet, regelt das Gesetz, indem Rechte der Prüfer und Rechte der Pflegeeinrichtung bzw. der weiteren Betroffenen – insbesondere der Bewohnerinnen und Bewohner – geregelt werden. Schweigt das Gesetz, so sind allgemeine Rechtsnormen, vertragliche Regelungen oder der Vergleich mit anderen Gesetzen innerhalb unserer Rechtsordnung heranzuziehen.

PRAXISTIPP

Werden Rechte im Gesetz nicht geregelt, schweigt also der Gesetzgeber, so steht dem Einzelnen keinesfalls ein einseitiges Bestimmungs- oder Regelungsrecht zu! Konkret bedeutet dies: Der MDK kann sich weder in der

> (einseitigen, da nicht vereinbarten) QPR noch in der Prüfungssituation Rechte einfach nehmen!

Die Rechte der Prüfer bei der Durchführung der Qualitätsprüfungen ergeben sich aus § 114a SGB XI. Im Einzelnen:

Zur Durchführung der Qualitätsprüfungen ist dem MDK bzw. dem Prüfdienst der PKV Zugang zu den Pflegeeinrichtungen zu gewähren, überprüft wird „an Ort und Stelle", § 114a Abs. 1 Satz 1 SGB XI.

Die Prüfungen werden nicht mehr – wie bisher – grundsätzlich unangemeldet durchgeführt, sondern werden nach der Neufassung des § 114a Abs. 1 Satz 2 SGB XI grundsätzlich am Tag zuvor angekündigt. Allerdings nicht immer („grundsätzlich"), also dann nicht, wenn die Pflegeeinrichtung zum Stichtag gar keine Daten übersendet, die Datenübersendung unvollständig war oder eine mangelnde Plausibilität der Daten festgestellt wurde.

§ 114a Abs. 1 Satz 2 und 3 SGB XI
Die Prüfungen sind grundsätzlich am Tag zuvor anzukündigen; Anlassprüfungen sollen unangemeldet erfolgen. Die Prüfungen in zugelassenen vollstationären Pflegeeinrichtungen sollen unangekündigt erfolgen, wenn die Einrichtung ihrer Verpflichtung nach § 114b Abs. 1 SGB XI gar nicht nachkommt, die Datenübermittlung unvollständig war oder von der Datenauswertungsstelle nach § 113 Abs. 1b SGB XI mangelnde Plausibilität der übermittelten Daten festgestellt wurde.

Die Pflegeeinrichtung kann also selbst erkennen, wann der MDK oder der Prüfdienst der PKV unangemeldet zur Regelprüfung erscheint. Die Anlassprüfung findet immer unangemeldet statt! Immer dann, wenn eine Regelverletzung von Seiten der Pflegeeinrichtung vorliegt. Dabei kommt es auf das „Warum" – also auf Fragen des Vorsatzes oder einer Fahrlässigkeit – nicht an. Die Pflegeeinrichtung weiß, wenn sie keine Daten zum Stichtag versendet hat, also den Stichtag übersehen hat. Ebenso ist sichtbar, dass die Datenübermittlung unvollständig war und schließlich erhält die Pflegeeinrichtung von der DAS den Hinweis auf die mangelnde Plausibilität. Dann muss gehandelt werden!

➕ PRAXISTIPP

Das praktische Problem ist bereits aus dem ambulanten Bereich bekannt: Was bedeutet „am Tag zuvor"?

Ankündigungsfrist von 24 Stunden oder Fax um 23:58 Uhr „morgen wird geprüft"? Die allgemeine Reglung des § 193 BGB, wonach sich ein Fristende auf den nächsten Werktag verlängert, wenn das Fristende auf einen Samstag, Sonntag oder gesetzlichen Feiertag trifft, dürfte anwendbar sein. Dabei muss der rechtzeitige Zugang der Ankündigung sichergestellt sein, also innerhalb der normalen Arbeitszeit der Verwaltung in der Einrichtung erfolgen. Eine für einen Montag geplante Prüfung muss daher bis spätestens Freitagmittag angekündigt sein, gleiches gilt für Prüfungen unmittelbar nach Feiertagen.

Die Prüfer sind weiterhin berechtigt, § 114a Abs. 2 Satz 1 SGB XI:
- die für das Pflegeheim benutzten Grundstücke und Räume jederzeit zu betreten,
- sich mit den Pflegebedürftigen, ihren Angehörigen, vertretungsberechtigten Personen und Betreuern in Verbindung zu setzen,
- die Beschäftigten und die Interessenvertretung der Bewohnerinnen und Bewohner zu befragen.

Prüfungen zur Nachtzeit können nur durchgeführt werden, wenn und soweit das Ziel der Qualitätssicherung zu anderen Tageszeiten nicht erreicht werden kann, § 114a Abs. 2 Satz 2 SGB XI.

Da die Prüfungen nach § 114a Abs. 2 Satz 1 SGB XI „jederzeit" vorgenommen werden können, könnte – theoretisch – die konkrete Prüfung an jedem Wochentag (möglich wäre bei wörtlicher Auslegung auch das Wochenende!) und zu jeder beliebigen Uhrzeit beginnen. Daher begrenzt § 114a Abs. 2 Satz 2 SGB XI die Prüfungen zur Nachtzeit. Prüfungen zur Nachtzeit sind nur dann zulässig, wenn das Ziel der Qualitätssicherung zu anderen Tageszeiten nicht erreicht werden kann. Diesen Ausschluss der Zielverfolgung zur Tagzeit hat das Prüfteam des MDK unter Vorlage des Prüfauftrages nachzuweisen. Da sich die neuen Qualitätsprüfungen an der Plausibilitätskontrolle der vom Einrichtungsträger erfassten Indikatoren orientierten, können beispielsweise auch die Genehmigungen für freiheitsentziehende Maßnahmen tagsüber geprüft werden. Eine Prüfung zur Nachtzeit wird nur in begründeten Verdachtsmomenten zulässig sein. Dann aber ist die zuständige Heimaufsichtsbehörde nach den ordnungsrechtlichen Bestimmungen des jeweiligen Landesheimgesetzes berufen, eine Prüfung zur Nachtzeit wegen bestehender Verdachtsmomente vorzunehmen. Eine Prüfung zur Nachtzeit durch den MDK scheidet mithin regelmäßig aus.

PRAXISTIPP

Der Zeitraum, der die Nacht umfasst, ist im Gesetz selbst nicht definiert. Der Gesetzgeber ging allerdings von der Zeit zwischen 22:00 Uhr abends und 08:00 Uhr morgens aus (Bundestag-Drucksache 16/7439, S. 87), die allerdings nicht im Gesetz geregelt wurde.

Räume, die einem Wohnrecht der Bewohner unterliegen, dürfen dabei nach § 114a Abs. 2 Satz 3 SGB XI nur betreten werden, wenn
– deren Einwilligung vorliegt
– oder dies zur Verhütung drohender Gefahren für die öffentliche Sicherheit und Ordnung erforderlich ist.

Das Prüfteam ist berechtigt Inaugenscheinnahmen des gesundheitlichen und pflegerischen Zustands von Pflegebedürftigen vorzunehmen, § 114a Abs. 3 Satz 1 SGB XI. Dabei ist die Teilnahme der Bewohner an Inaugenscheinnahmen und Befragungen stets freiwillig; durch die Ablehnung dürfen dem Bewohner keine Nachteile entstehen, § 114a Abs. 3 Satz 4 SGB XI. Inaugenscheinnahmen und Befragungen sowie die damit jeweils zusammenhängende Erhebung, Verarbeitung und Nutzung personenbezogener Daten von Pflegebedürftigen zum Zwecke der Erstellung eines Prüfberichts bedürfen ebenfalls der Einwilligung der betroffenen Pflegebedürftigen, § 114a Abs. 3 Satz 5 SGB XI. Zur Verdeutlichung dieser gesetzlichen Regelungen wird über Ziff. 8 Abs. 2 QPR das Prüfteam nochmals auf die Verbindlichkeit der Notwendigkeit des Vorhandenseins einer Einwilligung hingewiesen.

Ziff. 8 Abs. 2 QPR – Ablauf des Einrichtungsbesuchs
Die Einbeziehung in die Prüfung setzt die Einwilligung der versorgten Person, einer vertretungsberechtigten Person bzw. einer gesetzlich bestellten Betreuerin oder eines gesetzlich bestellten Betreuers voraus. Vor der Einholung der Einwilli-

gung der versorgten Person oder einer hierzu berechtigten Person hat das Prüfteam diese in verständlicher Weise aufzuklären über

- Anlass und Zweck sowie Inhalt, Umfang, Durchführung und Dauer der Maßnahme,
- den vorgesehenen Zweck der Verarbeitung und die Nutzung der dabei erhobenen personenbezogenen Daten,
- die Freiwilligkeit der Teilnahme und
- die jederzeitige Widerrufbarkeit der Einwilligung.

Ferner ist im Rahmen der Aufklärung darauf hinzuweisen, dass im Falle der Ablehnung der versorgten Person keine Nachteile entstehen.

> **PRAXISTIPP**
>
> Bei der Einwilligung geht es nicht um die Geschäftsfähigkeit. Daher kann auch ein Bewohner, der (unterstützend) einen gesetzlichen Betreuer oder einen rechtsgeschäftlichen Bevollmächtigten hat, rechtlich wirksam einwilligen, wenn Sinn und Zweck der Maßnahme erkannt wird.
>
> Es empfiehlt sich in diesem Fall beide – Bewohner und Betreuer/ Bevollmächtigten – um eine Einwilligung zu bitten.

Die Einwilligung der Bewohnerinnen und Bewohner nach § 114a Abs. 2 oder Abs. 3 SGB XI muss nach § 114a Abs. 3a SGB XI in Textform erfolgen. Insoweit ist eine Urkunde oder eine andere auf dauerhafte Wiedergabe in Schriftform geeignete Weise der Aufzeichnung der Einwilligung vorzunehmen, die Person des Erklärenden zu benennen und das Ganze durch Nachbildung der Namensunterschrift oder anders erkennbar zu machen (gesetzlich geregelt in § 126b BGB). Ist der Pflegebedürftige einwilligungsunfähig, ist die Einwilligung eines hierzu Berechtigten einzuholen.

Ziff. 8 Abs. 3 QPR – Ablauf des Einrichtungsbesuchs

Die Einwilligung der versorgten Person nach § 114a Abs. 3a SGB XI kann erst nach Bekanntgabe der Einbeziehung der in Augenschein zu nehmenden Person in die Qualitätsprüfung erklärt werden und muss in einer Urkunde oder auf andere zur dauerhaften Wiedergabe in Schriftzeichen geeignete Weise gegenüber dem Prüfteam abgegeben werden, die Person des Erklärenden benennen und den Abschluss der Erklärung durch Nachbildung der Namensunterschrift oder anders erkennbar machen (Textform). Ist die versorgte Person einwilligungsunfähig, ist die Einwilligung einer oder eines hierzu Berechtigten einzuholen. Ist eine Berechtigte oder ein Berechtigter nicht am Ort einer unangemeldeten Prüfung anwesend und ist eine rechtzeitige Einholung der Einwilligung in Textform nicht möglich, so genügt ausnahmsweise eine mündliche Einwilligung, wenn andernfalls die Durchführung der Prüfung erschwert würde. Die mündliche Einwilligung oder Nichteinwilligung der oder des Berechtigten sowie die Gründe für ein ausnahmsweises Abweichen von der erforderlichen Textform sind schriftlich zu dokumentieren. Die Einwilligung ist nach § 114a Abs. 2 und 3 SGB XI erforderlich für

- das Betreten der Wohnräume der versorgten Person,
- die Inaugenscheinnahme des gesundheitlichen und pflegerischen Zustands der versorgten Person,
- die Einsichtnahme in die Pflegedokumentation, in die fallbezogenen Daten zur Ergebniserfassung,
- die Befragung der versorgten Person, der Beschäftigten der Einrichtung, der Betreuerinnen und Betreuer, der Angehörigen sowie der Mitglieder der heimrechtlichen Interessenvertretungen der Bewohnerinnen und Bewohner,
- die damit jeweils zusammenhängende Erhebung, Verarbeitung und Nutzung personenbezogener Daten der versorgten Person einschließlich der Erstellung von Kopien zum Zwecke der Erstellung eines Prüfberichts.

Die Einwilligung muss vor der Einbeziehung der versorgten Person in die Prüfung vorliegen.

> Die Einwilligung wird für alle Prüfungsakte – vorab ! – benötigt, also auch für die Einsicht in die Pflegedokumentation oder die Einbeziehung des Bewohners in die Plausibilitätskontrolle des Erhebungsreports. Also nicht nur dann, wenn der Bewohner befragt wird oder bei einer Inaugenscheinnahme des Bewohners.

Ziff. 8 Abs. 4 QPR – Ablauf des Einrichtungsbesuchs

Für die versorgten Personen, die in die Plausibilitätskontrolle des Erhebungsreports einbezogen werden, ist jeweils ebenfalls eine Einwilligung einzuholen.

Da die neue Qualitätsprüfung durch die Verzahnung von internem Qualitätsmanagement und externer Qualitätsprüfung die Ergebnisqualität prüft (und nicht mehr allein die Strukturqualität anhand der Pflegedokumentation), ist der peinliche Streit um Kopien aus der Pflegedokumentation, „Beweiserhebungen" mittels mitgebrachter Handkopierer (wie etwa in Schleswig-Holstein) oder mit MDK-eignen Digitalkameras hoffentlich endgültig beendet. § 114a SGB XI kennt jedenfalls kein Recht auf eine oder mehrere Fotokopien, so dass der zwingende Schluss zu ziehen ist: Kopien werden nicht übergeben; es geht allein um die Einsichtnahme! Dazu ist in jedem Fall die Einwilligung aller Betroffenen erforderlich!

➕ PRAXISTIPP

Die Regelung in Ziff. 5 Abs. 2 Satz 8 QPR („Für Nachweiszwecke sind – soweit erforderlich – Kopien anzufertigen.") ist daher rechtswidrig! Die QPR kann keine Rechte einräumen, die das Gesetz nicht vorsieht!

Eine kluge Pflegeeinrichtung wird das gute, partnerschaftliche Klima während der Prüfung sicherlich nicht wegen einer Bitte um eine Kopie trüben. Es sollte allerdings deutlich werden, dass es sich um eine Gefälligkeit handelt und der Datenschutz eingehalten werden muss.

Um diese Rechte mit der verfassungsmäßigen Sorgfalt, insbesondere der Einhaltung des jeweils gebotenen Verhältnismäßigkeitsgrundsatzes, umzusetzen, werden hohe Anforderungen an die Eignung der Prüfer gestellt. Die QPR hat die Eignung der Prüfer in Ziff. 6 ausdrücklich geregelt:

Ziff. 6 QPR – Eignung der Prüferinnen und Prüfer
(1) Die Qualitätsprüfungen nach §§ 114 ff. SGB XI sind in der Regel von Prüfteams durchzuführen, die aus Pflegefachkräften bestehen. An die Stelle einer Pflegefachkraft können andere Sachverständige, z. B. Ärztinnen und Ärzte oder Kinderärztinnen und Kinderärzte treten, wenn dies das einzelne Prüfgebiet erfordert. Wenn sich aus dem Prüfauftrag ergibt, dass die zu prüfende Pflegeeinrichtung beatmungspflichtige Personen versorgt, verfügt mindestens eine Prüferin oder ein Prüfer über besondere Kenntnisse in diesem Prüfgebiet.

(2) Die Mitglieder der Prüfteams müssen über pflegefachliche Kompetenz, Führungskompetenz und Kenntnisse im Bereich der Qualitätssicherung verfügen.

Mindestens ein Mitglied des Prüfteams muss über eine Auditorenausbildung oder eine vom Inhalt und Umfang her gleichwertige Qualifikation verfügen.

> Die Regelung ist zweckmäßig. Es ist ausreichend, wenn ein Mitglied des Prüfteams über eine Auditorenausbildung verfügt (so LSG Nordrhein-Westfalen, Beschl. v. 26.2.2014, L 10 P 120/13 B ER).
>
> Das Prüfteam kann eine Befragung der Pflegebedürftigen, Beschäftigten der Pflegeeinrichtungen, Betreuer und Angehörige sowie Mitglieder der heimrechtlichen Interessenvertretungen der Bewohnerinnen und Bewohner zum gesundheitlichen und pflegerischen Zustand vornehmen, § 114a Abs. 3 Satz 2 SGB XI. Darüber hinaus sind zur Beurteilung der Pflegequalität die Pflegedokumentation, die in Augenscheinnahme der Pflegebedürftigen und die Befragung der Beschäftigten der Pflegeeinrichtungen sowie der Pflegebedürftigen, ihrer Angehörigen und der vertretungsberechtigten Personen angemessen zu berücksichtigen, § 114a Abs. 3 Satz 3 SGB XI.

> **⊕ PRAXISTIPP**
>
> Die Auskunftspflichten nach § 114a Abs. 2 SGB XI der dort genannten Personengruppen korrespondieren nicht mit dem Befragungsrecht, das lediglich eine Duldungspflicht des Trägers der Einrichtung regelt. Diese Verpflichtung treffen im Rahmen der Mitwirkungspflicht des § 112 Abs. 2 Satz 1 SGB XI nur Organe des Trägers (Geschäftsführer, Einrichtungsleiter) und die verantwortliche Pflegefachkraft (PDL).
>
> Es gibt hingegen keine (regelhafte) Auskunftspflicht für die Beschäftigten, da aus dem Arbeitsverhältnis keine Bindung an den Versorgungsvertrag und die SGB XI-Bestimmungen resultieren kann.
>
> Anders gesagt: Der MDK darf fragen, aber die Mitarbeiterin muss nicht antworten!

4. Inhalt und Umfang der externen Qualitätsprüfung

Der Inhalt und Umfang der externen Qualitätsprüfung wird in der Ziff. 7 QPR geregelt. Die Inhalte und der Umfang der Prüfung können von Seiten der Pflegekassen – und damit auch des MDK – weder verändert noch erweitert werden.

Die Ziff. 7 Abs. 3 QPR regelt die Basis der Qualitätsprüfungen und wirkt damit wie eine Checkliste der gesetzlichen und vertraglichen Rechtsgrundlagen.

Ziff. 7 QPR – Inhalt und Umfang der Qualitätsprüfung

(1) Regel-, Anlass- und Wiederholungsprüfungen der Pflegeeinrichtungen erfolgen anhand der Anlage 1 (Prüfbogen A, Beurteilung der personenbezogenen Versorgung), Anlage 2 (Prüfbogen B, Beurteilung auf der Einrichtungsebene) 1 und Anlage 3 (Prüfbogen C, Gesamtergebnis der Plausibilitätskontrolle). Diese Prüfbögen sind nach der Anlage 4 (Erläuterungen zu den Prüfbögen), Anlage 5 (Qualitätsbewertung Qualitätsprüfung) und Anlage 6 (Bewertung von Auffälligkeiten bei der Plausibilitätskontrolle) auszufüllen. Inhalte und Umfang der Prüfung können von den Landesverbänden der Pflegekassen nicht verändert oder erweitert werden.

(2) Bei Wiederholungsprüfungen im Auftrag der Landesverbände der Pflegekassen ist zu prüfen, ob die festgestellten Qualitätsmängel durch die nach § 115 Abs. 2 SGB XI angeordneten Maßnahmen beseitigt worden sind. Dabei werden im Qualitätsbereich 6 die beanstandeten einrichtungsbezogenen Kriterien erneut geprüft. Nicht beanstandete Kriterien werden unverändert übernommen. Die personenbezogenen Qualitätsaspekte sind vollständig zu prüfen.

(3) Basis der Prüfungen sind
- die Maßstäbe und Grundsätze zur Sicherung und Weiterentwicklung der Pflegequalität nach § 113 SGB XI für die vollstationäre Pflege und für die Kurzzeitpflege in der jeweils aktuellen Fassung,
- der aktuelle Stand des Wissens,
- die Expertenstandards nach § 113a SGB XI,
- die qualitätsrelevanten Inhalte der Verträge der Pflege- und der Krankenkassen mit der jeweiligen Pflegeeinrichtung,
- die Rahmenverträge nach § 75 SGB XI
- die Richtlinien zur Verordnung häuslicher Krankenpflege nach § 92 Abs. 1 Satz 2 Nr. 6 und Abs. 7 Nr. 1 SGB V sowie
- die relevanten Empfehlungen der Kommission für Krankenhaushygiene und Infektionsprävention nach § 23 Abs. 1 Infektionsschutzgesetz (IfSG).

(4) Die durch das Prüfteam im Einzelnen zu beurteilenden Sachverhalte sind in die folgenden sechs Qualitätsbereiche untergliedert:

- Qualitätsbereich 1: Unterstützung bei der Mobilität und Selbstversorgung

- Qualitätsbereich 2: Unterstützung bei der Bewältigung von krankheits- und therapiebedingten Anforderungen und Belastungen
- Qualitätsbereich 3: Unterstützung bei der Gestaltung des Alltagslebens und der sozialen Kontakte
- Qualitätsbereich 4: Unterstützung in besonderen Bedarfs- und Versorgungssituationen
- Qualitätsbereich 5: Bereichsübergreifende fachliche Anforderungen
- Qualitätsbereich 6: Organisationsaspekte und internes Qualitätsmanagement

(5) Jeder der sechs Qualitätsbereiche nach Absatz 4 umfasst mehrere Qualitätsaspekte, die jeweils umfassende Themen abbilden. Die Qualitätsbereiche 1 bis 4 werden mit der Anlage 1 (Prüfbogen A Beurteilung der personenbezogenen Versorgung) und die Qualitätsbereiche 5 und 6 mit der Anlage 2 (Prüfbogen B Beurteilung auf der Einrichtungsebene) erfasst.

> Den konkreten Prüfauftrag erläutert das Prüfteam des MDK im Einführungsgespräch. Ebenfalls im Einführungsgespräch vermittelt das MDK-Prüfteam der Pflegeeinrichtung gemäß Ziff. 8 Abs. 1 QPR das Aufgabenverständnis, die Vorgehensweise und den erforderlichen Zeitaufwand für die Prüfung. Zu Beginn der Prüfung setzt das Prüfteam die Interessenvertretung der Bewohnerinnen und Bewohner einer stationären Pflegeeinrichtung über die Prüftätigkeit in Kenntnis.

5. Vorbereitung auf die Informationserfassung

> Mit der Informationserfassung des Erhebungsbogen A verschafft sich die Prüferin oder der Prüfer zunächst einen Überblick über den Bedarf und die Versorgungssituation der Person. Anhand verschiedener Informationsquellen werden die Lebenssituation, die gesundheitliche Situation, Ressourcen und Beeinträchtigungen, Gefährdungen usw. durch die Prüferin oder den Prüfer erfasst. Welche Informationen für den jeweiligen Qualitätsaspekt benötigt werden, ist im Prüfbogen angegeben. Der Prüfbogen enthält zum Teil standardisierte Antwortvorgaben, durch die die Informationserfassung in einem Ankreuzverfahren vorgenommen werden kann. Häufig findet sich aber auch die Anforderung, Angaben im Freitext zu machen. In diesem Zusammenhang ist wichtig, dass die Prüferin oder der Prüfer nicht jedes Detail dokumentieren muss, das er beobachtet. Viel-

mehr geht es darum, charakteristische Merkmale der Versorgungssituation und des individuellen Bedarfs festzuhalten. Eine differenzierte Beschreibung von Defiziten und die damit verbundene Qualitätsbewertung werden unter der Bewertung der Leitfragen vorgenommen. Beispiel aus Anlage 4 der QPR siehe Seite 117.

Der besseren Übersicht halber sind die Erläuterungen zu den einzelnen Qualitätsaspekten gleich aufgebaut. Am Beginn steht ein Hinweis zum Gegenstand der Prüfung, der auch im Prüfbogen vorzufinden ist. Danach folgen Erläuterungen zur Informationserfassung sowie zu den Leitfragen. Nicht immer sind Erläuterungen zur Informationserfassung erforderlich, deshalb bleiben die betreffenden Textfelder zum Teil leer.

➕ PRAXISTIPP

Eine abweichende Einschätzung der einbezogenen Mitarbeiterinnen und Mitarbeiter der

Pflegeeinrichtung zur Erfüllung der jeweiligen Qualitätsaspekte wird als Vermerk „abweichende fachliche Einschätzung" als Freitext formuliert. – Bitte nutzen Sie und Ihre Mitarbeiter dieses Instrument. Der konkrete Hilfebedarf – beispielsweise – ist tagesformabhängig, unterliegt also Schwankungen. Sie kennen Ihre Bewohner am besten!

Die einrichtungsbezogenen Fragen lassen sich anhand der Anlage 4 gut und prüfungssicher vorbereiten. Als Beispiel dienen die Fragen und erwarteten Antworten zum systematischen Qualitätsmanagement der Pflegeeinrichtung nach Ziff. 6.3 der Anlage 4 der QPR siehe Seite 118.

➕ PRAXISTIPP

Verfügt die Einrichtung über eingestreute Kurzzeitpflegeplätze und ist ein Kurzzeitpflegegast Teil der Stichprobe, so wird die Prüfung bis auf wenige Details wie im Falle einer vollstationär versorgten Person durchgeführt. Es gibt nur wenige inhaltliche Anpassungen, die im Prüfbogen vermerkt sind. Erfolgt die Prüfung in solitären Kurzzeitpflegeeinrichtungen, so wird das vorliegende Instrumentarium ebenfalls verwendet.

1.1 Unterstützung im Bereich der Mobilität

Zu prüfen ist die Unterstützung der versorgten Person mit dem Ziel, verlorene Selbständigkeit bei der Fortbewegung und Einschränkungen der Bewegungsfähigkeit auszugleichen, mit Mobilitätseinbußen assoziierte Gefährdungen zu vermeiden sowie Mobilität zu erhalten und zu fördern.

Hinweise zur Informationserfassung

Erläuterungen in Form von Freitext: Das betreffende Textfeld ist dazu zu nutzen, Besonderheiten zu dokumentieren, beispielsweise vorliegende Paresen oder andere Beeinträchtigungen, die für die Mobilität eine besondere Bedeutung haben.

Hilfsmittel: Es genügt, die im Zusammenhang mit der Mobilität und der Lagerung genutzten Hilfsmittel zu benennen. Nähere Angaben zur Nutzung der Hilfsmittel sind an dieser Stelle nicht zusätzlich erforderlich.

Hinweise zu den Leitfragen

1. Entspricht die Unterstützung bei der Mobilität dem individuellen Bedarf der versorgten Person?

Zu beurteilen ist,

- ob die individuelle Maßnahmenplanung die aktuellen Fähigkeiten und Beeinträchtigungen der Mobilität der versorgten Person berücksichtigt.
- ob die versorgte Person über die von ihr ggf. benötigten Hilfsmittel verfügt und Unterstützung bei der Nutzung dieser Hilfsmittel erhält, sofern sie nicht selbständig mit ihnen umgehen kann. Zu beurteilen ist hierbei vorrangig die Anpassung der Hilfsmittel und die Zugänglichkeit der Hilfsmittel für die versorgte Person.

2. Erhält die versorgte Person, wenn sie es wünscht, Unterstützung für Aufenthalte im Freien?

Bei Personen, die keine Auskunft geben können, sollte beurteilt werden, ob die Einrichtung die betreffenden Bedürfnisse der Person einschätzt und bei der Maßnahmenplanung berücksichtigt. Sind die Äußerungen der Person nicht interpretierbar, sollte davon ausgegangen werden, dass ein Aufenthalt im Freien nicht täglich, aber mehrfach wöchentlich ermöglicht werden sollte, wenn das Wetter und die gesundheitliche Situation der Person dies zulassen.

3. Wurden die vorliegenden Mobilitätsbeeinträchtigungen bei der Einschätzung gesundheitlicher Risiken berücksichtigt?

Es ist zu beurteilen, ob die mit den Mobilitätseinschränkungen einhergehenden Risiken (Dekubitus, Stürze, Funktionsbeeinträchtigung der Gelenke und ggf. weitere Risiken) ggf. unter Zuhilfenahme einer Risikoskala pflegefachlich eingeschätzt worden ist.

4. Entspricht die Unterstützung im Bereich der Mobilität den Erfordernissen, die aus der individuellen Risikosituation erwachsen?

Zu beurteilen ist hier die Frage, ob die individuellen Maßnahmen zur Dekubitus- und Sturzprophylaxe sowie Maßnahmen zur Vermeidung von Funktionsbeeinträchtigungen der Gelenke erfasst und durchgeführt werden. Bei versorgten Personen mit anderen Gefährdungen, beispielsweise mit respiratorischen Problemen, sind auch darauf bezogene Maßnahmen (hier z. B. zur Unterstützung der Atmung) zu berücksichtigen.

6.3 Maßnahmen zur Vermeidung und zur Behebung von Qualitätsdefiziten

Die Einrichtung verfügt über ein systematisches Qualitätsmanagement und reagiert zeitnah und mit angemessenen Maßnahmen auf Qualitätsdefizite. Es gibt definierte Verfahren zur Auswertung und Nutzung von Qualitätskennzahlen.

Hinweise zur Informationserfassung und zu den Prüffragen

Die Anforderungen an die Informationserfassung sind aus sich heraus verständlich und werden an dieser Stelle nicht näher erläutert.

1. Werden geeignete Maßnahmen im Rahmen des internen Qualitätsmanagements durchgeführt, um Qualitätsdefizite zu identifizieren?

Zu prüfen ist, ob die Einrichtung über regelhafte Verfahren verfügt, mit denen Qualitätsprobleme in der laufenden Versorgung entdeckt werden können (unabhängig von externen Prüfungen).

2. Werden Qualitätsdefizite systematisch bewertet und bei Bedarf bearbeitet?

Zu beurteilen ist, ob sich die Einrichtung – abgesehen von den Qualitätsindikatoren – mit externen Qualitätsbeurteilungen oder intern identifizierten Defiziten auseinandersetzt und konkrete Maßnahmen einleitet. Die Einrichtung kann dies ggf. auch beispielhaft anhand eines identifizierten (und behobenen) Qualitätsdefizits aufzeigen. Die Frage ist mit „trifft nicht zu" zu beantworten, wenn keine weiteren Qualitätsdefizite identifiziert wurden.

3. Hat die Einrichtung geeignete Maßnahmen eingeleitet, um schlechte Versorgungsergebnisse (Qualitätsindikatoren) zu verbessern?

Diese Frage ist nur in Einrichtungen zu bearbeiten, für die die betreffenden Qualitätskennzahlen vorliegen. Zu prüfen ist, ob die als „weit unter dem Durchschnitt" bewerteten Ergebnisse aufgegriffen wurden, um mittelfristig bessere Ergebnisse zu erzielen, und ob die hierzu eingeleiteten Maßnahmen geeignet sind, dieses Ziel zu erreichen.

4. Werden Maßnahmen zur Qualitätssicherung evaluiert?

Hier ist zu beurteilen, ob systematisch überprüft wird, welche Wirkung Maßnahmen zur Verbesserung von Qualität bzw. Maßnahmen zur Behebung von Qualitätsdefiziten erzielt haben.

5. Sind die Mitarbeiterinnen und Mitarbeiter in Verfahren zur Identifizierung von Qualitätsproblemen einbezogen?

Zu prüfen ist, ob die Einrichtung regelhafte Verfahrensweisen definiert hat, mit denen die interne Kommunikation von Qualitätsdefiziten oder qualitätssichernde Verfahren erfolgt und die Mitarbeiterinnen und Mitarbeiter zur Reflexion der Versorgungsqualität im Alltag angehalten werden.

Erläuterungen zu den nicht erfüllten Anforderungen

Zu allen Fragen, die mit „nein" beantwortet wurden, sind nähere Erläuterungen erforderlich, die erkennen lassen, worin das Defizit im Einzelnen besteht.

6. Vorbereitung auf die Plausibilitätskontrolle

Die Fragen zur Plausibilitätskontrolle der von der Einrichtung durchgeführten Ergebniserfassung werden in der Ausfüllanleitung der Anlage 6 der QPR nicht näher erläutert. Sie sind in der Regel aus sich selbst heraus verständlich. Die Aufgabe der Prüferin oder des Prüfers besteht darin, im Rahmen ihrer oder seiner Möglichkeiten festzustellen, inwieweit die Informationen zum betreffenden Sachverhalt, die durch die Einrichtung bei der Erfassung von Versorgungsergebnissen erhoben wurden, mit den Feststellungen der Prüferin oder des Prüfers bzw. den Informationen aus anderen Quellen in Einklang stehen. Gemeint sind damit alle Informationsquellen, die die Prüferin oder der Prüfer zur Beurteilung des jeweiligen Qualitätsaspekts zu Rate zieht. Im Folgenden werden grundlegende Hinweise zur Durchführung der Plausibilitätskontrolle gegeben.

Im Prüfbogen A Beurteilung der personenbezogenen Versorgung ist zunächst nur anzugeben, inwieweit bei der Plausibilitätskontrolle Auffälligkeiten festgestellt wurden und worum es sich dabei im Einzelnen handelt. Inwieweit diese Auffälligkeiten als fehlende Plausibilität zu sehen sind, wird in einem zweiten Schritt beurteilt (s. Anlage 3 der QPR – Prüfbogen C Gesamtergebnis der Plausibilitätskontrolle).

Nicht bei allen versorgten Personen, die in die Stichprobe aufgenommen werden, liegen Ergebnisse vor, die im Rahmen der Plausibilitätskontrolle zu beurteilen sind. Es ist davon auszugehen, dass im Regelfall bei sechs Personen eine Beurteilung möglich ist. Wurde bei einer Person, die in die Prüfung einbezogen wird, keine Plausibilitätskontrolle durchgeführt, so ist die Antwortoption „trifft nicht zu" anzukreuzen.

Wenn für die Einrichtung eine Erfassung von Versorgungsergebnissen vorliegt und die statistische Prüfung nicht bereits zu dem Ergebnis führte, dass die von der Einrichtung durchgeführte Ergebniserfassung erhebliche Mängel aufweist, ist bei bestimmten Qualitätsaspekten eine Plausibilitätskontrolle durchzuführen. Diese Plausibilitätskontrolle ist fester Bestandteil des Prüfverfahrens. Es handelt sich im Kern um die Überprüfung, ob die im Rahmen der Ergebniserfassung dargestellten Informationen mit anderen Sachverhalten bzw. Informationsquellen übereinstimmen oder nicht.

In der Anlage 1 der QPR, Prüfbogen A Beurteilung der personenbezogenen Versorgung, findet sich an den betreffenden Stellen eine Leitfrage, mit der die Plausibilitätskontrolle eingeleitet wird. Wieder ein konkretes Beispiel aus dem Bereich der Mobilität. Nach Anlage 1 der QPR, Prüfbogen A werden hinsichtlich der Mobilität folgende Leitfragen gestellt:

Leitfragen

1. Entspricht die Unterstützung bei der Mobilität dem individuellen Bedarf der versorgten Person?
2. Erhält die versorgte Person, wenn sie es wünscht, Unterstützung für Aufenthalte im Freien?
3. Wurden die vorliegenden Mobilitätsbeeinträchtigungen bei der Einschätzung gesundheitlicher Risiken berücksichtigt?
4. Entspricht die Unterstützung im Bereich der Mobilität den Erfordernissen, die aus der individuellen Risikosituation erwachsen?
5. Werden zielgerichtete Maßnahmen zur Erhaltung und Förderung der Mobilität durchgeführt, die auf die noch vorhandenen Fähigkeiten und Bedürfnisse der versorgten Person abgestimmt sind?

Bestandteil der Plausibilitätskontrolle ist auch die Sichtung des sogenannten Erhebungsreports, die bei der Stichprobenziehung, also zu Beginn der Prüfung, erfolgt. Die Plausibilitätskontrolle des Erhebungsreportes wird bei einer Stichprobe von drei versorgten Personen durchgeführt. Werden dabei Auffälligkeiten festgestellt, ist die Stichprobe zu ergänzen. Die Prüferin oder der Prüfer hat hierbei die Frage zu beantworten, ob im Erhebungsreport

- eine eindeutige und vollständige Zuordnung der Pseudonyme zu den versorgten Personen erkennbar ist und
- ob die Ausschlusskriterien zur Einbeziehung der versorgten Personen in die Ergebniserfassung entsprechend der methodischen Vorgaben erfolgte und dementsprechend erkennbar ist, für welche Personen keine Ergebniserfassung durchgeführt wurde und aus welchem Grund im jeweiligen Fall auf die Ergebniserfassung verzichtet wurde. Zu den Ausschlusskriterien siehe Anlage 3 der MuG, Ziff. 2.4.1 und 2.4.2 (→ Kapitel 1.3).

Auffälligkeiten (z. B. nicht nachvollziehbarer Ausschluss von Personen bei der Ergebniserfassung) sind in der Anlage 3 der QPR – Prüfbogen C Gesamtergebnis der Plausibilitätskontrolle unter Angabe des personenbezogenen Codes zu dokumentieren und zu bewerten.

Auffälligkeiten im Erhebungsreport		
☐ keine Auffälligkeiten	☐ Auffälligkeit festgestellt	☐ kritischer Bereich (hier: ab drei Personen)
Erläuterungen:		

Die Plausibilitätskontrolle stützt sich auf die Informationserfassung, die zu Beginn jeder Beurteilung der jeweiligen Qualitätsaspekte erfolgt. Mit dieser Informationserfassung verschafft sich die Prüferin oder der Prüfer ein Bild von der versorgten Person und ihrer Versorgungssituation, etwa durch Inaugenscheinnahme der Person, durch Gespräche mit ihr oder den Pflegenden sowie durch die Hinzuziehung der Dokumentation. Zum Zweck der Plausibilitätskontrolle soll die Prüferin oder der Prüfer beurteilen, ob diese Informationen mit den Angaben aus der Ergebniserfassung in Einklang stehen oder nicht.

Werden hierbei Abweichungen festgestellt, die sich nicht aufklären lassen, und erweist sich, dass Hinweise aus der Dokumentation oder andere Informationen, die der Ergebniserfassung widersprechen, sachlich zutreffend sind, muss von fehlender Plausibilität ausgegangen werden. Abweichungen, die erklärt werden können (z. B. Verschlechterung der Mobilität nach einem Sturz, der sich nach der Ergebniserfassung ereignete), sind nicht als fehlende Plausibilität einzustufen.

7. Ablauf der Plausibilitätskontrolle am Beispiel der Mobilität

1. Schritt: Die Prüferin oder der Prüfer erfasst unabhängig von der Plausibilitätskontrolle die Informationen, die sie oder er für die Beurteilung eines Qualitätsaspekts (siehe 1. Vorbereitung auf die Informationserfassung) benötigt. Im Falle der Mobilität:

Damit sollte die Prüferin oder der Prüfer – und natürlich ebenso die verantwortlichen Pflegekräfte der Pflegeeinrichtungen bei der kontinuierlichen Bearbeitung der Pflegeplanung – einen Eindruck gewonnen haben, welche Mobilitätsbeeinträchtigungen bei dem konkreten Bewohner vorliegen.

1. Beeinträchtigungen (bitte ankreuzen)	
☒ Positionswechsel im Bett	Erläuterungen:
☐ Aufstehen	[Freitext]
☒ Halten einer stabilen Sitzposition	
☒ Lageveränderung im Sitzen	
☒ Stehen und Gehen, Balance	
☒ Treppen steigen	
☐ Beweglichkeit der Extremitäten	
☒ Kraft	
2. Genutzte Hilfsmittel im Zusammenhang mit der Mobilität und der Lagerung	

[Freitext]

2. Schritt: Nun erfolgt der Abgleich mit dem Ergebnis zur Mobilität im Bogen zur Ergebniserfassung an. Das Prüfteam erhält von der Einrichtung dazu den für die betreffenden Personen ausgefüllten Erhebungsbogen, der zur Mobilität folgende Angaben enthält (analog zu den Kriterien nach § 14 Abs. 2 Nr. 1 SGB XI – Modul 1 „Mobilität"):

2. Mobilität (nur körperliche Fähigkeiten bewerten!)		0 = selbständig 1 = überwiegend selbständig 2 = überwiegend unselbständig 3 = unselbständig			
2.1	Positionswechsel im Bett	☐ 0	☐ 1	☒ 2	☐ 3
2.2	Halten einer stabilen Sitzposition	☐ 0	☐ 1	☒ 2	☐ 3
2.3	Sich Umsetzen	☐ 0	☒ 1	☐ 2	☐ 3
2.4	Fortbewegen innerhalb des Wohnbereichs	☐ 0	☐ 1	☒ 2	☐ 3
2.5	Treppensteigen	☐ 0	☒ 1	☐ 2	☐ 3

Wie ersichtlich, weisen die Informationen aus der Informationserfassung und der Ergebniserfassung in dem für die betreffenden Personen ausgefüllten Erhebungsbogen bei diesem Qualitätsaspekt durchaus viele Überschneidungen auf.

✓ PLAUSIBILITÄTSCHECK

Sicherlich ist Ihnen bei der bloßen Kenntnisnahme dieser Feststellungen zur Selbständigkeit des Moduls 1 – Mobilität sofort aufgefallen, dass die Feststellungen in ihrer Gesamtheit (höchstwahrscheinlich) nicht plausibel sind. Bei der Ausfüllung der Erhebungsbögen ist stets ein Plausibilitätscheck automatisch mitzumachen, um plausible Ergebnisse zu generieren.

3. Schritt: In der Prüfungssituation beurteilt die Prüferin oder der Prüfer die Frage, ob die Information aus der Ergebniserfassung für sich genommen plausibel ist.

Im vorliegenden Beispiel ist für jede fachlich versierte Pflegekraft sofort erkennbar, dass die Angaben nicht plausibel sind: Eine Person, die in liegender Position erheblich beeinträchtigt ist, wird wohl kaum „überwiegend selbständig" beim Treppensteigen sein. Ist ein solcher Widerspruch bei der Ausfüllung der Erhebungsbögen der betreffenden Pflegekraft „durchgerutscht", so wird die Prüferin oder der Prüfer bei den Mitarbeiterinnen und Mitarbeitern der Einrichtung nachfragen, ob sie die Unstimmigkeit aufklären können. Können sie eine Aufklärung – wovon auszugehen ist – nicht in überzeugender Weise vornehmen, wäre im Prüfbogen anzukreuzen: „Auffälligkeit festgestellt" und in der Rubrik „Auffälligkeiten bei der Plausibilitätskontrolle" beispielsweise einzutragen: „in sich widersprüchliche Angaben zur Mobilität: Positionswechsel im Bett und Treppensteigen".

Angaben zur Mobilität (1.1)		
☐ keine Auffälligkeiten	☐ Auffälligkeiten festgestellt	☐ kritischer Bereich
Erläuterungen:		

An dieser Stelle kann die Plausibilitätskontrolle zur Mobilität bei der versorgten Person beendet und mit der Bearbeitung der weiteren Leitfragen fortgefahren werden. Sind die Angaben zur Mobilität in sich stimmig – sieht der ausgefüllte Erhebungsbogen also etwa so aus –

2. Mobilität (nur körperliche Fähigkeiten bewerten!)		0 = selbständig 1 = überwiegend selbständig 2 = überwiegend unselbständig 3 = unselbständig			
		0	1	2	3
2.1	Positionswechsel im Bett	☐	☐	☒	☐
2.2	Halten einer stabilen Sitzposition	☐	☒	☐	☐
2.3	Sich Umsetzen	☐	☐	☒	☐
2.4	Fortbewegen innerhalb des Wohnbereichs	☐	☐	☒	☐
2.5	Treppensteigen	☐	☐	☐	☒

dann würde die Prüferin oder der Prüfer diese Informationen zur Mobilität mit den anderen, ihm vorliegenden Informationen vergleichen. Die Herausforderung liegt hier nicht im Vergleich selbst, sondern darin, dass der Ergebnisbogen einen früheren Zustand und die Informationssammlung der Prüferin oder des Prüfers den aktuellen Zustand der versorgten Person beschreibt.

4. Schritt: Die Aufgabe der Prüferin oder des Prüfers besteht in der Beantwortung der Frage, ob es Anhaltspunkte dafür gibt, dass die Angaben zur Mobilität im Erhebungsbogen zur Ergebnisqualität nicht zutreffend sind. Die Prüferin oder der Prüfer sollte dies anhand folgender Fragen klären:

a. Entspricht die Beschreibung der Mobilität im Erhebungsbogen zur Ergebnisqualität dem aktuellen Status der Mobilität? An welchen Stellen gibt es Abweichungen?

b. Welche Entwicklungen oder Ereignisse könnten diese Abweichung erklären?

- Gab es in den letzten Monaten gravierende Ereignisse wie Schlaganfall oder Fraktur?
- Liegt eine Erkrankung vor, die mit einem stetigen Mobilitätsverlust einhergeht (z. B. Demenz)?
- Gibt es Hinweise auf Mobilitätsverluste infolge einer Krankenhausbehandlung?
- Gibt es andere Gründe?

Es sollte zunächst versucht werden, diese Fragen im Gespräch des Prüfteams mit Mitarbeiterinnen und Mitarbeitern der Einrichtung zu klären. Geben diese beispielsweise an, dass es zu einer gesundheitlichen Krise mit Auswirkungen auf die Mobilität gekommen ist, so müssten sich bestätigende Hinweise darauf auch in der Pflegedokumentation finden (z. B. Anpassung der Pflegeplanung, Pflegebericht). Können die Mitarbeiterinnen und Mitarbeiter die Veränderungen differenziert und nachvollziehbar beschreiben, kann auf die Suche nach weiteren Hinweisen verzichtet werden.

c. Im Ergebnis kommt die Prüferin oder der Prüfer im positiven Fall zur Feststellung: Die vorliegenden Informationen sind plausibel. Unter Berücksichtigung der Entwicklungen und Ereignisse, die aus den verfügbaren Informationsquellen stammen, ist der Unterschied zwischen aktuellem Status und Erhebungsbogen nachvollziehbar.

5. Schritt: Nach dieser Schrittfolge sind die Plausibilitätskontrollen aller Qualitätsindikatoren im Rahmen des permanenten Qualitätsmanagements der Pflegeeinrichtung, der Ausfüllung der Erhebungsbögen und schließlich der Prüfung durchzuführen.

Zu den Anforderungen an die Genauigkeit führt Anlage 6 der QPR aus:

Im Falle der Entstehung eines Dekubitus, eines Krankenhausaufenthalts, des Gewichtsverlusts und anderer Themen kann der Vergleich zwischen Ergebniserfassung und anderen Informationsquellen konkrete Daten und Fakten berücksichtigen. Bei der Einschätzung der Mobilität, der Selbständigkeit bei der Selbstversorgung und einiger anderer Themen ist es unzulässig, nach genauer Übereinstimmung zu fragen. Die Informationsgrundlagen reichen nicht aus, um zu klären, ob jede einzelne Angabe der Selbständigkeitseinschätzung bei der letzten Erhebung im richtigen Kästchen angegeben wurde. Die zu beantwortende Frage lautet vielmehr, ob das Gesamtbild als plausibel eingestuft werden kann. Die Prüferin oder der Prüfer sollte beispielsweise nicht jedes einzelne der 11 Merkmale der kognitiven und kommunikativen Fähigkeiten (Modul 2) abgleichen und überprüfen, die im Instrument zur Ergebniserfassung zu beurteilen sind. Es ist immer das Gesamtbild zu beurteilen, nicht jedes einzelne Merkmal.

Bei der Plausibilitätskontrolle geht es nicht um detaillierte Nachweise. Die Plausibilitätskontrolle ist an die Informationserfassung gekoppelt, die die Prüferin oder der Prüfer ohnehin durchführt. Die Plausibilitätskontrolle ist nur eine Abrundung dieser Informationserfassung.

➕ PRAXISTIPP

Für die Plausibilitätskontrolle werden Flüchtigkeitsfehler, die keine oder nur geringe Auswirkungen für die Berechnung der Ergebnisindikatoren haben, nicht als Auffälligkeit erfasst.

Zu erfassen sind allerdings solche Auffälligkeiten, die erhebliche Auswirkungen für die Berechnung der Ergebnisindikatoren haben.

Abweichungen in der Pflegedokumentation sollten nach Möglichkeit durch ergänzende Auskünfte der Mitarbeiterinnen und Mitarbeiter verifiziert werden.

Keine oder nur geringe Auswirkungen für die Berechnung der Ergebnisindikatoren sind in folgenden Fällen zu erwarten:	Erhebliche Auswirkungen für die Berechnung der Ergebnisindikatoren sind in folgenden Fällen zu erwarten:
• Dauer von Krankenhausaufenthalten ist nicht korrekt angegeben	• Der angegebene Krankenhausaufenthalt hat in den letzten Monaten gar nicht stattgefunden
• Einschätzung kognitiver Beeinträchtigungen bei Personen, die kognitiv stark beeinträchtigt sind, ist ungenau.	• Personen, die kognitiv stark beeinträchtigt sind, werden als nicht oder nur gering kognitiv beeinträchtigt dargestellt.
• Einschätzung der Selbständigkeit bei der Selbstversorgung ist bei einzelnen der 12 Merkmale ungenau.	• Bei der Selbständigkeit bei der Selbstversorgung findet sich bei allen Merkmalen die Wertung „überwiegend selbständig" (durchgekreuzt).
• Dekubitus Grade 2 bis 4 werden nicht korrekt differenziert.	• Dekubitus Grad 2 wurde als Grad 1 oder überhaupt nicht angegeben.
• Informationen zu Verhaltensweisen oder zur Medikation sind fehlerhaft oder nicht nachvollziehbar (nicht relevant für Indikatoren)	• Informationen zur Anbringung von Bettseitenteilen fehlen
• Datum der Dekubitusentstehung wird falsch angegeben, liegt aber in den letzten 6 Monaten vor der Ergebniserfassung	• Datum der Dekubitusentstehung falsch angegeben: faktisch in den letzten 6 Monaten vor der Ergebniserfassung, im Bogen aber vor 10 Monaten

- Ort der Dekubitusentstehung: fälschlich „Krankenhaus" statt „zuhause"

- Zahlendreher in Datumsangaben (z.B. 2071 statt 2017 oder 5.1.2017 statt 1.5.2017)

- Vereinzelte (!), offensichtliche Verwechslung von Körpergröße und Gewicht (z. B. 87 cm und 179 kg)

- Verletzung durch Sturz im Krankenhaus wurde fälschlicherweise angegeben

- Sturzverletzung: Aufbringen eines Pflasters durch Mitarbeiterinnen und Mitarbeiter der Einrichtung führt zur Einschätzung „ärztlich behandlungsbedürftig"

- Einzelheiten zur Anwendung von Gurten (z .B. Art des Gurtes) wurden nicht korrekt angegeben

---

- Ort der Dekubitusentstehung: fälschlich „Krankenhaus" statt „in der Einrichtung" (nur letzteres wird der Einrichtung „angelastet")

- Datum des Integrationsgesprächs nicht korrekt angegeben

- Mehrfache Abweichungen des Körpergewichts von den Angaben in der Pflegedokumentation

- Sturz in der Einrichtung wurde nicht angegeben

- Änderungen in der Maßnahmenplanung aufgrund einer Sturzverletzung wurden nicht angegeben

- Eine Gurtfixierung, die in den letzten vier Wochen vor der Ergebniserfassung erfolgte, wurde nicht angegeben

6. Schritt: Die formelle Gesamtbeurteilung der Plausibilität erfolgt im Rahmen der abschließenden Bewertung der Prüfung nach dem Prüfbesuch mithilfe der Anlage 3 der QPR – Prüfbogen C Gesamtergebnis der Plausibilitätskontrolle. Die festgestellten Abweichungen zwischen den einrichtungsintern erhobenen Versorgungsergebnissen (Ergebniserfassung) und den im Rahmen der externen Prüfung erfolgten Feststellungen werden zusammengeführt, um auf dieser Grundlage eine Gesamtbeurteilung der Ergebniserfassung vorzunehmen. Mit der Plausibilitätskontrolle bescheinigt das Prüfteam nicht, dass die Einrichtung bei der Ergebniserfassung alles korrekt erfasst hat. Das zusammenführende Ergebnis der Plausibilitätskontrolle lautet: Bei den Personen aus der Stichprobe ergaben sich (keine) Hinweise auf fehlende Plausibilität.

7. Schritt: Bei der Gesamtbeurteilung werden daher folgende Situationen unterschieden:

1. Keine Auffälligkeiten: Bei den versorgten Personen aus der Stichprobe konnten im Rahmen der Plausibilitätskontrolle keine bzw. keine nennenswerten Auffälligkeiten (Flüchtigkeitsfehler, die keine oder nur geringe Auswirkungen für die Berechnung der Ergebnisindikatoren haben) festgestellt werden.

2. Auffälligkeit festgestellt: Auffälligkeiten, die erhebliche Auswirkungen für die Berechnung der Ergebnisindikatoren haben, sind zu werten.

3. Kritischer Bereich: Für den betreffenden Themenbereich wurde bei mindestens zwei (ggf. auch mehr) geprüften Personen festgestellt, dass die Angaben der Einrichtung fälschlicherweise auf ein positives Versorgungsergebnis verweisen oder ein tatsächlich vorliegendes negatives Versorgungsergebnis nicht ausweisen.

Die Bewertung „Auffälligkeit festgestellt" gibt somit Anlass, die Einrichtung auf die betreffende Möglichkeit einer fehlerhaften Ergebniserfassung hinzuweisen. Für die Gesamtbeurteilung ausschlaggebend ist dagegen die Kategorie **kritischer Bereich**. Es gibt insgesamt 12 Fragen, die zur Plausibilitätskontrolle auffordern. Jede dieser Fragen spricht einen anderen Themenbereich an (z. B. Mobilität, Schmerzerfassung, Krankenhausaufenthalte). Ein kritischer Themenbereich entspricht einem Themenbereich, der mit diesen Fragen adressiert wird und bei dem jeweils bei einer bestimmten Zahl von Personen ein falsch ausgewiesenes Versorgungsergebnis festgestellt wurde. Hinzu kommen ggf. Fehler im Umgang mit den Ausschlusskriterien. Die Prüferin oder der Prüfer hat dabei folgende Bewertungsregeln zu beachten:

Auffälligkeiten im Erhebungsreport: Es wurde für mindestens drei versorgte Personen festgestellt, dass
- fälschlicherweise ein Ausschluss aus der Ergebniserfassung erfolgte oder
- die Zuordnung von Pseudonymen fehlerhaft war.

Angaben zur Mobilität (1.1): Bei mindestens zwei versorgten Personen wurde festgestellt, dass
- die Mobilität zum Zeitpunkt der Ergebniserfassung wesentlich stärker beeinträchtigt war, als von der Einrichtung angegeben worden ist oder
- bei erheblichem Mobilitätsverlust unzutreffende Angaben über schwerwiegende Krankheitsereignisse gemacht wurden, die den Mobilitätsverlust erklären könnten.

Hierdurch wurde in mindestens zwei Fällen fälschlicherweise ein positives Versorgungsergebnis ausgewiesen oder eine Person mit negativem Versorgungsergebnis fälschlicherweise aus der Kennzahlberechnung ausgeschlossen.

Angaben zu gravierende Sturzfolgen (1.1): Mindestens zwei versorgte Personen haben im relevanten Zeitraum eine gravierende Sturzfolge erlitten, die bei der Ergebniserfassung nicht ausgewiesen wurde. Hierdurch blieb in mindestens zwei Fällen ein negatives Versorgungsergebnis unerwähnt, das nach den geltenden Definitionen dem Verantwortungsbereich der Einrichtung zuzuordnen wäre.

Angaben zum Gewichtsverlust und zu den Faktoren, die das Gewicht beeinflussen (1.2): Bei mindestens zwei versorgten Personen wurde festgestellt,
- dass das Körpergewicht zum Zeitpunkt der Ergebniserfassung wesentlich niedriger lag, als von der Einrichtung angegeben worden ist oder
- dass die bei der Ergebniserfassung erfragten Angaben, die einen Gewichtsverlust erklären könnten, unzutreffend sind.

Hierdurch blieb in mindestens zwei Fällen ein negatives Versorgungsergebnis unerwähnt, das nach den geltenden Definitionen dem Verantwortungsbereich der Einrichtung zuzuordnen wäre.

Angaben zur Selbständigkeit bei der Selbstversorgung (1.4): Bei mindestens zwei Personen wurde festgestellt, dass
- die Selbständigkeit zum Zeitpunkt der Ergebniserfassung wesentlich stärker beeinträchtigt war, als von der Einrichtung angegeben worden ist oder
- bei erheblichem Selbständigkeitsverlust unzutreffende Angaben über schwerwiegende Krankheitsereignisse gemacht wurden, die den Selbständigkeitsverlust erklären könnten.

Hierdurch wurde in mindestens zwei Fällen fälschlicherweise ein positives Versorgungsergebnis ausgewiesen oder eine versorgte Person mit negativem Versorgungsergebnis aus der Kennzahlberechnung ausgeschlossen.

Angaben zum Thema Schmerz (2.2): Bei mindestens zwei versorgten Personen wurde festgestellt, dass
- entgegen der Angaben der Einrichtung zum Zeitpunkt der Ergebniserfassung eine Schmerzsymptomatik vorlag oder
- Personen mit bestehender Schmerzsymptomatik entgegen der Angaben der Einrichtung zum
- Zeitpunkt der Ergebniserfassung nicht schmerzfrei waren oder
- die Angaben der Einrichtung zu einer differenzierten Schmerzerfassung nicht korrekt sind.

Hierdurch blieb in mindestens zwei Fällen ein negatives Handlungsergebnis unerwähnt.

Angaben zur Dekubitusentstehung (2.3): Mindestens zwei versorgte Personen haben im relevanten Zeitraum einen Dekubitus Grad 2 oder höher entwickelt, der bei der Ergebniserfassung nicht ausgewiesen wurde. Hierdurch blieb in mindestens zwei Fällen ein negatives Versorgungsergebnis unerwähnt, das nach den geltenden Definitionen dem Verantwortungsbereich der Einrichtung zuzuordnen wäre.

Angaben zur Selbständigkeit bei der Gestaltung des Alltagslebens und der sozialen Kontakte (3.2): Bei mindestens zwei versorgten Personen wurde festgestellt, dass
- die Selbständigkeit zum Zeitpunkt der Ergebniserfassung wesentlich stärker beeinträchtigt war, als von der Einrichtung angegeben worden ist oder
- bei erheblichem Selbständigkeitsverlust unzutreffende Angaben über schwerwiegende Krankheitsereignisse gemacht wurden, die den Selbständigkeitsverlust erklären könnten.

Hierdurch wurde in mindestens zwei Fällen fälschlicherweise ein positives Versorgungsergebnis ausgewiesen oder eine Person mit negativem Versorgungsergebnis aus der Kennzahlberechnung ausgeschlossen.

Angaben zu den kognitiven und kommunikativen Fähigkeiten (3.2): Bei mindestens zwei versorgten Personen wurde festgestellt, dass die kognitiven und kommunikativen Fähigkeiten zum Zeitpunkt der Ergebniserfassung wesentlich stärker oder wesentlich geringer beeinträchtigt waren, als von der Einrichtung angegeben worden ist.

Angaben zum Einzug und zur Durchführung eines Integrationsgesprächs (4.1): Bei mindestens zwei versorgten Personen wurde festgestellt, dass ein Integrationsgespräch mit entsprechender Ergebnisdokumentation entgegen der Angaben der Einrichtung nicht stattgefunden hat. Hierdurch wurde in mindestens zwei Fällen fälschlicherweise ein positives Versorgungsergebnis ausgewiesen.

Angaben zu Krankenhausaufenthalten (4.2): Bei mindestens zwei versorgten Personen wurde festgestellt, dass die Einrichtung Angaben zu Krankenhausaufenthalten dokumentiert hat, die nach den Feststellungen der Prüferinnen und Prüfer nicht stattgefunden haben oder entgegen der Angaben der Einrichtung kürzer waren als 10 Tage.

Angaben zur Anwendung von Gurten (4.4): Bei mindestens zwei kognitiv beeinträchtigten Personen wurde entgegen der Angaben der Einrichtung die Anwendung von Gurten innerhalb der letzten vier Wochen festgestellt. Hierdurch wurde in mindestens zwei Fällen eine Person mit negativem Versorgungsergebnis aus der Kennzahlberechnung ausgeschlossen.

Angaben zur Anwendung von Bettseitenteilen (4.4): Bei mindestens zwei kognitiv beeinträchtigten Personen wurde entgegen der Angaben der Einrichtung die Anwendung von Bettseitenteilen innerhalb der letzten vier Wochen festgestellt. Hierdurch wurde in mindestens zwei Fällen eine Person mit negativem Versorgungsergebnis aus der Kennzahlberechnung ausgeschlossen.

8. Die Rechte der Träger der Pflegeeinrichtungen

Anders als die Rechte der MDK-Prüfer, die sehr detailliert in § 114a SGB XI geregelt werden, sind die Rechte der Träger der Pflegeeinrichtungen nur wenig ausgeprägt im SGB XI beschrieben. Dies ist allerdings nicht ungewöhnlich oder nachteilig, da sich die Verfahrensrechte aus allgemeinen Vorschriften oder im Vergleich zu anderen Regelungen unserer Rechtsordnung wie selbstverständlich ergeben. Im Einzelnen im SGB XI geregelt sind die Besonderheiten der Qualitätsprüfungen in der Pflege, nämlich die Verpflichtung des MDK, die Pflegeeinrichtungen in Fragen der Qualitätssicherung zu beraten mit dem Ziel, Qualitätsmängeln rechtzeitig vorzubeugen und die Eigenverantwortung der Pflegeeinrichtungen und ihrer Träger für die Sicherung und Weiterentwicklung der Pflegequalität zu stärken; § 112 Abs. 3 SGB XI. Außerdem kann der Träger der Pflegeeinrichtung nach § 114a Abs. 4 Satz 2 SGB XI verlangen, dass eine Vereinigung, deren Mitglied er ist (Trägervereinigung), an der Prüfung nach den Absätzen 1 bis 3 des § 114a SGB XI beteiligt wird. Ausgenommen ist eine Beteiligung nur dann, soweit dadurch die Durchführung einer Prüfung voraussichtlich verzögert wird.

Daneben setzt die Verknüpfung von internem Qualitätsmanagement und externer Qualitätsprüfung bereits organisatorisch eine enge Zusammenarbeit zwischen dem MDK bzw. dem Prüfdienst der PKV voraus. Es besteht daher die Hoffnung, dass auch die zumindest in einigen Fällen der Vergangenheit anzutreffende konfrontative Gegenüberstellung von Prüfern und Geprüften mit dem neuen System beendet wird. Die Formulierung in Ziff. 5 Abs. 1 QPR macht insoweit Mut. Es ist daher Aufgabe des Trägers der Pflegeeinrichtung die Neuerungen seinen Mitarbeiterinnen und Mitarbeitern bekanntzumachen, damit diese in der Prüfungssituation mit den Anforderungen an eine solche fachliche Zusammenarbeit souverän umgehen können.

Ziff. 5 Abs. 1 QPR – Prüfverständnis und Zugang zur Pflegeeinrichtung

Den Qualitätsprüfungen des MDK und des PKV-Prüfdienstes liegt ein beratungsorientierter Prüfansatz zugrunde. Die Qualitätsprüfungen bilden eine Einheit aus Prüfung, Beratung und Empfehlung von Maßnahmen zur Qualitätsverbesserung. Der beratungsorientierte Prüfansatz ermöglicht bei Auffälligkeiten und Qualitätsdefiziten das Aufzeigen von Lösungsmöglichkeiten. Der beratungsorientierte Prüfansatz findet seinen Ausdruck im Fachgespräch mit den Mitarbeiterinnen und Mitarbeitern, die in der Versorgung der Bewohnerinnen und Bewohner tätig sind sowie im Abschlussgespräch mit den Leitungskräften der Einrichtung. Dieser Prüfansatz setzt eine intensive Zusammenarbeit der Pflegeeinrichtung mit dem MDK bzw. dem PKV-Prüfdienst voraus.

PRAXISTIPP

1. Auch die konkreten Abläufe in jeder Prüfung hängen zu einem Großteil von weichen Faktoren (Sympathie, Glaubwürdigkeit, „Atmosphäre") ab.

Für die Bildung von Sympathie sind die ersten Sekunden einer Begegnung entscheidend.

2. Da der Besuch des Prüfteams am Tag zuvor angekündigt wurde, steht alles bereit: Die Ansprechpartner auf Seiten der Pflegeeinrichtung, ein Arbeitsraum für das Einführungs- und das Abschlussgespräch sowie für interne Zwischenberatungen des MDK-Prüfteams.

3. Die Pflegeeinrichtung hält alle Daten der DAS bereit und kann erläutern, welche konkreten Verbesserungsschritte bei Problemen bereits unternommen wurden.

Die Pflegeeinrichtung hat – nach Einwilligung des Bewohners oder der Bewohnerin – den Prüfern auf Verlangen die für die Qualitätsprüfung notwendigen Unterlagen vorzulegen und Auskünfte zu erteilen. Soweit erforderlich sind Kopien anzufertigen. Diese Regelung dürfte indes ohne Rechtsgrundlage einseitig vom MDK gewünscht sein; eine Pflicht der Pflegeeinrichtung Fotokopien zu stellen besteht nicht. Etwas anderes ergibt sich auch nicht aus § 114 Abs. 1 Satz 4 SGB XI, wonach die Pflegeeinrichtungen die ordnungsgemäße Durchführung der Prüfungen zu ermöglichen haben. Darin ist keine Pflicht zur schriftlichen Auskunft enthalten, die etwa § 15 Abs. 1 Satz 5 HeimG a.F. noch kannte, wonach „erforderliche mündliche und schriftliche Auskünfte auf Verlangen und unentgeltlich zu erteilen" waren.

➕ PRAXISTIPP

Um die Stimmung bei der Durchführung einer Qualitätsprüfung zu erhalten, sollten einzelne Kopien, ohne Anerkennung einer Rechtspflicht, gefertigt werden. Ganze Konzeptionen, Pflegedokumentationen sind bereits aus datenschutzrechtlichen Erwägungen nicht als Kopie zu übergeben und dürfen auch vom MDK nicht ohne Einwilligung der Betroffenen kopiert werden.

9. Die Rechte der Bewohner

Die Rechte der Bewohnerinnen und Bewohner standen in den Prüfungen der vergangenen Jahre in „problematischen" Prüfungen stets besonders im Fokus. An dieser Stelle muss für die Pflegeeinrichtung gelten: Seien Sie Anwalt Ihrer Bewohnerinnen und Bewohner und weisen Sie diese auf deren Rechte in der Prüfungssituation hin, wenn Sie den Eindruck haben, dass entsprechende Pflichten verletzt werden.

Die Prüfungen beinhalten auch die „Inaugenscheinnahme" des gesundheitlichen und pflegerischen Zustands von Pflegebedürftigen (§ 114a Abs. 3 Satz 1 SGB XI). Allerdings sollen die „Inaugenscheinnahmen" nicht regelhaft vorgenommen werden, sondern nur dann, wenn im Rahmen der Prüftätigkeit des MDK die Betrachtung des körperlichen Zustandes des Pflegebedürftigen erforderlich ist (Bundestags-Drucksache 16/7439, S. 87). Wie allerdings das gesetzliche Ziel der Prüfung der Ergebnisqualität ohne Inaugenscheinnahme möglich ist, erklärt der Gesetzgeber leider nicht. In jedem Fall ist immer die Intimsphäre des Bewohners unbedingt zu beachten.

Die Teilnahme an Inaugenscheinnahmen und Befragungen ist für die Bewohner freiwillig (§ 114a Abs. 3 Satz 3 SGB XI). Durch die Ablehnung der Teilnahme dürfen den Bewohnern keine Nachteile entstehen. Inaugenscheinnahmen von Pflegebedürftigen und deren Befragung sowie die damit jeweils zusammenhängende Erhebung, Verarbeitung und Nutzung personenbezogener Daten von Pflegebedürftigen zum Zwecke der Erstellung eines Prüfberichts bedürfen der Einwilligung der betroffenen Pflegebedürftigen (ggf. durch Betreuer oder Bevollmächtigten), § 114a Abs. 3 Satz 4 SGB XI. Die Pflegebedürftigen sind hierüber zu informieren und es ist darauf hinzuweisen, dass die Verarbeitung der erhobenen Daten und Informationen unter Berücksichtigung der Vorschriften des Datenschutzes erfolgt.

PRAXISTIPP

Die Einwilligung ist auch nach ihrer Erteilung **jederzeit widerruflich** (Bundestags-Drucksache 16/7439, S. 88). Will also der Bewohner zwar die Fragen des Prüfteams beantworten, aber keine Inaugenscheinnahme (also eine körperliche Untersuchung) zulassen, so kann die Einwilligung nur für einen Teil der Prüfung erteilt werden.

Kann der Pflegebedürftige die Einwilligung nicht selbst erteilen, so muss der Bevollmächtigte oder Betreuer die Einwilligung erklären. Die Einwilligung zur Einbeziehung der Bewohnerinnen und Bewohner in die Prüfung verläuft nach Ziff. 8 Abs. 2 QPR in folgenden Schritten:

Ziff. 8 Abs. 2 QPR – Ablauf des Einrichtungsbesuchs

Die Einbeziehung in die Prüfung setzt die Einwilligung der versorgten Person, einer vertretungsberechtigten Person bzw. einer gesetzlich bestellten Betreuerin oder eines gesetzlich bestellten Betreuers voraus. Vor der Einholung der Einwilligung der versorgten Person oder einer hierzu berechtigten Person hat das Prüfteam diese in verständlicher Weise aufzuklären über

- Anlass und Zweck sowie Inhalt, Umfang, Durchführung und Dauer der Maßnahme,
- den vorgesehenen Zweck der Verarbeitung und die Nutzung der dabei erhobenen personenbezogenen Daten,
- die Freiwilligkeit der Teilnahme und
- die jederzeitige Widerrufbarkeit der Einwilligung.

Ferner ist im Rahmen der Aufklärung darauf hinzuweisen, dass im Falle der Ablehnung der versorgten Person keine Nachteile entstehen.

> **PRAXISTIPP**
>
> Bevollmächtigte oder Betreuer können jedoch die Einwilligung nur erteilen, wenn ihr Aufgabenkreis auch das Aufenthaltsbestimmungsrecht bzw. die Gesundheitsvorsorge umfasst. Sind diese Aufgabenkreise nicht von der Vollmachtsurkunde oder dem Beschluss des Betreuungsgerichtes umfasst, so kann allein der Bewohner oder die Bewohnerin die Einwilligung rechtswirksam erteilen.
>
> Die vertretungsberechtigte Person oder der bestellte Betreuer haben ihre Einwilligung an dem Wohl des Betroffenen (§ 1901 BGB) zu orientieren. Jede Inaugenscheinnahme ist ein weitgehender Eingriff in die Intimsphäre der betroffenen Personen, daher wird ein Betreuer aus rechtlichen Gründen regelmäßig keine Einwilligung erteilen können.

Soll die Prüfung in Räumen vorgenommen werden, die einem Wohnrecht der Bewohner unterliegen, ist stets die Zustimmung des Bewohners oder seines gesetzlichen Betreuers erforderlich, es sei denn, eine dringende Gefahr für die öffentliche Sicherheit und Ordnung ist gegeben (§ 114a Abs. 2 Satz 3 SGB XI). Auch hier gilt: Kann ein Bewohner selbst nicht zustimmen, so ist vor dem Betreten oder der Prüfung sein gesetzlicher Vertreter zu fragen. Eine Gefahr für die öffentliche Sicherheit und Ordnung ist nur dann gegeben, wenn

- ein unmittelbarer Gesundheitsschaden des Bewohners,
- Eingriffe in seine Freiheitsrechte oder
- andere erhebliche Rechtsverletzungen unmittelbar drohen.

Die Einschränkung der Prüfrechte des MDK in Bezug auf das Wohnrecht der Bewohner unterliegenden Räumlichkeiten ist verfassungsrechtlich in Art. 13 Abs. 7 GG vorgegeben, kann also nicht einfach im Zuge der Prüfung geändert werden. Dem Wohnrecht der Bewohner unterliegen nicht nur Einzelzimmer, sondern grundsätzlich der Pflege- bzw. Wohnplatz des konkreten Bewohners.

PRAXISTIPP

Seien Sie „Anwälte" Ihrer Bewohnerinnen und Bewohner und achten Sie darauf, dass die Rechte zur Freiwilligkeit und Einwilligung, die vorherige Aufklärung eingehalten werden. Viele Bewohner zeigen sich nach den „Inaugenscheinnahmen" erschüttert über diese Prüfungen, dagegen dürften „Nackt-Scanner" am Flughafen verfassungsrechtlich völlig unbedenklich sein!

Aber: Raten Sie Ihren Bewohnern nicht grundsätzlich von der Teilnahme ab, die Durchführung der Qualitätsprüfung muss gewährleistet sein. Schreiten Sie aber ein, wenn Sie merken, dass Ihre Bewohner überfordert werden.

10. Die Ankunft der Prüfer, Einführungsgespräch

Entscheidend für den Ton in der Prüfung sind die ersten Momente. Daher sollte insbesondere das Einführungsgespräch einen höheren Stellenwert erhalten. An dieser Stelle haben die Prüfer des MDK ihr Aufgabenverständnis, die Vorgehensweise und die Zeitplanung offenzulegen.

Ziff. 8 Abs. 1 Satz 1 und 2 QPR – Ablauf des Einrichtungsbesuchs
Nach Vorstellung des Prüfteams bei der Leitung der Einrichtung sind zu Beginn der Prüfung in einem Einführungsgespräch das Aufgabenverständnis, die Vorgehensweise und der voraussichtliche Zeitaufwand der Prüfung darzulegen. Die Interessenvertretung der Bewohnerinnen und Bewohner der Pflegeeinrichtung wird über die Prüfung informiert.

➕ PRAXISTIPP

Die Interessenvertretung der Bewohnerinnen und Bewohner ist zwingend über den Beginn der externen Qualitätsprüfung zu informieren.

Da die Qualitätsprüfung künftig grundsätzlich angekündigt wird, dürfte die Information völlig unproblematisch sein. Aus der Informationspflicht des Prüfteams wird aber nicht automatisch ein Teilnahmerecht der Bewohnervertretung.

➕ PRAXISTIPP

Die Qualitätsprüfung ist von der Pflegeeinrichtung vorbereitet, daher wird nun der trainierte Ablauf in Gang gesetzt. Nehmen Sie es sportlich: Jetzt zeigt sich, ob die Vorbereitung der letzten Monate Früchte getragen hat. Vorbereitung vermeidet Stress!

Oberstes Gebot: Die planmäßige Versorgung der Bewohnerinnen und Bewohner hat absoluten Vorrang.

Die anwesenden Kräfte arbeiten die besprochene Checkliste ab, die vor allem folgende Punkte beinhaltet:

– Information der nichtanwesenden Leitungskräfte (u.a. Geschäftsführung, Heimleitung, Leitende Pflegefachkraft (PDL), Wohnbereichsleitung, Qualitätsbeauftragte), – die auskunftsverpflichteten oder -berechtigten Pflegekräfte („Alarmgruppe") werden – soweit möglich – über die morgen stattfindende Prüfung informiert und besprochen, wer teilnahmen wird,

– sofortiger (und am Morgen der Prüfung!) Kontrollgang durch die Einrichtung (zu achten ist vor allem auf den Gesamteindruck, Hygiene, Geruch),

– Herrichten des Prüferzimmers,

– Bereitstellung der Daten der DAS einschließlich erster Qualitätsverbesserungen.

Die Prüfungscheckliste enthält also zugegebenermaßen bloße Selbstverständlichkeiten, die jedoch klar geregelt werden müssen. Derartige Festlegungen entlasten das anwesende Personal und stellen Verantwortlichkeiten heraus.

Je weniger in der konkreten Prüfungssituation improvisiert werden muss, desto ruhiger und professioneller sind der Anfang einer Prüfung und damit der vermittelte Eindruck Ihrer Einrichtung.

Die MDK-Prüfer haben zunächst den Prüfungsauftrag der Landesverbände der Pflegekassen nach § 114 Abs. 1 SGB XI darzulegen, also ob es sich um eine Regel-, Anlass- oder Wiederholungsprüfung handelt. Handelt es sich um eine Anlassprüfung, so sind die Beschwerden und Hinweise zuvor durch die Landesverbände der Pflegekassen auf ihre Stichhaltigkeit geprüft worden und werden der Einrichtung mitgeteilt.

✚ PRAXISTIPP

Der Prüfungsauftrag kann nicht während der Prüfung geändert werden, da nicht der MDK, sondern die – bei der Prüfung nicht anwesenden – Landesverbände der Pflegekassen die konkrete Prüfung beauftragen. Gibt es im Rahmen einer Anlass-, Regel- oder Wiederholungsprüfung sachlich begründete Hinweise auf eine **nicht fachgerechte Pflege** bei Pflegebedürftigen, auf die sich die Prüfung nicht erstreckt, sind die betroffenen Pflegebedürftigen unter Beachtung der datenschutzrechtlichen Bestimmungen in die Prüfung einzubeziehen. Die Prüfung ist insgesamt als **Anlassprüfung** durchzuführen; § 114 Abs. 5 Satz 2 und 3 SGB XI.

Das Aufgabenverständnis kann nur in der Umsetzung der gesetzlichen Verpflichtung des MDK aus § 112 Abs. 3 SGB XI bestehen, also die Pflegeeinrichtungen in Fragen der Qualitätssicherung zu beraten mit dem Ziel, Qualitätsmängeln rechtzeitig vorzubeugen und die Eigenverantwortung der Pflegeeinrichtungen und ihrer Träger für die Sicherung und Weiterentwicklung der Pflegequalität zu stärken.

✚ PRAXISTIPP

Nehmen Sie den MDK beim Wort und fordern Sie die Impulsberatung ab:
1. Fragen Sie konkret nach, was im Einzelfall anders/besser hätte gemacht werden sollen.
2. Weisen Sie den MDK darauf hin, wenn zwar Mängel in der Konzeption oder Dokumentation bestehen, die gefragten Maßnahmen aber tatsächlich nachweisbar durchgeführt werden.

11. Die Beteiligten an der Prüfung

Die Beteiligten der Pflegeeinrichtung an der Qualitätsprüfung sollten vorher feststehen. Entsprechende Planungen gehören zu einer Prüfungsvorbereitung. Im Einführungsgespräch stellt sich das MDK-Prüfteam vor. Darauf teilt die Vertretung der Einrichtung mit, wer von ihrer Seite aus Auskünfte erteilt und an der Prüfung teilnimmt. Die an der Prüfung Beteiligten werden im Prüfbericht namentlich erfasst, Anlage 2 der QPR – Prüfbogen B zur Beurteilung auf der Einrichtungsebene, Abschnitt E, siehe Seite 140.

Die von der Einrichtung benannten Personen begleiten die Prüfung, ziehen weitere Mitarbeiterinnen und Mitarbeiter hinzu und legen die benötigten Unterlagen vor. Die MDK-Prüfer werden die gesamte Prüfung über von Mitarbeitern der Einrichtungen begleitet, auch und gerade bei den Befragungen der Bewohner. Diese enge Beteiligung ist Ausfluss eines fairen rechtsstaatlichen Verfahrens, das auch dem Nachweis der Ordnungsmäßigkeit der Befragung dient.

> **PRAXISTIPP**
>
> Die Mitarbeiter der Einrichtung begleiten ruhig, freundlich und aufmerksam – möglichst ohne Kommentar – die Prüfung, beantworten Fragen und notieren Probleme. Die werden im Abschlussgespräch eingehend besprochen.

12. Die Auswahl der zu prüfenden Bewohner

Die Auswahl der 9 in die Stichprobe einzubeziehenden Bewohnerinnen und Bewohner hat bereits die DAS vorgegeben. Abweichungen davon sind nicht vorgesehen. Es können sowohl gesetzlich Versicherte („soziale Pflegeversicherung") als auch privat Versicherte in die Stichprobe einbezogen werden und zwar – soweit überhaupt vorhanden – auch Bewohnerinnen und Bewohner ohne einen (festgestellten) Pflegegrad, also etwa auch entsprechende „Privatzahler".

Ziff. 8 Abs. 1 Satz 3 bis 5 QPR – Ablauf des Einrichtungsbesuchs
Im Anschluss an das Einführungsgespräch erfolgt die Bestimmung von neun versorgten Personen entsprechend der Vorgaben des definierten Stichprobenverfahrens. Es können Versicherte der sozialen und der privaten Pflegeversicherung ein-

E. Angaben zur Prüfung		
1. Auftraggeber/Zuständiger Landesverband der Pflegekassen:	☐ AOK	☐ Knappschaft
	☐ BKK	☐ LKK
	☐ IKK	☐ vdek
2. Prüfung durch:	☐ MDK	☐ PKV-Prüfdienst
3. Datum:	von TT.MM.JJJJ	bis TT.MM.JJJJ
4. Uhrzeit:		
1. Tag	von	bis
2. Tag	von	bis
3. Tag	von	bis
5. Gesprächspartnerin oder Gesprächspartner der stationären Pflegeeinrichtung:		
6. Prüferin oder Prüfer:		
7. An der Prüfung Beteiligte:	Namen	
☐ Pflegekasse		
☐ Sozialhilfeträger		
☐ Nach heimrechtlichen Vorschriften zuständige Aufsichtsbehörde		
☐ Gesundheitsamt		
☐ Trägerverband		
☐ Sonstige: welche?		
8. Ansprechpartnerin oder Ansprechpartner des MDK/PKV-Prüfdienstes für die DCS:	Name	
	E-Mailadresse	

bezogen werden. Aufgrund der Auswahlkriterien für die Personenstichprobe kann es sich dabei auch um versorgte Personen handeln, bei denen keine Pflegebedürftigkeit im Sinne der Pflegeversicherung (Pflegegrad) vorliegt.

Nach Ziff. 8.1 QPR – Erfassung administrativer Angaben zur versorgten Person werden für jeden versorgten Bewohner der Stichprobe die Daten gemäß der Vorgabe des Erhebungsbogens erfasst. Die betreffenden Angaben dienen vorrangig zur Verwaltung des Datensatzes und haben insoweit keinen engeren Prüfungscharakter.

Sodann erfolgen zur Beurteilung der jeweiligen Qualitätsaspekte auf der Ebene der individuellen Versorgung in den Qualitätsbereichen 1 bis 4 nach Ziff. 8.2 QPR – Beurteilung der Qualitätsaspekte bei der einzelnen versorgten Person (Qualitätsbereiche 1 bis 4) die folgenden Schritte:

Informationserfassung: Die Prüferin oder der Prüfer verschafft sich zunächst einen Überblick zur Bedarfs- und Versorgungssituation der versorgten Person. Anhand verschiedener Informationsquellen werden die Lebenssituation, die gesundheitliche Situation, Ressourcen und Beeinträchtigungen, Gefährdungen usw. durch die Prüferin oder den Prüfer erfasst. Welche Informationen für den jeweiligen Qualitätsaspekt benötigt werden, ist in der Anlage 1 der QPR – Prüfbogen A Beurteilung der personenbezogenen Versorgung angegeben. Die Prüferin oder der Prüfer sollte sich ein eigenes Bild von der versorgten Person und der Pflegesituation machen und Angaben der Einrichtung gedanklich stets daraufhin überprüfen, ob sie sich zu einem fachlich stimmigen Gesamtbild zusammenfügen. Dies gilt auch für die Beurteilung der Plausibilität von Angaben, die aus der Ergebniserfassung stammen.

Bearbeitung der Leitfragen: Im zweiten Schritt hat die Prüferin oder der Prüfer – mithilfe der zu jedem Qualitätsaspekt aufgeführten Leitfragen – eine Beurteilung der Versorgung vorzunehmen. Hierbei macht die Prüferin oder der Prüfer Feststellungen, die sie oder er dann im nächsten Schritt anhand bestimmter Vorgaben bewertet. Zu den jeweiligen Leitfragen ist in der Ausfüllanleitung beschrieben, welche Aspekte des pflegerischen Handels in die Beurteilung einbezogen werden sollen. Bei mehreren Qualitätsaspekten finden sich vor den Leitfragen Hinweise dazu, ob eine versorgte Person in die Bewertung einbezogen werden soll. So ist beispielsweise die Frage nach der Tagesstrukturierung nur bei versorgten Personen zu bearbeiten, die einen Unterstützungsbedarf bei der Gestaltung des Alltagslebens und der sozialen Kontakte aufweisen.

Bewertung und Beschreibung festgestellter Auffälligkeiten: Identifizierte Auffälligkeiten und Qualitätsdefizite werden in strukturierter Form dokumentiert und bewertet. Zu jedem Qualitätsaspekt finden sich in der Anlage 1 der QPR – Prüfbogen A Beurteilung der personenbezogenen Versorgung individuelle Erläuterungen zur Konkretisierung der Bewertung. Die Bewertung erfolgt anhand der in der Anlage 5 der QPR – Qualitätsbewertung zur Prüfung der in Pflegeeinrichtungen erbrachten Leistungen und deren Qualität nach § 114 SGB XI dargestellten Bewertungssystematik.

Ziff. 8.3 QPR – Beurteilung übergreifender Qualitätsaspekte (Qualitätsbereich 5) regelt die bei der Beurteilung der verschiedenen Qualitätsaspekte in den Bereichen 1 bis 4 immer wieder angesprochenen Themen, die gleichermaßen für mehrere Qualitätsaspekte relevant sind. Informationsgrundlage für die Beurteilung der sogenannten bedarfsübergreifenden Qualitätsaspekte im Qualitätsbereich 5 sind die Feststellungen, die das Prüfteam für die Qualitätsaspekte in den Qualitätsbereichen 1 bis 4 getroffen hat. Es werden also keine zusätzlichen Informationen über die versorgten Personen aus der Stichprobe erfasst.

Auf dieser Grundlage soll das Prüfteam nach den Vorgaben der Anlage 2 der QPR – Prüfbogen B Beurteilung auf der Einrichtungsebene eine Gesamtbewertung für die Einrichtung vornehmen, also beispielsweise eine Gesamtbewertung der Frage, ob die Einrichtung mit Risiken und Gefährdungen der versorgten Personen fachgerecht umgeht. Diese Beurteilung ist bei der Zusammenführung der Teilergebnisse der Prüfung im Teamgespräch vorzunehmen; siehe dazu Ziff. 8.5 QPR.

In einem gesonderten Abschnitt des Prüfbogens B Beurteilung auf der Einrichtungsebene werden organisatorische Aspekte und allgemeine Anforderungen an das Qualitätsmanagement erfasst. Es erfolgt nach Ziff. 8.4 QPR – Bewertung einrichtungsbezogener Merkmale (Qualitätsbereich 6) eine kriteriengestützte Bewertung, bei der zu beurteilen ist, ob die in der Anlage 2 der QPR – Prüfbogen B Beurteilung auf der Einrichtungsebene aufgeführten Anforderungen erfüllt werden oder nicht.

Die vorläufige Feststellung wichtiger Gesamtergebnisse erfolgt gemeinsam im Prüfteam ohne Anwesenheit von Mitarbeiterinnen oder Mitarbeitern der Pflegeeinrichtung nach Ziff. 8.5 QPR – Zusammenführung der Feststellungen (Teamgespräch). Die Prüferinnen und Prüfer kommen zusammen und tauschen sich über ihre wichtigsten Feststellungen zu den einzelnen Qualitätsaspekten aus. Zweck dieses Teamgesprächs ist

- die gemeinsame Bewertung der bereichsübergreifenden Qualitätsaspekte
- die Einschätzung der fachlichen Stärken der Einrichtung
- die vorläufige Einschätzung, bei welchen Qualitätsaspekten fachliche Defizite festgestellt wurden (Defizite mit negativen Folgen für die versorgte Person oder mit dem Risiko des Auftretens negativer Folgen)
- die vorläufige Einschätzung der Plausibilität der Ergebniserfassung
- die Festlegung der Themen, die im anschließenden Abschlussgespräch mit Vertretern der Einrichtung angesprochen werden sollen, insbesondere der Themen, zu denen eine Beratung erfolgen soll. Bei der Beratung sollen auch Indikatoren mit der Beurteilung „weit unter dem Durchschnitt" berücksichtigt werden.

Es handelt sich bei den Festlegungen im Teamgespräch um vorläufige Einschätzungen, die bei der abschließenden Bewertung zu verifizieren und zu konkretisieren sind. Grundlage des Gesprächs sind sämtliche Feststellungen, die bei der Prüfung der einrichtungsbezogenen und der direkt personenbezogenen Fragen festgehalten wurden, inklusive der Feststellungen, die die Plausibilitätskontrolle betreffen. Das Teamgespräch erfolgt unter Berücksichtigung der Anlage 7 der QPR – Strukturierungshilfe zur Durchführung des Teamgespräches.

> **PRAXISTIPP**
>
> Die in der Anlage 7 der QPR – Strukturierungshilfe zur Durchführung des Teamgespräches genannten Besprechungs- und Verständigungspunkte bilden quasi die „Tagesordnung" für das Abschlussgespräch:
>
> 1. Einschätzung der fachlichen Stärken der Einrichtung
> 2. Vorläufige Einschätzung zu Defiziten bei Qualitätsaspekten
> 3. Vorläufige Einschätzung der Plausibilität der Ergebniserfassung
> 4. Gemeinsame Bewertung der bereichsübergreifenden Qualitätsaspekte
> 5. Festlegung der Themen, die im anschließenden Abschlussgespräch mit Vertreterinnen oder Vertretern der Einrichtung angesprochen werden sollen, insbesondere der Themen, zu denen eine Beratung erfolgen soll.

13. Das Abschlussgespräch

Am Ende der Prüfung sind meist beide Seiten – die Pflegeeinrichtung und das Prüfteam – regelmäßig ermattet und froh, wenn man nun auseinandergehen kann. Ein entscheidender Fehler! Das Abschlussgespräch ist von entscheidender Bedeutung und kann von der Wichtigkeit her nicht überschätzt werden. Nur hier können die vorläufigen Prüfungsfeststellungen der MDK-Prüfer noch korrigiert und vor allem weitere Unterlagen vorgelegt werden. Daher ist für das Abschlussgespräch Zeit einzuplanen und während der Prüfung laufend die Fragen, Problemstellungen und Besprechungspunkte zu sammeln.

Ziff. 8.6 Abs. 1 QPR – Abschlussgespräch

Im Abschlussgespräch wird die Pflegeeinrichtung über zentrale vorläufige Ergebnisse der Prüfung in Kenntnis gesetzt. Grundlage sind die im Teamgespräch der Prüferinnen und Prüfer getroffenen vorläufigen Einschätzungen sowie die von ihnen festgelegten Themen bzw. Beratungspunkte. Es sollen die durch das Prüfteam erfassten fachlichen Stärken der Einrichtung gewürdigt werden. Das Gespräch wird mit dem Ziel geführt, ggf. festgestellte Qualitätsdefizite direkt abzustellen, Qualitätsdefiziten rechtzeitig vorzubeugen und die Eigenverantwortlichkeit der Einrichtung zur Sicherstellung einer qualitativ hochwertigen Pflege zu stärken.

Das Prüfteam gibt im Abschlussgespräch die wichtigsten vorläufigen Ergebnisse auf der Grundlage des Teamgesprächs bekannt. Dabei sollten zumindest die in der Anlage 7 der QPR – Strukturierungshilfe zur Durchführung des Teamgespräches genannten Besprechungs- und Verständigungspunkte durchgegangen werden. Dabei sollen in einem pflegefachlichen Dialog sowohl die pflegefachlichen Stärken sowie die festgestellten Defizite erörtert werden. Die Pflegeeinrichtung wird in Fragen der Qualitätssicherung unterstützt mit dem Ziel, ggf. festgestellte Mängel direkt abzustellen, Qualitätsmängeln rechtzeitig vorzubeugen und die Eigenverantwortung der Pflegeeinrichtungen für die Sicherung und Weiterentwicklung der Pflegequalität zu stärken.

➕ PRAXISTIPP

Im Abschlussgespräch können Missverständnisse geklärt und in Bezug auf die vorläufigen Prüfungsfeststellungen weitere Unterlagen vorgelegt

und Erläuterungen gegeben werden. Dabei werden (Ziff. 8.6 Abs. 2 und 3 QPR) insbesondere folgende Punkte abgesprochen und dazu der Pflegeeinrichtung Gelegenheit zur Kommentierung und Stellungnahme gegeben werden:
- fachliche Stärken der Einrichtung
- festgestellte Qualitätsdefizite (Defizite mit negativen Folgen für die versorgte Person oder mit dem Risiko des Auftretens negativer Folgen)
- Plausibilität der Ergebniserfassung.

Nach dieser Gesprächsphase, in der die vorläufig festgestellten Qualitätsdefizite pflegefachlich diskutiert werden, erfolgt nach Ziff. 8.6 Abs. 4 QPR in einer weiteren Gesprächsphase die Beratung zu den Themen, die die Prüferinnen und Prüfer im Teamgespräch als besonders wichtig identifiziert haben. Gemeinsam mit den Vertreterinnen und Vertretern der Einrichtung sind Möglichkeiten zu erörtern, wie festgestellte Qualitätsdefizite behoben und der Entstehung von Qualitätsdefiziten vorgebeugt werden kann. Dabei kann auch auf unterdurchschnittliche Indikatorenergebnisse und festgestellte Auffälligkeiten eingegangen werden.

➕ PRAXISTIPP

Das Prüfteam des MDK bzw. der Prüfdienst der PKV soll an dieser Stelle des Abschlussgesprächs ganz konkret werden und vorschlagen, wie etwaige Qualitätsdefizite behoben werden können. Sofern die Einrichtung abweichende Meinungen zu festgestellten Qualitätsdefiziten äußert, werden diese – so Ziff. 8.6 Abs. 5 QPR wörtlich – durch das Prüfteam schriftlich festgehalten.

Zur Strukturierung des Abschlussgesprächs enthält Ziff. 8.6 Abs. 6 QPR in Verbindung mit der Anlage 8 zur QPR – Strukturierungshilfe zur Durchführung des Abschlussgespräches einen praktikablen Vorschlag. Bitte nutzen:

Strukturierungshilfe zur Durchführung des Abschlussgespräches

Im Abschlussgespräch wird die Pflegeeinrichtung über zentrale Ergebnisse der Prüfung in Kenntnis gesetzt. Das Abschlussgespräch sollte den Charakter eines Fachgesprächs haben, in dem gemeinsame Überlegungen dazu angestellt werden, wie festgestellte Defiziten behoben und der Entstehung von Defiziten vorgebeugt werden kann.

Ablauf:

1. Das Prüfteam erläutert Zweck und Ablauf des Abschlussgesprächs.
2. Das Prüfteam schildert unter Bezugnahme auf die im Teamgespräch ausgewerteten Qualitätsaspekte den Gesamteindruck der Pflegequalität der Einrichtung. Hierbei wird herausgestellt, welche fachlichen Stärken und welche Schwächen während der Prüfung besonders deutlich erkennbar waren.
3. Das Prüfteam informiert die Einrichtung über die wichtigsten Einzelergebnisse der Qualitätsprüfung, insbesondere über festgestellte erhebliche und schwerwiegende Qualitätsdefizite. Die Vertreterinnen und Vertreter der Einrichtung erhalten Gelegenheit zur Schilderung der Maßnahmen zur Qualitätssicherung, die sie ggf. schon eingeleitet haben. Sofern die Einrichtung abweichende Meinungen zu den Feststellungen, insbesondere zu festgestellten Mängeln bei Qualitätsaspekten und der Plausibilität der Ergebniserfassung äußert, werden diese vom Prüfteam schriftlich festgehalten.
4. Das Prüfteam beschreibt in zusammenfassender Form, welche Auffälligkeiten es im Rahmen der Plausibilitätskontrolle festgestellt hat.
5. Das Prüfteam berät die Einrichtung über mögliche Maßnahmen der Qualitätsverbesserung. Zu diesem Zweck benennt es Ansatzpunkte, die aus seiner Sicht geeignet sein könnten, um Maßnahmen zur Qualitätsverbesserung einzuleiten. Der Sichtweise der Vertreterinnen und Vertreter der Einrichtung sollte ausreichend Raum gegeben werden.
6. Abschluss des Gesprächs und damit auch des Prüfbesuchs.

14. Die Übergangsvorschriften

Damit Qualitätsprüfungen auch während der Vorbereitung auf das neue indikatorengestützte Qualitätsprüfungsverfahren auf einer verbindlichen Rechtsgrundlage stattfinden können, hatte das PSG II mit § 115a Abs. 3 SGB XI angeordnet, dass die am 31.12.2015 geltenden Qualitätsprüfungs-Richtlinien mit den schrittweisen Anpassungen nach § 115a Abs. 4 und 5 SGB XI bis zum Inkrafttreten der neu zu schaffenden Richtlinien nach § 114a Abs. 7 SGB XI fortgelten.

Mit dem Inkrafttreten der neuen QPR tritt die alte außer Kraft, so dass bezüglich der Prüfungsgrundsätze keine zeitliche Lücke entstehen kann. Anders sieht es mit der Veröffentlichung der Noten bzw. der Ergebnisse der Qualitätsprüfungen aus. Hier gilt § 115a Abs. 1 Satz 4 SGB XI: Die übergeleiteten Pflege-Transparenzvereinbarungen (PTVS) gelten bis zum Inkrafttreten der in § 115 Abs. 1a SGB XI vorgesehenen Qualitätsdarstellungsvereinbarungen. Die PTVS tritt mit anderen Worten außer Kraft, wenn die Qualitätsdarstellungsvereinbarung gilt. Da aber nicht sofort neue Ergebnisse vorliegen, bleiben die Noten stehen, die zum Stichtag des Inkrafttretens der Qualitätsdarstellungsvereinbarung Bestand haben. Mit dem in § 9 QDVS geregelten Hinweis:

§ 9 QDVS – Übergangsregelung

Für die Dauer von zwölf Monaten ab Inkrafttreten dieser Vereinbarung wird bei den veröffentlichten Qualitätsdarstellungen auf Grundlage der bis zum XX.XX.XXXX gültigen Pflege-Transparenzvereinbarung stationär (PTVS) und bei den Qualitätsdarstellungen nach dieser Vereinbarung auf der ersten Darstellungsebene folgender Hinweis gegeben: „Bitte beachten Sie, dass ein Einrichtungsvergleich nur auf der Grundlage von Berichten mit gleicher Prüf-grundlage und Bewertungssystematik möglich ist. Bewertungen auf der Grundlage der bis zum XX.XX.XXXX gültigen Pflege-Transparenzvereinbarung stationär und Bewertungen auf der Grundlage der seit dem XX.XX.XXXX geltenden Qualitätsdarstellungsvereinbarung stationär sind nicht miteinander vergleichbar." Auf den Plattformen der Landesverbände der Pflegekassen wird die Qualitätsdarstellung nach alter Rechtsgrundlage solange ausgewiesen, bis die Qualitätsdarstellung nach neuer Rechtsgrundlage veröffentlicht wird. Dabei ist sicherzustellen, dass ein entsprechender Hinweis bereits bei Verwendung der Suchmasken der jeweiligen Plattformen gegeben wird.

Eine Rechtsgrundlage für (neue) Noten gibt es mit Außerkrafttreten der PTVS nicht mehr. Es gilt dann die Qualitätsdarstellungsvereinbarung, die aber zunächst ohne Ergebnisse ist, da die Pflegeeinrichtungen zur Datenerhebung gem. § 114b Abs. 1 Satz 1 SGB XI erst mit dem 1.10.2019 verpflichtet werden. Grund dafür ist, dass die Datenauswertungsstelle erst mit dem 15.9.2019 betriebsbereit sein soll (§ 114b Abs. 1 Satz 3 SGB XI). Da aber nach § 114b Abs. 2 SGB XI die erhobenen und der DAS übermittelten Daten – zur Vermeidung von Irritationen aufgrund von anfänglichen Fehlern auf allen Seiten – in dem Zeitraum zwischen dem 1.10.2019 und dem 30.6.2020 nicht veröffentlicht werden, gibt es auch in dieser Folgezeit keine Ergebnisdarstellung.

§ 114b Abs. 2 SGB XI: Die von den Einrichtungen gemäß Absatz 1 Satz 1 übermittelten indikatorenbezogenen Daten werden entsprechend den Qualitätsdarstellungsvereinbarungen nach § 115 Abs. 1a SGB XI mit Ausnahme der zwischen dem 1. Oktober 2019 und dem 30. Juni 2020 erstmals erhobenen und übermittelten Daten veröffentlicht.

Daher werden die letzten Noten eine ganze Zeit Bestand haben, so dass zum Ende der Zeit der Noten nochmals von Seiten der Pflegeeinrichtungen darauf geachtet werden sollte, was für einen langen Zeitraum zur Qualität veröffentlicht wird. Zum Schema:

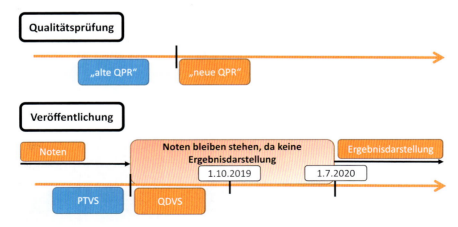

Kapitel 2 // **Die dreiteilige Qualitätsberichtserstattung**

2.1. Qualitätsrelevante Informationen

Die aus drei Elementen bestehende Qualitätsberichtserstattung befasst sich in Teil 1 mit den sog. Qualitätsrelevanten Informationen. Dabei geht es um Sachverhalte, welche vor allem zur Information von Interessenten dienen sollen und im Zusammenhang mit den Ergebnissen aus Teil 2, den Qualitätsindikatoren, die sich aus der Meldung der Versorgungsergebnisse ergeben, und Teil 3, den Ergebnissen der Externen Prüfung durch den MDK/PKV zusammensetzt.

Die Qualitätsrelevanten Informationen müssen halbjährlich aktualisiert werden; sie fließen nicht in die Qualitätsbeurteilung mit ein. Gleichwohl ist die Einrichtung gut beraten, sich inhaltlich damit auseinander zu setzen, weil die Fakten, die zur Veröffentlichung geplant sind, nach heutigem Stand der Erkenntnisse in ihrem rein quantitativen, aber auch qualitativem Umfang, zugenommen haben. Die Grundlagen dazu sind in der QDV, Anlagen 4 und 5, beschrieben.

Qualitätsrelevante Informationen mit 12 Bereichen

1. Allgemeine Informationen über die Einrichtung
2. Ausstattung
3. Spezialisierung / Versorgungsschwerpunkte
4. Möglichkeit des Kennenlernens der Einrichtung
5. Gruppenangebote
6. Externe / Interne Dienstleistung
7. Zusätzliche kostenpflichtige Angebote
8. Religiöse Angebote
9. Einbeziehung und Unterstützung der Angehörigen
10. Kontakte der Einrichtung zum sozialen Umfeld / Quartier
11. Personelle Ausstattung (im Bereich Pflege, Betreuung und Therapie)
12. Kooperationsvereinbarungen

Öffentliche Darstellung

Keine Bewertung

> **➕ PRAXISTIPP:**
> - Es empfiehlt sich bereits jetzt, sich mit den in der Gesamtdarstellung aufgeführten Qualitätsrelevanten Informationen auseinanderzusetzen, um mit dem Start der Verfügbarkeit der Eingabemöglichkeit, diese vornehmen zu können. Der Großteil davon ist intern unproblematisch verfügbar, die Auswirkungen auf Interessenten und potenzielle Bewohner sollte nicht unterschätzt werden.
> - Strategische Überlegungen zur Präsentation der Informationen in Bezug auf die Unternehmensdarstellung auf der Internetseite unter Berücksichtigung der in Teilen neu darzustellenden Inhalte.
> - Überprüfung der ggf. erforderlichen technischen Anpassungen bei gewünschter Darstellung auf der eigenen Internetseite.

Kritsch zu hinterfragen ist bei manchen Punkten aus den Qualitätsrelevanten Informationen der konkrete Nutzen für Laien, weil nicht alle Informationen letztlich aussagekräftig sind und die beabsichtigte Transparenz gewährleisten. Woher weiß beispielsweise der Nutzer, dass in Bundesländern unterschiedliche Pflegeschlüssel gelten, wenn die Einrichtung nahe zu einem Nachbarbundesland liegt und dass die Beeinflussbarkeit der Schlüssel selbst nur sehr begrenzt im Einflussbereich der Einrichtung liegen? Ebenso ist die Frage nach der Aussagekraft für den Laien bezüglich der Fluktuation von Mitarbeitern und des Einsatzes von Leiharbeitnehmern, ohne konkrete Kenntnis des jeweiligen Hintergrundes mehr als fragwürdig. Diese Sachverhalte sind zum Stand der Drucklegung des Fachbuches noch strittig wischen den Partnern der Selbstverwaltung und gehen voraussichtlich in den erweiterten Qualitätsausschuss. Besondere Aufmerksamkeit, nicht nur wegen der Darstellung innerhalb der Qualitätsrelevanten Informationen, sondern vor allem wegen der konkreten Bedeutung des Sachverhaltes, ist der zu veröffentlichenden Frage nach der Begleitung sterbender Heimbewohner und ihrer Angehörigen zu widmen. Die hier genannten Fragen können im Zusammenhang mit der Thematik des Hospiz- und Palliativ Gesetzes und dem einrichtungsinternen Vorgehen im Hinblick auf die konkrete Umsetzung auf den Prüfstand gestellt und im Abgleich mit den diesbezüglichen Werte- und Zielsetzungen der Einrichtung, des Trägers überprüft und ggf. angepasst werden.

Im Folgenden sind beispielhaft die zu veröffentlichenden Qualitätsrelevanten Informationen dargestellt:

Anlage 5! gut vorbereiten!

Name der Einrichtung:	Altenpflegeeinrichtung Musterhaus
Art der Einrichtung:	vollstationäre Pflegeeinrichtung
letzte Aktualisierung:	30. April 2017

Allgemeine Informationen über die Einrichtung

Anschrift:	Mustermannstraße 3, 12345 Musterhausen
Telefon:	01234/1112345
Internetadresse:	www.AltenpflegeMusterhaus.de
Kontaktperson der Einrichtung:	Name und Funktion der Person
Kontaktperson des Heimbeirats/Heimfürsprecher:	Name der Person
Anzahl der Plätze gesamt:	40
davon Anzahl der Plätze für Kurzzeitpflege:	5
Anzahl der Plätze in Einzelzimmern:	30
Anzahl der Plätze in Doppelzimmern:	10
Entfernung zur nächsten Haltestelle (Bus, Straßenbahn usw.):	ca. 800 m. Haltestelle Apfelstraße: Buslinie 12
Werden Mahlzeiten in der Einrichtung zubereitet?	JA Durch einen externen Dienstleister.
Besteht die Möglichkeit, eigene Möbel mitzubringen?	JA maximal eine Kommode, ein Kleiderschrank, ein Sessel
Können die Bewohner bzw. Bewohnerinnen Haustiere halten?	JA Katzen, Kleintiere in Käfighaltung

Ausstattung

Wann wurde die Einrichtung errichtet?	2001, umfangreiche Renovierungen in allen Bädern der Bewohnerzimmer im Jahr 2010
Ist ein Telefonanschluss im Bewohnerzimmer vorhanden?	JA
	Dieser ist kostenpflichtig.
Ist ein TV- bzw. Kabelanschluss im Bewohnerzimmer vorhanden?	JA
	Dieser ist kostenpflichtig.
Stellt die Pflegeeinrichtungen einen Internetzugang für Bewohner bzw. Bewohnerinnen zur Verfügung?	NEIN
Ist ein kabelloser Internetzugang (W-LAN) vorhanden?	Ja. Dieser ist kostenfrei.
Sind Aufenthaltsmöglichkeiten im Freien vorhanden?	JA, eigener Garten mit Terrasse und Sitzmöglichkeiten und Hochbeet
Sind alle Wohn- und Gemeinschaftsflächen für die Bewohner und deren Angehörige barrierefrei zugänglich.	JA

2.1. Qualitätsrelevante Informationen

Spezialisierung/Versorgungsschwerpunkt	
Für welche Bewohnergruppen sind in der Einrichtung Spezialisierungen oder Versorgungsschwerpunkte vorhanden?	
Pflegebedürftige Menschen in jungem Alter:	NEIN
Menschen mit Verhaltensauffälligkeiten:	JA
Menschen im Wachkoma:	NEIN
Menschen mit Schwerstbehinderung:	JA
Beatmungspflichtige Bewohner bzw. Bewohnerinnen:	NEIN
Menschen mit Suchterkrankungen:	NEIN
Andere Bewohnergruppen:	NEIN
Möglichkeit des Kennenlernens der Einrichtung	
Gibt es eine Möglichkeit der Teilnahme an Mahlzeiten vor dem Einzug?	JA
Gibt es eine Möglichkeit der Teilnahme an Gruppenaktivitäten vor dem Einzug?	JA, z.B. durch Teilnahme an Ausflügen oder Betreuungsangeboten.
Gibt es eine Möglichkeit des Probewohnens?	JA
Weitere Möglichkeiten:	NEIN
Gruppenangebote	
Welche Gruppenangebote stehen den Bewohnerinnen und Bewohnern regelmäßig zu Verfügung? Erläuterungen:	wöchentlich Gedächtnistraining und Gymnastik, monatlich Bingo
Religiöse Angebote	
Welche religiösen Angebote sind in der Einrichtung vorhanden?	
Räumlichkeiten zur Ausübung religiöser Aktivitäten	JA, katholisch
Erläuterung:	
Regelmäßiger Besuch eines Seelsorgers	JA, evangelisch u. katholisch
Weitere spirituelle Angebote:	NEIN
Erläuterung:	Keine
Einbeziehung von Angehörigen	
Welche Formen der Einbeziehung von Angehörigen sind in der Einrichtung vorhanden? Erläuterung:	Teilnahme an Mahlzeiten, alle drei Monate Angehörigenabend zum Austausch
Kontakte der Einrichtung zum sozialen Umfeld/Quartier	
Welche Kontakte bestehen zum sozialen Umfeld oder dem Quartier der Einrichtung? Erläuterung:	Kinder der Kindertagesstätte besuchen jeden Freitagvormittag die Einrichtung
Personelle Ausstattung (im Bereich Pflege und Betreuung)	

2.1 Qualitätsrelevante Informationen

Mitarbeiter bzw. Mitarbeiterinnen/Stellen	
In der Pflegesatzvereinbarung festgelegte Personalschlüssel für	*Soll! nicht Ist!* (handschriftlich)
Pflegegrad 1	1 : 7,25
Pflegegrad 2	1 : 3,9
Pflegegrad 3	1 2,8:
Pflegegrad 4	1 : 2,2
Pflegegrad 5	1 : 1,8
	Das Verhältnis gibt an, für wie viele Bewohner eine Pflegekraft zuständig ist (z. B. 1:2,8 bedeutet, dass eine Pflegekraft für durchschnittlich 2,8 Bewohner zuständig ist).
Stellen/Vollzeitstellen in Pflege und Betreuung insgesamt:	34,8
Fremdsprachenkenntnisse der Mitarbeiter bzw. Mitarbeiterinnen:	JA
Erläuterung:	türkisch und italienisch
Mitarbeiterinnen und Mitarbeiter mit Zusatzqualifikationen	
Gerontopsychiatrische Pflege	Vollzeitstellen: 1,0
Palliativ- und Hospizpflege	Vollzeitstellen: 1,5
Weitere Qualifikationen:	KEINE
Kooperationsvereinbarungen	
Bestehen vertraglich geregelte Kooperationsbeziehungen mit Ärzten/Fachärzten/Zahnärzten?	NEIN
Bestehen Kooperationen mit Apotheken?	JA
Bestehen Kooperationen zur Hospiz- und Palliativversorgung?	JA
	Hospizverein Musterstadt
	Auf Wunsch vermitteln wir gerne den Kontakt zum ambulant tätigen Hospizverein Musterstadt.
Gesundheitliche Versorgungsplanung für die letzte Lebensphase	
Besteht ein Beratungsangebot zur gesundheitlichen Versorgungsplanung für die letzte Lebensphase?	NEIN
Zusätzliche kostenpflichtige Dienstleistungsangebote	
Welche kostenpflichtigen Dienstleistungen vermittelt die Einrichtung? Erläuterung:	Friseur und Fußpflege nach Vereinbarung

2.2 Meldung der Versorgungsergebnisse

Die aus drei Elementen bestehende Qualitätsberichterstattung befasst sich in Teil 2 mit der Meldung der Versorgungsergebnisse und den daraus resultierenden Qualitätsindikatoren. Dabei geht es um 10 + 5 Versorgungsergebnisse, die halbjährlich an die Datenauswertungsstelle zu melden sind und in einem Zusammenhang mit den Ergebnissen aus dem Teil 3, der Externen Qualitätsprüfungen, stehen.

Dieser komplett neue Bereich in dem dreiteiligen Qualitätssicherungsverfahren stellt die halbjährliche Meldung der Versorgungsergebnisse dar. Darunter ist zu verstehen, dass in Folge eines Stichtages, den die Pflegeeinrichtung verbindlich mit der Datenauswertungsstelle (DAS) festgelegt hat, binnen den darauffolgenden 14 Tagen für alle Bewohner 10 + 5 Versorgungsergebnisse aus den zurück liegenden 6 Monaten zu melden sind. Der Einbezug aller Bewohner wird dahingehend begrenzend eingeschränkt, dass es allgemeine und spezifische Ausschlusskriterien gibt. Für teilstationäre Pflegeeinrichtungen (Tages- und Nachtpflege) sowie solitäre Einrichtungen der Kurzzeitpflege gelten diese Vorgaben nicht.

Die 10 + 5 meldepflichtigen Versorgungsergebnisse sind im folgenden Schaubild dargestellt.

Qualitätsindikatoren

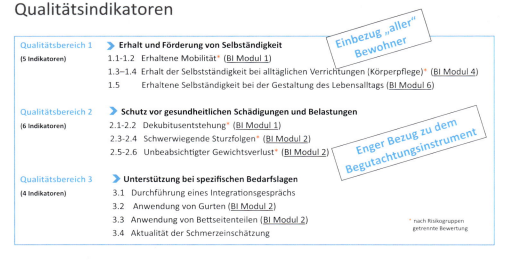

Schaubild *= Risikogruppenunterteilung

Bei diesen Versorgungsergebnissen, die 2 x jährlich an die Datenauswertungsstelle (DAS) zu melden sind, handelt es sich nicht um neue Themen, sondern um solche, welche bisher schon weitgehend sowohl Bestandteil der Qualitätsprüfungen als auch des einrichtungsinternen Qualitätsmanagements waren. Neben dieser Meldung ist dabei neu, dass diese Qualitätsindikatoren, welche aus den gemeldeten Versorgungsergebnissen ermittelt werden, veröffentlicht werden und u.a. auch darüber, neben den Ergebnissen aus den regelmäßig weiterhin stattfindenden Qualitätsprüfungen, ein Einrichtungsvergleich für Interessenten und zukünftige Bewohner ermöglicht werden soll. In dem Zeitraum vom 1.10.2019 – 30.06.2020 müssen diese Versorgungsergebnisse erstmalig gemeldet werden; dieser Zeitraum gilt als Testlauf ohne Veröffentlichung der Ergebnisse; ab 1.07.2020 erfolgt die Meldung halbjährlich und in Folge die Veröffentlichung der Qualitätsindikatoren.

Allgemeine Ausschlusskriterien für die Ergebniserfassung

Die indikatorengestützte Qualitätsbeurteilung einer Einrichtung erfolgt auf der Grundlage einer Vollerhebung, d. h. der Einbeziehung aller Bewohner.

Folgende Ausschlusskriterien sind zu beachten:
- Einzugsdatum liegt weniger als 14 Tage vor dem Stichtag
- Bewohner ist Kurzzeitpflegegast
- Bewohner befindet sich in der Sterbephase
- Bewohner hält sich seit mindestens 21 Tagen vor dem Stichtag nicht mehr in der Einrichtung auf (z. B. wegen einer Krankenhausbehandlung oder eines längeren Urlaubs mit Angehörigen)

Für Bewohner, die zum Stichtag in der Einrichtung leben, aber eines der Ausschlusskriterien erfüllen, wird keine Ergebniserfassung durchgeführt. Sie werden allerdings unter Nennung des zutreffenden Ausschlusskriteriums im Erhebungsreport aufgeführt, sodass nachvollziehbar ist, wie viele Bewohner ausgeschlossen wurden und aus welchem Grund dies geschah.

Die 10 Versorgungsergebnisse, davon 5 unterteilt in jeweils zwei unterschiedliche Risikogruppen, können bereits zum gegenwärtigen Zeitpunkt in Bezug auf deren möglicherweise in Teilen bereits bestehende Einbindung in die internen Qualitätsmanagementstrukturen hin überprüft werden, um Doppelarbeiten zu vermeiden. Geprüft werden sollte, wie mit den Erkenntnissen aus diesen Versorgungsergebnissen umgegangen wird und in welcher Form die sach- und fachgerechte Umsetzung der daraus resultierenden erforderlichen Maßnahmen bereits heute erfolgt.

Bei den 3 Qualitätsbereichen, welche die Versorgungsergebnisse betreffen, besteht eine enge Verzahnung zu dem Begutachtungsinstrument (BI) und den Modulen 1, 2, 4 und 6. Die Definitionen innerhalb der Qualitätsindikatoren beschreiben auch, ob Bewohner vom Einbezug in die Erfassung unter Berücksichtigung definierter Gründe auszuschließen sind.

Für die webbasierte bewohnerbezogene Meldung der Versorgungsergebnisse ist es von großer Bedeutung, dass der Erfassende über eine sehr gute Kenntnis der individuellen Pflege- und Betreuungssituation des Bewohners verfügt. Diese muss auch die Beeinträchtigungen kognitiver Fähigkeiten und der Mobilität umfassen:

- keine oder geringe kognitive Einbußen/Beeinträchtigungen bzw. mind. erhebliche kognitive Einbußen
- keine oder nur geringe Einbußen der Mobilität bzw. starke Einbußen der Mobilität

Im Idealfall sind diejenigen Mitarbeiter, welche die halbjährliche Erfassung der Daten durchführen, dieselben Mitarbeiter, welche an der im Teil 3 dieses Buches beschriebenen Externen Qualitätsprüfung zu dem Fachgespräch zur Verfügung stehen. Somit lassen sich mögliche Plausibilitätsabweichungen einfacher erklären, weil im Fachgespräch dann Personenidentität zwischen der Erfassung/Meldung der Versorgungsergebnisse und der späteren Qualitätsprüfung besteht.

Im Folgenden werden die 10 + 5 Indikatoren vorgestellt einschließlich der Erläuterungen dazu. Das dient dazu, zwischen dem erläuternden Text und dem jeweiligen Indikator einen einrichtungsinternen Abgleich auf Verfügbarkeit/Vorliegen entsprechender Dokumente/Nachweise vorzunehmen, aber insbesondere die erforderliche bewohnerbezogene Umsetzung mit den dazu regelhaft passenden Maßnahmen zu überprüfen. Die Bezugnahme erfolgt auf die MuGs, Anlage 2 und die QDV, Anlage 3 (= Text aus der Erläuterung für die Nutzerinnen und Nutzer.

2.2.1 Qualitätsbereich 1: Erhaltung und Förderung von Selbständigkeit

Erhaltene Mobilität

Zur Mobilität gehört die Fähigkeit, sich über kurze Strecken fortzubewegen und eigenständig die Position im Bett zu wechseln. Bei pflegebedürftigen Menschen ist das Risiko besonders groß, dass die Mobilität im Laufe der Zeit immer schlechter wird. Einrichtungen sollten sich darum bemühen, die Mobilität der Bewohner bzw. Bewohnerinnen zu erhalten. Wenn sich die Mobilität verschlechtert, hat das Auswirkungen auf den gesamten Lebensalltag. Wird die Verschlechterung nicht aufgehalten, entsteht am Ende Bettlägerigkeit. Schon bei Kleinigkeiten besteht dann eine große Abhängigkeit von anderen Menschen.

Der Anteil der Bewohner bzw. Bewohnerinnen, bei denen die Mobilität unverändert bleibt oder sich sogar verbessert hat, ist ein wichtiges Kennzeichen für die Pflegequalität.

Bei den nachfolgend aufgelisteten Indikatoren sind nur noch die inhaltliche Beschreibung und die Erläuterungen zur Relevanz eines Indikators dargestellt, auf weitere fiktive Beispiele von Bewertungen wird an dieser Stelle verzichtet.

Indikator 1.1.1 Erhaltene Mobilität (Risikogruppe 1)

Kurzbezeichnung:	Erhaltene Mobilität bei Bewohnern bzw. Bewohnerinnen, die keine oder nur geringe kognitive Einbußen aufweisen.
Definition:	Anteil der Bewohner bzw. Bewohnerinnen dieser Risikogruppe, bei denen sich die Mobilität innerhalb eines Zeitraumes von sechs Monaten verbessert oder nicht verschlechtert hat. Von einem Erhalt der Mobilität wird ausgegangen, wenn sich der Punktwert im BI-Modul 1 verringert, gleich bleibt oder um maximal einen Punkt erhöht.
Gruppenbildung	In die Berechnung werden Bewohner bzw. Bewohnerinnen einbezogen, die keine oder geringe kognitive Beeinträchtigungen (gemäß Wertung des BI-Moduls 2) aufweisen.

Indikator 1.1.2 Erhaltene Mobilität (Risikogruppe 2)

Kurzbezeichnung:	Erhaltene Mobilität bei Bewohnern bzw. Bewohnerinnen mit mindestens erheblichen kognitiven Einbußen.
Definition:	Anteil der Bewohner bzw. Bewohnerinnen dieser Risikogruppe, bei denen sich die Mobilität innerhalb eines Zeitraumes von sechs Monaten verbessert oder nicht verschlechtert hat. Von einem Erhalt der Mobilität wird ausgegangen, wenn sich der Punktwert im BI-Modul 1 verringert, gleich bleibt oder um maximal einen Punkt erhöht.
Gruppenbildung	In die Berechnung werden Bewohner bzw. Bewohnerinnen einbezogen, die mindestens erhebliche kognitive Beeinträchtigungen (gemäß Wertung des BI-Moduls 2) aufweisen.

Erhaltene Selbständigkeit bei alltäglichen Verrichtungen (z. B. Körperpflege)

Zur Selbständigkeit bei Alltagsverrichtungen gehört z. B. die Fähigkeit, sich selbständig zu waschen, sich An- und Auszukleiden, zu essen und zu trinken oder die Toilette zu benutzen. Bei pflegebedürftigen Menschen steigt das Risiko für Einschränkungen der Selbständigkeit in alltäglichen Verrichtungen. Aufgabe der Pflegeeinrichtungen ist der Erhalt oder die Verbesserung der Selbständigkeit bei Alltagsverrichtungen der Bewohnerinnen und Bewohner, denn Einschränkungen der Selbständigkeit beeinflussen den gesamten Lebensalltag.

Der Anteil der Bewohner bzw. der Bewohnerinnen, bei denen die Selbständigkeit bei Alltagsverrichtungen unverändert bleibt oder sich sogar verbessert hat, ist daher ein wichtiges Kennzeichen für die Pflegequalität.

Indikator 1.2.1 Erhaltene Selbständigkeit bei alltäglichen Verrichtungen (z. B. Körperpflege) (Risikogruppe 1)

Kurzbezeichnung:	Erhaltene Selbständigkeit bei alltäglichen Verrichtungen (z. B. Körperpflege) bei Bewohnern bzw. Bewohnerinnen, die keine oder geringe kognitive Einbußen aufweisen.
Definition:	Anteil der Bewohner bzw. Bewohnerinnen dieser Risikogruppe, bei denen sich die Selbständigkeit bei alltäglichen Verrichtungen innerhalb eines Zeitraumes von sechs Monaten verbessert oder nicht verschlechtert hat. Von einem Erhalt der Selbständigkeit wird ausgegangen, wenn sich der Punktwert im BI-Modul 4 verringert, gleich bleibt oder um maximal drei Punkte erhöht.
Gruppenbildung	In die Berechnung werden Bewohner bzw. Bewohnerinnen einbezogen, die keine oder geringe kognitive Beeinträchtigungen (gemäß Wertung des BI-Moduls 2) aufweisen.

Indikator 1.2.2 Erhaltene Selbständigkeit bei alltäglichen Verrichtungen (z. B. Körperpflege) (Risikogruppe 2)

Kurzbezeichnung:	Erhaltene Selbständigkeit bei alltäglichen Verrichtungen (z. B. Körperpflege) bei Bewohnern bzw. Bewohnerinnen, die mindestens erhebliche kognitive Einbußen aufweisen.
Definition:	Anteil der Bewohner bzw. Bewohnerinnen dieser Risikogruppe, bei denen sich die Selbständigkeit bei alltäglichen Verrichtungen innerhalb eines Zeitraumes von sechs Monaten verbessert oder nicht verschlechtert hat. Von einem Erhalt der Selbständigkeit wird ausgegangen, wenn sich der Punktwert im BI-Modul 4 verringert, gleich bleibt oder um maximal drei Punkte erhöht.
Gruppenbildung	In die Berechnung werden Bewohner bzw. Bewohnerinnen einbezogen, die mindestens erhebliche kognitive Beeinträchtigungen (gemäß Wertung des BI-Moduls 2) aufweisen.

Erhaltene Selbständigkeit bei der Gestaltung des Alltagslebens und sozialer Kontakte

Zur Gestaltung des Lebensalltags gehört beispielsweise, den Tag einzuteilen, den Alltag zu planen oder Kontakte zu anderen Menschen aufzunehmen. Bei pflegebedürftigen Menschen ist das Risiko groß, dass sie diese Selbständigkeit im Laufe der Zeit verlieren. Pflegeeinrichtungen sollten deshalb die Bewohnerinnen und Bewohner darin fördern, das Alltagsleben selbständig zu gestalten.

Der Anteil der Bewohner bzw. der Bewohnerinnen, bei denen die Selbständigkeit bei der Gestaltung des Alltagslebens unverändert blieb oder sich sogar verbessert hat, ist ein wichtiges Kennzeichen für die Pflegequalität.

Bewohner bzw. Bewohnerinnen mit einer geistigen Beeinträchtigung fällt es schwer, die Gestaltung ihres Lebensalltags selbständig durchzuführen. Aus diesem Grund erfolgt die Bewertung nur für Bewohner bzw. Bewohnerinnen, die nicht oder nur wenig geistig beeinträchtig sind.

Indikator 1.3 Erhaltene Selbständigkeit bei der Gestaltung des Alltagslebens und sozialer Kontakte

Kurzbezeichnung:	Erhaltene Selbständigkeit bei der Gestaltung des Alltagslebens und sozialer Kontakte.
Definition:	Anteil der Bewohner bzw. Bewohnerinnen, bei denen sich die Selbständigkeit in diesem Bereich innerhalb eines Zeitraums von sechs Monaten nicht verschlechtert bzw. verbessert hat. Von einem Erhalt der Selbständigkeit wird ausgegangen, wenn sich der Punktwert im BI-Modul 6 verringert, gleich bleibt oder um maximal einen Punkt erhöht.
Gruppenbildung	---

2.2.2 Qualitätsbereich 2: Schutz vor gesundheitlichen Schädigungen und Belastungen

Dekubitusentstehung

Ein Dekubitus entsteht meist, wenn die Haut durch Druck von außen belastet wird. Dadurch wird sie nicht mehr richtig durchblutet. Bei pflegebedürftigen Menschen reicht dazu manchmal schon das eigene Körpergewicht aus. Dauert die Druckbelastung über eine längere Zeit an, entsteht eine Wunde („Wundliegen"), die bei älteren Menschen häufig nur schlecht abheilt. Im Alltag spricht man häufig von einem Druckgeschwür.

Dekubitus sind schmerzhaft, schränken die Bewegungsmöglichkeiten ein und können sich zu einer großen, tiefen Wunde auswachsen. Deshalb ist es sehr wichtig, die Entstehung von Dekubitus zu vermeiden. Das klappt zwar nicht in jedem Einzelfall, bei guter Pflege ist die Entstehung von Dekubitus aber selten. Wie oft in einer stationären Pflegeeinrichtung Dekubitus entstehen, ist daher ein wichtiges Qualitätskennzeichen.

Indikator 2.1.1: Dekubitusentstehung (Risikogruppe 1)

Kurzbezeichnung:	Dekubitusentstehung bei Bewohnern bzw. Bewohnerinnen, die in liegender Position keine oder nur geringe Einbußen der Mobilität aufweisen.

Definition:	Anteil der Bewohner bzw. Bewohnerinnen, die innerhalb der letzten sechs Monate in der Einrichtung einen Dekubitus Kategorie/Stadium 2 bis 4 entwickelt haben.
Gruppenbildung	In die Berechnung werden Bewohner bzw. Bewohnerinnen einbezogen, die beim Positionswechsel im Bett selbständig oder überwiegend selbständig sind (Merkmal 1 im BI-Modul 1).

Indikator 2.1.2: Dekubitusentstehung (Risikogruppe 2)

Kurzbezeichnung:	Dekubitusentstehung bei Bewohnern bzw. Bewohnerinnen, die in liegender Position starke Einbußen der Mobilität aufweisen.
Definition:	Anteil der Bewohner bzw. Bewohnerinnen, die innerhalb der letzten sechs Monate in der Einrichtung einen Dekubitus Kategorie/Stadium 2 bis 4 entwickelt haben.
Gruppenbildung	In die Berechnung werden Bewohner bzw. Bewohnerinnen einbezogen, die beim Positionswechsel im Bett überwiegend unselbstständig oder unselbstständig sind (Merkmal 1 im BI-Modul 1).

Schwerwiegende Sturzfolgen

Durch gesundheitliche Einschränkungen ist das Risiko für einen Sturz bei Bewohnerinnen und Bewohnern von stationären Einrichtungen erhöht. Dies trifft in besonderem Maße auf Bewohner bzw. Bewohnerinnen mit geistigen Beeinträchtigungen zu. Schwerwiegende Folgen, die durch einen Sturz entstehen können, sind Knochenbrüche, Wunden, Schmerzen. Zudem können zunehmende Ängste bei der Alltagsbewältigung entstehen, die einen erhöhten Hilfebedarf hervorrufen können. Ziel der Pflege ist es, Stürze zu vermeiden.

Der Anteil der Bewohner bzw. der Bewohnerinnen, bei denen schwerwiegende Sturzfolgen aufgetreten sind, ist ein wichtiges Kennzeichen für Pflegequalität.

Indikator 2.2.1: Stürze mit gravierenden Folgen (Risikogruppe 1)

Kurzbezeichnung:	Stürze mit gravierenden Folgen bei Bewohnern bzw. Bewohnerinnen, die keine oder nur geringe kognitive Einbußen aufweisen.
Definition:	Anteil der Bewohner bzw. Bewohnerinnen, bei denen es in den vergangenen sechs Monaten in der Einrichtung zu einem Sturz mit gravierenden körperlichen Folgen gekommen ist. Hierzu zählen Frakturen, ärztlich behandlungsbedürftige Wunden, erhöhter Hilfebedarf bei Alltagsverrichtungen oder erhöhter Hilfebedarf bei der Mobilität. Von einem erhöhten Hilfebedarf ist nur dann auszugehen, wenn durch die sturzbedingte zusätzliche körperliche Beeinträchtigung eine Anpassung der Maßnahmenplanung in der Pflegedokumentation erforderlich wurde.
Gruppenbildung	In die Berechnung werden Bewohner bzw. Bewohnerinnen einbezogen, die keine oder geringe kognitive Beeinträchtigungen (gemäß Wertung des BI-Moduls 2) aufweisen.

Indikator 2.2.2: Stürze mit gravierenden Folgen (Risikogruppe 2)

Kurzbezeichnung:	Stürze mit gravierenden Folgen bei Bewohnern bzw. Bewohnerinnen, die mindestens erhebliche kognitive Einbußen aufweisen.
Definition:	Anteil der Bewohner bzw. Bewohnerinnen, bei denen es in den vergangenen sechs Monaten in der Einrichtung zu einem Sturz mit gravierenden körperlichen Folgen gekommen ist. Hierzu zählen Frakturen, ärztlich behandlungsbedürftige Wunden, erhöhter Hilfebedarf bei Alltagsverrichtungen oder erhöhter Hilfebedarf bei der Mobilität. Von einem erhöhten Hilfebedarf ist nur dann auszugehen, wenn durch die sturzbedingte zusätzliche körperliche Beeinträchtigung eine Anpassung der Maßnahmenplanung in der Pflegedokumentation erforderlich wurde.
Gruppenbildung	In die Berechnung werden Bewohner bzw. Bewohnerinnen einbezogen, die mindestens erhebliche kognitive Beeinträchtigungen (gemäß Wertung des BI-Moduls 2) aufweisen.

Unbeabsichtigter Gewichtsverlust

Viele Bewohner bzw. Bewohnerinnen benötigen Unterstützung bei der Nahrungsaufnahme. Ziel der Pflege sollte es sein, eine angemessene Ernährung zu fördern und sicherzustellen. Der unbeabsichtigte Verlust von Körpergewicht sollte vermieden werden. Bei der Qualitätsbewertung werden Bewohner bzw. Bewohnerinnen erfasst, die mehr als 10% ihres Köpergewichtes verloren haben.

Der Anteil der Bewohner bzw. Bewohnerinnen, bei denen ein unbeabsichtigter Gewichtsverlust eingetreten ist, ist ein wichtiges Kennzeichen für die Pflegequalität.

Indikator 2.3.1: Unbeabsichtigter Gewichtsverlust (Risikogruppe 1)

Kurzbezeichnung:	Unbeabsichtigter Gewichtsverlust bei Bewohnern bzw. Bewohnerinnen, die keine oder nur geringe kognitive Einbußen aufweisen.
Definition:	Anteil der Bewohner bzw. Bewohnerinnen mit einer nicht intendierten Gewichtsabnahme von mehr als 10% ihres Körpergewichtes in den vergangenen sechs Monaten.
Gruppenbildung	In die Berechnung werden Bewohner bzw. Bewohnerinnen einbezogen, die keine oder geringe kognitive Beeinträchtigungen (gemäß Wertung des BI-Moduls 2) aufweisen.

Indikator 2.3.2: Unbeabsichtigter Gewichtsverlust (Risikogruppe 2)

Kurzbezeichnung:	Unbeabsichtigter Gewichtsverlust bei Bewohnern bzw. Bewohnerinnen, die mindestens erhebliche kognitive Einbußen aufweisen.
Definition:	Anteil der Bewohner bzw. Bewohnerinnen mit einer nicht intendierten Gewichtsabnahme von mehr als 10% ihres Körpergewichtes in den vergangenen sechs Monaten.
Gruppenbildung	In die Berechnung werden Bewohner bzw. Bewohnerinnen einbezogen, die mindestens erhebliche kognitive Beeinträchtigungen (gemäß Wertung des BI-Moduls 2) aufweisen.

2.2.3 Qualitätsbereich 3: Unterstützung bei spezifischen Bedarfslagen

Durchführung eines Integrationsgesprächs

Der Einzug in eine Pflegeeinrichtung ist ein einschneidendes Ereignis für pflegebedürftige Menschen. Dabei müssen altbewährte Abläufe und Gewohnheiten an die neue und unbekannte Wohnumgebung angepasst werden. Um das Einleben in der neuen Umgebung zu unterstützen, sollte die Pflegeeinrichtung spätestens innerhalb von 8 Wochen nach dem Einzug ein Gespräch durchführen (Integrationsgespräch).

Der Anteil der Bewohner bzw. der Bewohnerinnen, bei denen ein Integrationsgespräch tatsächlich durchgeführt wurde, ist ein wichtiges Kennzeichen für die Pflegequalität.

Indikator 3.1 Integrationsgespräch nach dem Einzug

Kurzbezeichnung:	Integrationsgespräch für Bewohner bzw. Bewohnerinnen nach dem Einzug.
Definition:	Anteil der in den letzten sechs Monaten eingezogenen Bewohner bzw. Bewohnerinnen, bei denen frühestens sieben Tage und spätestens acht Wochen nach dem Einzug ein Integrationsgespräch durchgeführt, ausgewertet und dokumentiert wurde. Ein Integrationsgespräch wird mit dem Bewohner bzw. der Bewohnerin und/oder ggf. dessen Angehörigen oder anderen Bezugspersonen geführt. Einbezogen werden auch Bewohner bzw. Bewohnerinnen, die ohne Unterbrechung direkt aus der Kurzzeit- in die Langzeitpflege wechseln. Die zeitlichen Fristen werden entsprechend angepasst.
Gruppenbildung	---

Anwendung von Gurten

Die Anwendung von Gurten (z. B. im Bett oder Rollstuhl) ist eine Maßnahme, die zum Beispiel mit dem Ziel angewendet wird, Stürze zu vermeiden. Es ist aber umstritten, ob das erreicht werden kann. Die Pflegeeinrichtung sollte daher den Einsatz von Gurten so weit wie möglich vermeiden. Denn die Anwendung von Gurten kann zu einer psychischen und emotionalen Belastung des Bewohners bzw. der Bewohnerin führen.

Der Anteil der Bewohner bzw. Bewohnerinnen, bei denen Gurte angewendet werden, ist ein wichtiges Kennzeichen für Pflegequalität.

Entscheidend für die Qualitätsbeurteilung ist, wie die Einrichtung bei Bewohnern bzw. Bewohnerinnen vorgeht, die nicht selbst entscheiden können, ob Gurte genutzt werden sollen. Bei der Berechnung des Ergebnisses werden daher nur Bewohner bzw. Bewohnerinnen mit erheblichen oder schweren geistigen Beeinträchtigungen berücksichtigt.

Indikator 3.2 Anwendung von Gurten bei kognitiv beeinträchtigten Bewohnern und Bewohnerinnen

Kurzbezeichnung:	Anwendung von Gurten bei kognitiv beeinträchtigten Bewohnern und Bewohnerinnen.
Definition:	Anteil der Bewohner bzw. Bewohnerinnen mit kognitiven Beeinträchtigungen, bei denen in einem Zeitraum von vier Wochen vor dem Erhebungstag Gurtfixierungen angewendet wurden.
Gruppenbildung	In die Berechnung werden Bewohner bzw. Bewohnerinnen einbezogen, die mindestens erhebliche kognitive Beeinträchtigungen (gemäß Wertung des BI-Moduls 2) aufweisen.

Anwendung von Bettseitenteilen

Die Anwendung von Bettseitenteilen erfolgt meist, um einen Sturz aus dem Bett zu vermeiden. Der Nutzen der Maßnahme ist aber umstritten. Gleichzeitig schränken Bettseitenteile den Bewohner bzw. die Bewohnerin stark ein. Er bzw. sie ist dann häufig nicht in der Lage, das Bett selbständig zu verlassen, und ist somit auf fremde Hilfe angewiesen. Die Pflegeeinrichtung sollte den Einsatz von Bettseitenteilen möglichst vermeiden.

Der Anteil der Bewohner bzw. Bewohnerinnen, bei denen Bettseitenteile angewendet werden, ist daher ein wichtiges Kennzeichen für die Pflegequalität.

Entscheidend für die Qualitätsbeurteilung ist, wie die Einrichtung bei Bewohnern bzw. Bewohnerinnen vorgeht, die nicht selbst entscheiden können, ob Bettseitenteilen genutzt werden sollen oder nicht. Bei der Berechnung des Ergebnisses werden daher nur Bewohner bzw. Bewohnerinnen mit erheblichen oder schweren geistigen Beeinträchtigungen berücksichtigt.

Indikator 3.3 Anwendung von Bettseitenteilen bei kognitiv beeinträchtigten Bewohnern und Bewohnerinnen

Kurzbezeichnung:	Anwendung von Bettseitenteilen bei kognitiv beeinträchtigten Bewohnern und Bewohnerinnen.
Definition:	Anteil der Bewohner bzw. Bewohnerinnen mit kognitiven Beeinträchtigungen, bei denen in einem Zeitraum von vier Wochen vor dem Erhebungstag durchgehende Bettseitenteile angewendet wurden.
Gruppenbildung	In die Berechnung werden Bewohner bzw. Bewohnerinnen einbezogen, die mindestens erhebliche kognitive Beeinträchtigungen (gemäß Wertung des BI-Moduls 2) aufweisen.

Aktualität der Schmerzeinschätzung

Eine unzureichende Schmerzbehandlung kann langfristige Folgen haben. Die Pflegeeinrichtungen müssen Schmerzzustände erkennen und regelmäßig einschätzen. Durch die Einschätzung kann der Schmerz im zeitlichen Verlauf erfasst und beurteilt werden. Auf Grundlage der Erfassung können entsprechende pflegerische Maßnahmen durchgeführt werden, die zu einer Verringerung der Schmerzen beitragen können. Um die Maßnahmen gezielt durchführen zu können, muss eine aktuelle Schmerzeinschätzung vorliegen.

Der Anteil der Bewohner bzw. der Bewohnerinnen mit länger anhaltenden Schmerzen, bei denen eine Schmerzeinschätzung vorliegt, ist daher ein wichtiges Kennzeichen für die Pflegequalität. Die Kennzahl sagt aus, wie hoch den Anteil der Bewohner bzw. Bewohnerinnen ist, bei denen die Schmerzeinschätzung nicht älter ist als 3 Monate.

Indikator 3.4 Aktualität der Schmerzeinschätzung

Kurzbezeichnung:	Aktualität der Schmerzeinschätzung.
Definition:	Anteil der Bewohner bzw. Bewohnerinnen mit bestehender Schmerzsymptomatik, für die eine Schmerzeinschätzung vorliegt, die nicht älter als 3 Monate ist, und für die mindestens Angaben zur Schmerzintensität und zur Schmerzlokalisation vorliegen.
Gruppenbildung	-

Die Einbindung der Qualitätsindikatoren in Dokumente wie Pflegevisiten, Sturzprotokolle, Dekubituserfassung etc. erscheint auf den ersten Blick erstrebenswert, muss aber auf den einrichtungsinternen Nutzen und die Praktikabilität geprüft werden, weil die halbjährliche Erfassung der Versorgungsergebnisse auf einen engen Zeitraum von 14 Tagen in Folge des jeweiligen Stichtages begrenzt ist. Gleichwohl ist zu bedenken, dass es bei der Erfassung Sachverhalte gibt, die auf Grund ihrer oftmals kurzfristigen Veränderungen aktuell im 14-Tage-Erfassungszeitraum erhoben werden müssen und andere, welche in der Regel über längere Zeiträume konstante Parameter aufweisen wie z. Bsp. zur Mobilität, Fragen zur Selbstständigkeit und zu kognitiven und kommunikativen Fähigkeiten und zu welchen Angaben aus der Pflegedokumentation oder anderen Dokumenten entnommen werden können wie z. Bps. Gewichtsverläufe, Angaben aus Sturzprotokollen etc.

✚ PRAXISTIPP:

Überprüfen Sie, welche Informationen bereits jetzt zur Verfügung stehen, welche erarbeitet werden müssen und eine Unterteilung in solche, welche im Vorfeld des 14-Tages-Erfassungszeitrauems erhoben werden können und welche zwingend innerhalb des Zeitraumes erst auf Grund der erforderlichen Aktualität erst erhoben werden können. Dieser Sachverhalt kann bereits im Vorfeld des anstehenden Testzeitraumes zur Meldung der Versorgungsergebnisse vom 1.10.2019 – 30.06.2010 einrichtungsintern überprüft werden.

Die halbjährliche Erfassung dieser Indikatoren erfolgt webbasiert, nicht manuell. Im Folgenden ist eine Darstellung zu sehen, welche Daten in welcher Form einzugeben sind. Das erlaubt es, sich mit dieser Thematik vertraut zu machen und vor allem die interne Datenverfügbarkeit zu prüfen. Von entscheidender Bedeutung ist es, dass diejenigen Mitarbeiter, welche die Daten eingeben, die Bewohner sehr gut kennen. Das hat etwas mit dem dafür erforderlichen Zeitaufwand zu tun, aber auch mit der Stimmigkeit der eingegebenen Fakten. Diese werden einerseits in Folge der Abgabe an die Datenauswertungsstelle dort auf statistische Plausibilität geprüft und andererseits in Folge der anstehenden externen Qualitätsprüfungen im Rahmen der Prüfung erneut geprüft. Denjenigen Mitarbeitern, welche die Daten eingeben, kommt somit eine erhebliche Bedeutung zu. Bewusste Falscheingaben, um die Versorgungsqualität besser darzustellen, als diese in der Praxis tatsächlich ist, darf nicht die Lösung für Qualitätsdefizite sein. Gerade in der Phase der Dateneingabe bietet sich noch die Möglichkeit, auffallende Sachverhalte, welche dem Eingebenden kritisch erscheinen, unmittelbar einem genaueren internen Prüfungs- und Lösungsprozess zuzuführen. Damit hat das interne Qualitätsmanagement im Rahmen von Evaluationszyklen zu der individuellen Pflege- und Betreuungssituation der Bewohner die halbjährliche Dateneingabe zu einem Evaluationszeitpunkt als festen Bestandteil des Qualitätsmanagements festgelegt und damit gleichermaßen gesetzliche und vertragliche Anforderungen mit erfüllt. Als Beispiele seien nur die Überprüfung von ggf. erforderlichen Maßnahmen wie FeM, Ernährungszustände oder Wundverläufe genannt. In Folge der Bearbeitung des Erhebungsreports liegen somit alle erforderlichen Fakten zur nachfolgenden (unmittelbaren) weiteren bewohnerbezogenen Bearbeitung vor, sowohl in quantitativer, als auch in Form qualitativer Erkenntnisse. Die Erhebung „erzwingt" eine Evaluation über alle Bewohner hinweg.

Der Zeitbedarf für die qualitativ zuverlässige Eingabe der Daten darf nicht unterschätzt werden. Im Gegensatz zu der externen Qualitätsprüfung, bei welcher weiterhin 9 Bewohner im Rahmen von Regelprüfungen miteinbezogen werden, handelt es sich hierbei um nahezu alle Bewohner. Der Abschlussbericht des aQua-Instituts Göttingen und der Universität Bielefeld (IPW) geht von einem Zeitbedarf von 15 Minuten pro Bewohner aus. Zudem bedarf dies einer hohen Sorgfalt bevor anschließend eine derartige Datenmenge mit allen möglicherweise daraus resultierenden Konsequenzen wie z. Bsp. in Bezug auf die stattfindende Statistische Plausibilitätsprüfung durch die DAS zum Versand und zur abschließenden Veröffentlichung freigegeben wird. Aus der Anzahl der einzugebenden Bewohner multipliziert mit einem Sicherheitszeitfaktor für die erstmalige Eingabe von knapp 30 Minuten/Bewohner und der begrenzten Möglichkeit, Daten für eine Anzahl von Bewohner in Folge verlässlich hintereinander weg einzugeben, kann der zeitliche Aufwand ermittelt und der erforderliche personelle Bedarf auf die 14 Tage verteilt werden. Die 14 Tage in Folge des Stichtages sind verbindlich einzuhalten.

Zeitschiene Meldung Versorgungsergebnisse und Externe Qualitätsprüfungen

Als Rückmeldung der DAS wird nach Abklärung der Stimmigkeit der Daten unter Berücksichtigung des festgelegten Korrekturzeitraums der Feedbackbericht mit den Bewertungen der gemeldeten Versorgungsergebnisse der Einrichtung zugesandt. Dieser wird in der Regel ca. 5-6 Wochen nach dem Stichtag vorliegen. Die Erkenntnisse daraus gilt es dann beispielsweise mit einer möglicherweise gegenwärtig praktizierten Vorgehensweise bezüglich der (regelmäßigen) Erhebung von derlei Daten mit Maßnahmen aus dem bestehenden Einrichtungsinternen Qualitätsmanagement abzugleichen, um Doppelarbeiten zu vermeiden. Möglicherweise können Pflegevisiten dergestalt terminiert werden, dass deren regelhafte Umsetzung mit dem Eingang der Feedbackberichte zeitlich abgeglichen sind und (vorrangig) den darin beschriebenen Handlungsbedarf aufgreifen. Ebenso kann der Erfassungsbericht selbst, vor allem im Vorfeld der ersten Meldung der Versorgungsergebnisse, als eine Art Pflegevisite genutzt werden, um sich mit den zu meldenden Versorgungsergebnissen und der Art der Datenabfrage vertraut zu machen.

Nachfolgend ist eine Darstellung des Erhebungsinstruments zu sehen, welches zur Erfassung der indikatorenbezogenen Daten dient. Diese Darstellung erlaubt es im Vorfeld der Umsetzung den internen Abgleich zwischen Datenanforderung zur Eingabe über das Erhebungsinstrument und der einrichtungsinternen Verfügbarkeit vorzunehmen.

Einrichtungskennung: __   **Wohnbereich:** __

Datum der Erhebung: __   **Bewohner-Code:** __

A. Allgemeine Angaben

A.1 Datum des Einzugs (tt/mm/jjjj): __ (Beginn vollstationäre Versorgung)

A.2 Geburtsmonat: __   Geburtsjahr: __

A.3 Geschlecht: ☐ männlich ☐ weiblich

A.4 Pflegegrad: __   (0, 1, 2, 3, 4 oder 5)

A.5 Ist es bei dem Bewohner bzw. der Bewohnerin seit der letzten Ergebniserfassung zu einem der folgenden Krankheitsereignisse gekommen? Wenn ja, bitte ankreuzen und Datum angeben:

(handschriftliche Anmerkung: keine Diagnosen!)

☐ Apoplex   am: ☐ Fraktur   am:

☐ Herzinfarkt am: ☐ Amputation am:

A.6 Wurde der Bewohner bzw. die Bewohnerin seit der letzten Ergebniserfassung in einem Krankenhaus behandelt?

☐ ja, einmal   ☐ ja, mehrmals   ☐ nein   *stationäre Behandlung!*

Wenn ja: Geben Sie bitte den Zeitraum und Grund des Krankenhausaufenthalts an (bei mehreren Aufenthalten bitte den Aufenthalt mit der längsten Dauer wählen):

vom: bis:

Bei mehreren Krankenhausaufenthalten:
Bitte Anzahl der Krankenhausaufenthalte seit der letzten Ergebniserfassung angeben: ___

Bitte Gesamtzahl der Tage angeben,
die der Bewohner bzw. die Bewohnerin bei diesen Aufenthalten im Krankenhaus verbracht hat: ___

A.7 Wird der Bewohner bzw. die Bewohnerin beatmet?

☐ Ja, invasive Beatmung   ☐ Ja, aber nicht invasiv   ☐ Nein

A.8 Bewusstseinszustand

☐ wach   ☐ schläfrig   ☐ somnolent   ☐ komatös   ☐ Wachkoma

A.9 Bitte kreuzen Sie an, welche ärztlichen Diagnosen für den Bewohner bzw. die Bewohnerin vorliegen:

☐ Diabetes Mellitus   ☐ Osteoporose   ☐ Bösartige Tumorerkrankung
☐ Demenz   ☐ Multiple Sklerose ☐ Tetraplegie/Tetraparese
☐ Parkinson   ☐ Chorea Huntington ☐ Apallisches Syndrom

kein Verdacht

1. BI-Modul Mobilität **(nur körperliche Fähigkeiten bewerten!)**	0 = selbständig 1 = überwiegend selbständig 2 = überwiegend unselbständig 3 = unselbständig			
1.1 Positionswechsel im Bett	☐ 0	☐ 1	☐ 2	☐ 3
1.2 Halten einer stabilen Sitzposition	☐ 0	☐ 1	☐ 2	☐ 3
1.3 Sich Umsetzen	☐ 0	☐ 1	☐ 2	☐ 3
1.4 Fortbewegen innerhalb des Wohnbereichs	☐ 0	☐ 1	☐ 2	☐ 3
1.5 Treppensteigen	☐ 0	☐ 1	☐ 2	☐ 3

2. BI-Modul Kognitive und kommunikative Fähigkeiten

0 = vorhanden/unbeeinträchtigt
1 = größtenteils vorhanden
2 = in geringem Maße vorhanden
3 = nicht vorhanden

		0	1	2	3
2.1	Erkennen von Personen aus dem näheren Umfeld	☐	☐	☐	☐
2.2	Örtliche Orientierung	☐	☐	☐	☐
2.3	Zeitliche Orientierung	☐	☐	☐	☐
2.4	Sich Erinnern	☐	☐	☐	☐
2.5	Steuern von mehrschrittigen Alltagshandlungen	☐	☐	☐	☐
2.6	Treffen von Entscheidungen im Alltagsleben	☐	☐	☐	☐
2.7	Verstehen von Sachverhalten und Informationen	☐	☐	☐	☐
2.8	Erkennen von Risiken und Gefahren	☐	☐	☐	☐
2.9	Mitteilen von elementaren Bedürfnissen	☐	☐	☐	☐
2.10	Verstehen von Aufforderungen	☐	☐	☐	☐
2.11	Beteiligung an einem Gespräch	☐	☐	☐	☐

Handschriftliche Notiz: wird ver- / öffentlicht / Entscheidet / über weitere / Vorgehensweise

4. BI-Modul Selbstversorgung: Angaben zur Versorgung

4.A Künstliche Ernährung (über eine Sonde oder parenteral)

Erfolgt die Ernährung des Bewohners bzw. der Bewohnerin parenteral oder über eine Sonde?
☐ Ja   ☐ Nein (ausschließlich orale Ernährung) (bitte weiter mit 4.B)

<u>Wenn ja</u>:
In welchem Umfang erfolgt eine künstliche Ernährung?
☐ nicht täglich oder nicht dauerhaft
☐ täglich, aber zusätzlich zur oralen Nahrungsaufnahme
☐ ausschließlich oder nahezu ausschließlich künstliche Ernährung

Erfolgt die Bedienung selbständig oder mit Fremdhilfe?
☐ selbständig   ☐ mit Fremdhilfe

4.B Blasenkontrolle/Harnkontinenz
☐ Bewohner bzw. Bewohnerin hat einen Dauerkatheter oder ein Urostoma (weiter mit 4.C)
☐ ständig kontinent
☐ überwiegend kontinent. Maximal 1x täglich inkontinent oder Tröpfchen-/Stressinkontinenz
☐ überwiegend (mehrmals täglich) inkontinent, gesteuerte Blasenentleerung ist aber noch möglich
☐ komplett inkontinent, gesteuerte Blasenentleerung ist nicht möglich

2.2 Meldung der Versorgungsergebnisse

4.C Darmkontrolle/Stuhlkontinenz
☐ Bewohner bzw. Bewohnerin hat ein Colo- oder Ileostoma (weiter mit 4.1)
☐ ständig kontinent
☐ überwiegend kontinent, gelegentlich inkontinent
☐ überwiegend inkontinent, selten gesteuerte Darmentleerung
☐ komplett inkontinent

4. BI-Modul Selbstversorgung: Bewertung der Selbständigkeit

0 = selbständig
1 = überwiegend selbständig
2 = überwiegend unselbständig
3 = unselbständig

Nr.	Kriterium	0	1	2	3
4.1	Waschen des vorderen Oberkörpers	☐	☐	☐	☐
4.2	Körperpflege im Bereich des Kopfes	☐	☐	☐	☐
4.3	Waschen des Intimbereichs	☐	☐	☐	☐
4.4	Duschen oder Baden einschließlich Waschen der Haare	☐	☐	☐	☐
4.5	An- und Auskleiden des Oberkörpers	☐	☐	☐	☐
4.6	An- und Auskleiden des Unterkörpers	☐	☐	☐	☐
4.7	Mundgerechtes Zubereiten der Nahrung, Eingießen von Getränken	☐	☐	☐	☐
4.8	Essen	☐	☐	☐	☐
4.9	Trinken	☐	☐	☐	☐
4.10	Benutzen einer Toilette oder eines Toilettenstuhls	☐	☐	☐	☐
4.11	Bewältigung der Folgen einer Harninkontinenz (auch Umgang mit Dauerkatheter/Urostoma) ☐ entfällt	☐	☐	☐	☐
4.12	Bewältigung der Folgen einer Stuhlinkontinenz (auch Umgang mit Stoma) ☐ entfällt	☐	☐	☐	☐

6. BI-Modul Gestaltung des Alltagslebens und sozialer Kontakte

0 = selbständig
1 = überwiegend selbständig
2 = überwiegend unselbständig
3 = unselbständig

Nr.	Kriterium	0	1	2	3
6.1	Tagesablauf gestalten und an Veränderungen anpassen	☐	☐	☐	☐
6.2	Ruhen und Schlafen	☐	☐	☐	☐
6.3	Sich beschäftigen	☐	☐	☐	☐
6.4	In die Zukunft gerichtete Planungen vornehmen	☐	☐	☐	☐
6.5	Interaktion mit Personen im direkten Kontakt	☐	☐	☐	☐
6.6	Kontaktpflege zu Personen außerhalb des direkten Umfeldes	☐	☐	☐	☐

7. Dekubitus

7.1 Hatte der Bewohner bzw. die Bewohnerin in der Zeit seit der letzten Ergebniserfassung einen Dekubitus?

☐ ja, einmal ☐ ja, mehrmals ☐ nein (bei „nein" weiter mit Frage 8)

7.2 Maximales Dekubitusstadium im Beobachtungszeitraum:

☐ Kategorie/Stadium 1 ☐ Kategorie/Stadium 2 ☐ Kategorie/Stadium 3

☐ Kategorie/Stadium 4 ☐ unbekannt

7.3.1 Dekubitus 1

Bitte Zeitraum angeben (nur Kategorie/Stadium 2, 3 oder 4 oder wenn Kategorie/Stadium unbekannt):

vom ___ bis ___ (ggf. bis heute)

7.3.2 Dekubitus 1

Wo ist der Dekubitus entstanden? (nur Kategorie/Stadium 2, 3 oder 4 oder wenn Kategorie/Stadium unbekannt)

☐ in der Pflegeeinrichtung ☐ im Krankenhaus

☐ zuhause (vor dem Einzug) ☐ woanders

7.3.3 Dekubitus 2

Bitte Zeitraum angeben (nur Kategorie/Stadium 2, 3 oder 4 oder wenn Kategorie/Stadium unbekannt):

vom ___ bis ___ (ggf. bis heute)

7.3.4 Dekubitus 2

Wo ist der Dekubitus entstanden? (nur Kategorie/Stadium 2, 3 oder 4 oder wenn Kategorie/Stadium unbekannt)

☐ in der Pflegeeinrichtung ☐ im Krankenhaus

☐ zuhause (vor dem Einzug) ☐ woanders

8. Körpergröße und Gewicht

8.1 Körpergröße in cm: ___

8.2 Aktuelles Körpergewicht: ___ kg   Dokumentiert am (Datum): ___

8.3 Bitte kreuzen Sie an, welche der folgenden Punkte laut Pflegedokumentation für den Bewohner bzw. die Bewohnerin seit der letzten Ergebniserfassung zutreffen:

☐ Gewichtsverlust durch medikamentöse Ausschwemmung

☐ Gewichtsverlust aufgrund ärztlich angeordneter oder ärztlich genehmigter Diät

☐ Mindestens 10% Gewichtsverlust <u>während</u> eines Krankenhausaufenthalts

☐ Aktuelles Gewicht liegt nicht vor. Bewohner bzw. Bewohnerin wird aufgrund einer Entscheidung des Arztes bzw. der Ärztin oder der Angehörigen oder eines Betreuers bzw. einer Betreuerin nicht mehr gewogen.

☐ Aktuelles Gewicht liegt nicht vor. Bewohner bzw. Bewohnerin möchte nicht gewogen werden.

9. Sturzfolgen (seit dem Einzug; ohne Stürze/Sturzfolgen während der Betreuung durch andere) *z.B. Angehörige*

9.1 Ist der Bewohner bzw. die Bewohnerin seit der letzten Ergebniserfassung gestürzt?

☐ ja, einmal ☐ ja, mehrmals ☐ nein

9.2 Wenn ja: Welche Sturzfolgen sind aufgetreten? (Mehrfachangaben möglich) *gravierende Folgen*

☐ Frakturen
☐ ärztlich behandlungsbedürftige Wunden
☐ erhöhter Unterstützungsbedarf bei Alltagsverrichtungen
☐ erhöhter Unterstützungsbedarf bei der Mobilität
☐ keine der genannten Folgen ist aufgetreten

auf Protokoll auflisten

10.a Anwendung von Gurten (bitte jede Art Gurt berücksichtigen) *Rollstuhlgurt*

10.1 Wurden bei dem Bewohner bzw. der Bewohnerin in den vergangenen 4 Wochen Gurte angewendet? *keine Therapietische!*

☐ ja ☐ nein (bei „nein" weiter mit Frage 10.b)

10.2 Wenn ja: Wie oft wurden Gurte angewendet?

☐ täglich ☐ mehrmals wöchentlich ☐ 1x wöchentlich ☐ seltener als 1x wöchentlich

10.b Bettseitenteile (nur durchgehende Seitenteile berücksichtigen)

10.3 Wurden bei dem Bewohner bzw. der Bewohnerin in den vergangenen 4 Wochen Bettseitenteile angewendet?

☐ ja ☐ nein (bei „nein" weiter mit Frage 11)

10.4 Wenn ja: Wie oft wurden Bettseitenteile angewendet?

☐ täglich ☐ mehrmals wöchentlich ☐ 1x wöchentlich ☐ seltener als 1x wöchentlich

11. Schmerz *über mehrere Wochen+ Monate bestehen, Medikament[e]*

11.1 Liegen bei dem Bewohner bzw. der Bewohnerin Anzeichen für <u>länger andauernde</u> Schmerzen vor (z. B. Äußerungen des Bewohners bzw. der Bewohnerin oder Einnahme von Analgetika)?
☐ ja   ☐ nein (bei „nein" weiter mit Frage 12)

11.2 Ist der Bewohner bzw. die Bewohnerin durch eine medikamentöse Schmerzbehandlung schmerzfrei?
☐ ja   ☐ nein

11.3 Wurde bei dem Bewohner bzw. der Bewohnerin eine differenzierte Schmerzeinschätzung vorgenommen?
☐ ja   ☐ nein (bei „nein" weiter mit Frage 12)

Wenn ja:

Bitte Datum der letzten Schmerzeinschätzung angeben:

Welche Informationen liegen über die Ergebnisse dieser Schmerzeinschätzung vor? (Mehrfachangaben möglich)   *Fremdeinschätzung*

☒ Schmerzintensität   ☐ Schmerzqualität
☒ Schmerzlokalisation   ☐ Folgen für den Lebensalltag

12. Einzug (=Beginn der vollstationären Versorgung)   *Integrationsgespräch*

12.1 Ist der Bewohner bzw. die Bewohnerin seit der letzten Ergebniserfassung neu in die Einrichtung eingezogen?
☐ ja   ☐ nein

12.2 Erfolgte der Einzug direkt im Anschluss an einen Kurzzeitpflegeaufenthalt in der Einrichtung (ohne zeitliche Lücke)?
☐ ja   ☐ nein

Wenn ja:

Bitte geben Sie den Beginn dieses Kurzzeitpflegeaufenthalts an (Datum): _____

12.3 Ist der Bewohner bzw. die Bewohnerin innerhalb der ersten 8 Wochen <u>nach</u> dem Einzug länger als drei Tage in einem Krankenhaus versorgt worden?
☐ ja, vom ___ bis zum ___
☐ nein

12.4 Ist in den Wochen nach dem Einzug mit dem Bewohner bzw. mit der Bewohnerin und/oder einer seiner bzw. ihrer Angehörigen oder sonstigen Vertrauenspersonen ein Gespräch über sein bzw. ihr Einleben und die zukünftige Versorgung geführt worden?

☐ ja, und zwar am (Datum): _____

☐ nicht möglich aufgrund fehlender Vertrauenspersonen des Bewohners bzw. der Bewohnerin

☐ nein, aus anderen Gründen

<u>Wenn ja</u>: Wer hat an dem Integrationsgespräch teilgenommen? (Mehrfachangaben möglich)

☐ Bewohner/Bewohnerin ☐ Angehörige ☐ Betreuer/Betreuerin

☐ andere Vertrauenspersonen, die <u>nicht</u> in der Einrichtung beschäftigt sind (bitte angeben):

12.5 Wurden die <u>Ergebnisse</u> dieses Gespräches dokumentiert?

☐ ja ☐ nein

Wichtig! Kreuzen Sie bitte nur „ja" an, wenn nach dem Gespräch Ergebnisse, z. B. Wünsche des Bewohners bzw. der Bewohnerin oder Absprachen über das Beibehalten oder die Veränderung der Versorgung, schriftlich festgehalten wurden.

➕ PRAXISTIPP:

Von erheblicher Bedeutung für eine sachgerechte Dateneingabe und damit auch gleichzeitig zur Verhinderung im Rahmen der statistischen Plausibilitätskontrolle unnötig Rückmeldungen von der DAS bezüglich unklarere Datenlage zu bekommen ist es sorgfältig die Inhalte des Manuals in Bezug auf die Eingabe der einzelnen Daten/Indikatoren zu kennen.

Fehlerhafte Eingaben können letztlich auch zum eigenen Nachteil gereichen, wenn es sich um Sachverhalte handelt, welche im Rahmen der Plausibilitätskontrolle nicht auffallen, aber nachteilig für die Einrichtung sein können.

Auszugsweise Beispiele:
- **Indikatoren 2.2.1 und 2.2.2: Stürze mit gravierenden Folgen**: Stürze und Sturzfolgen, die eingetreten sind, während sich der Bewohner bzw. die Bewohnerin im Verantwortungsbereich anderer Personen oder Einrichtungen befand, die ihn unterstützen, bleiben unberücksichtigt (z. B. Sturz-

verletzung während eines Krankenhausaufenthaltes oder vor dem Einzug in der Privatwohnung oder während eines Urlaubs gemeinsam mit Angehörigen). Verletzungen bei einem Sturz während eines Spaziergangs, den der Bewohner bzw. die Bewohnerin allein unternimmt, sind hingegen aufzuführen.

- **Indikator 3.2. Anwendung von Gurten bei kognitiv beeinträchtigten Bewohnern und Bewohnerinnen**: Bitte beachten Sie, dass alle Gurtanwendungen zu erfassen sind, gleichgültig, ob eine richterliche Genehmigung oder das Einverständnis des Bewohners bzw. der Bewohnerin vorliegt. Auch Gurte, die der Bewohner bzw. die Bewohnerin theoretisch selbst öffnen könnte, sind einzutragen. Auch wenn nur aufgrund der Befürchtung eines Sturzes fixiert wird, ist dies einzutragen.

Beispielhafte Auszüge aus dem Manual (= Anlage 3 der Maßstäbe und Grundsätze für die Qualität, die Qualitätssicherung und -darstellung sowie für die Entwicklung eines einrichtungsinternen Qualitätsmanagements nach § 113 SGB XI in der vollstationären Pflege)
Innerhalb des Manuals mit den Erläuterungen zu den Versorgungsergebnissen findet sich auch die Bezugnahme auf die Expertenstandards.

2.3. Externe Qualitätsprüfung

Die aus drei Elementen bestehende Qualitätsberichterstattung befasst sich in Teil 3 mit der Externen Qualitätsprüfung. Dieser Teil betrifft vollstationäre Pflegeeinrichtungen einschließlich sog. eingestreuter Kurzzeitpflegeplätze sowie Einrichtungen der solitären Kurzzeitpflege (QPR; 1.(1), Ziel der Richtlinien).
   Die externe Qualitätsprüfung erfolgt in ihren wesentlichen Strukturen in der bekannten Form. Es bleibt bei 9 Bewohnern, die in die Regelprüfung mit einbezogen werden. 6 der in die Prüfung einzubeziehenden Bewohner werden vor dem Einrichtungsbesuch durch eine Stichprobe der Datenauswertungsstelle (DAS) bestimmt, welche auf Grundlage der gemeldeten Versorgungsergebnisse und von Merkmalskombinationen aus Beeinträchtigungen der Kognition und Mobilität ausgewählt wurden. An dieser Stelle wird deutlich, dass jede Einrichtung gut beraten ist, sich unmittelbar nach Eingang des Feedbackbe-

Externe Qualitätsprüfung/ Ablauf des Einrichtungsbesuchs

1. Einführungsgespräch, Stichprobe und Einverständniserklärung
2. Erfassung von Angaben zur Prüfung und zur Einrichtung
3. Erfassung administrativer Angaben zum Bewohner
4. Beurteilung der Qualitätsaspekte beim einzelnen Bewohner (Qualitätsbereiche 1 – 4)
    1. Informationserfassung
    2. Bearbeitung der Leitfragen
    3. Bewertung und Beschreibung festgestellter Auffälligkeiten
5. Beurteilung übergreifender Qualitätsaspekte (Qualitätsbereich 5)
6. Bewertung einrichtungsbezogener Merkmale (Qualitätsbereich 6)
7. Synthese / Zusammenführung der Feststellungen (Teamgespräch Prüfteam)
8. Abschlussgespräch

richtes der DAS und damit verbunden deren Rückmeldungen, zumindest für alles was unter Punkt ●●●○○ (= nahe beim Durchschnitt) liegt, genau anzuschauen, bevor das Prüfteam der Kostenträger vor der Türe steht und diese Aufgabe übernimmt. In dem Qualitätsaspekt 6.3 taucht auch explizit die Fragestellung auf in wie weit eine Reaktion auf Ergebnisse erfolgt ist, die „weit unter dem Durchschnitt liegen".

Weitere drei Bewohner werden vor Ort nach einem definierten Verfahren aus dem Potenzial derjenigen ausgewählt, welche bei der Meldung der Versorgungsergebnisse noch nicht berücksichtigt werden konnten. Die Entschlüsselung der pseudonymisierten Bewohner kann nur durch die Einrichtung selbst erfolgen.

Zu der Auswahl der drei einrichtungsintern in die Prüfung einzubeziehenden Bewohner gilt es eine Übersicht vorzuhalten, in der zum einen alle Bewohner aufgeführt sind, aber aus der ebenso eindeutig hervorgeht, welche Bewohner nach dem Zeitraum der letzten Halbjahresmeldung der Versorgungsergebnisse einbezogen sind. Dies gilt ebenso bis zu dem Zeitraum, ab dem die Meldung der Versorgungsergebnisse Bestandteil der Qualitätsprüfung werden; das kann erst ab Juli 2020 der Fall sein. Hierbei ist nämlich zu beachten, dass ab 11/2019 die externen Qualitätsprüfungen nach dem neuen Verfahren beginnen, zu diesem Zeitpunkt und zumindest bis zum 30.06.2020 noch keine verwertbaren Indikatoren vorliegen. Bis dorthin muss aber nach den Vorstel-

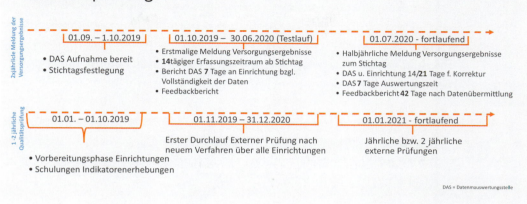

lungen der Vertragspartner schon ein erheblicher Teil der Pflegeeinrichtungen nach dem neuen Verfahren der Qualitätsprüfungen geprüft worden sein, weil der Zeitraum bis zum Abschluss des ersten Prüfungsdurchgangs der 31.12.2020 sein soll, also schon 6 Monate später.

Eine aktuelle Übersicht der versorgten Bewohnerinnen und Bewohner ist den Prüfinstitutionen von der Pflegeeinrichtung zu Beginn der Qualitätsprüfung vorzulegen. Die Übersicht zu den Bewohnern, welche mit Beginn der Prüfungen zum 1.11.2019 in den Einrichtungen verfügbar sein sollte, muss zumindest die nachfolgend genannten Inhalte umfassen. Ob auf dieser Übersicht dann auch noch Daten wie zum Beispiel Einzugsdatum, Pflegegrad etc. mit aufgeführt werden, welche nach den Anlagen 1 und 2 zur QPR Bewohnerbezogen bzw. Einrichtungsbezogen verfügbar sein müssen, sollte im Vorfeld der ersten Qualitätsprüfung einrichtungsintern abgestimmt werden.

Gem. der Anlage 3 zu den „Maßstäbe und Grundsätze für die Qualität, die Qualitätssicherung und -darstellung sowie für die Entwicklung eines einrichtungsinternen Qualitätsmanagements nach § 113 SGB XCI in der vollstationären Pflege „ i.d.F. vom 23.11.2018 muss die Einrichtung folgende Unterlagen bereithalten:

- Eine Übersicht aller in der Einrichtung lebenden Bewohnerinnen und Bewohner.
- Zum Zeitpunkt der Prüfung aktuelle bewohnerbezogene Angaben, ob eine Beeinträchtigung der Mobilität und den kognitiven Fähigkeiten vorliegt.

Bei den Angaben zur Mobilität und zu den kognitiven Fähigkeiten in der genannten Übersicht orientiert sich die Pflegeeinrichtung an der folgenden Regel:

1. Die „Mobilität" (Fortbewegung) gilt als beeinträchtigt, wenn der Bewohner bzw. die Bewohnerin aufgrund körperlicher Beeinträchtigungen regelmäßig personelle Hilfe benötigt, um sich innerhalb der Einrichtung/des Wohnbereichs fortbewegen zu können.

2. Die „kognitiven Fähigkeiten" gelten als beeinträchtigt, wenn es regelmäßig zu Störungen des Kurzzeitgedächtnisses, der zeitlichen und örtlichen Orientierung sowie der Personenerkennung kommt.

Aus dem nachfolgenden Schaubild sind in der oberen Hälfte die Zeitschienen für Teil 2, der Meldung der Versorgungsergebnisse und in der unteren Hälfte für Teil 3, der Externen Qualitätsprüfung abzulesen.

Querverbindung zwischen den Versorgungsergebnisse und den Qualitätsaspekten

Die nachfolgenden Beispiele zeigen die Querverbindungen zwischen den Versorgungsergebnissen und den Qualitätsaspekten. Es empfiehlt sich, die in den Qualitätsbereichen 1 – 4 der externen Prüfung genannten Qualitätsaspekte auf aktuell konkrete Umsetzung in Bezug auf die Bewohnstruktur zu überprüfen, ob und inwieweit Bewohner von einzelnen oder gleichermaßen mehreren Qualitätsaspekten „betroffen" sind und ob eine Einschränkung der kognitiven Fähigkeiten bzw. der Mobilität vorliegt.

Beispielhaft soll hier der Bezug zwischen ausgewählten VERSORGUNGSERGEBNISSEN und den damit in Verbindung stehenden QUALITÄTSASPEKTEN dargestellt werden.

VERSORGUNGSERGEBNISSE aus 3.2. und 3.3 Anwendung von Gurten/ Bettseitenteilen bei kognitiv beeinträchtigten Bewohnern zu

QUALITÄTSASPEKT 4.4 Freiheitsentziehende Maßnahmen

Versorgungsergebnisse als halbjährliche Meldung:	Qualitätsaspekt im Rahmen der Qualitätsprüfung:
3.2 Anwendung von Gurten	4.4 Freiheitsentziehende Maßnahmen
3.3 Anwendung von Bettseitenteilen	4.4 Freiheitsentziehende Maßnahmen

VERSORGUNGSERGEBNISSE aus 2.3.1 und 2.3.2 Unbeabsichtigter Gewichtsverlust zu

QUALITÄTSASPEKT 1.2 Unterstützung bei der Ernährung und Flüssigkeitsversorgung

Versorgungsergebnisse als halbjährliche Meldung:	Qualitätsaspekt im Rahmen der Qualitätsprüfung:
2.3.1 Unbeabsichtigter Gewichtsverlust R 1	1.2 Unterstützung bei der Ernährung und Flüssigkeitsversorgung
2.3.2 Unbeabsichtigter Gewichtsverlust R 2	1.2 Unterstützung bei der Ernährung und Flüssigkeitsversorgung

VERSORGUNGSERGEBNIS aus 3.1: Integrationsgespräch nach Einzug zu

QUALITÄTSASPEKT 4.1 Unterstützung Eingewöhnungsphase

Versorgungsergebnisse als halbjährliche Meldung:	Qualitätsaspekt im Rahmen der Qualitätsprüfung:
3.1 Integrationsgespräche nach Einzug	4.1 Unterstützung der versorgten Person in der Eingewöhnungsphase

Die Plausibilitätsprüfungen, welche zum einen in rein statistischer Form im Rahmen der halbjährlichen Meldung der Versorgungsergebnisse durch die DAS stattfindet, wird zum anderen im Rahmen der Externen Qualitätsprüfung fortgesetzt. Dabei wird die Stimmigkeit zwischen den Angaben aus der Halbjahres-Meldung und der Pflege- und Betreuungssituation des Bewohners vor Ort durch das Prüfteam auf Logik (= Plausibilität) gecheckt. Kann im Rahmen des Fachgesprächs eine mögliche Abweichung erklärt werden, so stellt das kein Problem dar. Zwischen der Meldung der Versorgungsergebnisse und der externe Qualitätsprüfung kann schließlich nicht nur ein Zeitraum von einigen

Monaten liegen, sondern es kann sich auch innerhalb der individuellen Pflege und Betreuungssituation des in die Prüfung einzubeziehenden Bewohners einiges verändern. Diese ggf. bestehende Abweichung gilt es erklären zu können.

Damit wird auch die beabsichtigte Verzahnung aus der halbjährlichen Meldung der Versorgungsergebnisse mit den daraus resultierenden Qualitätsindikatoren und den Prüfinhalten der externen Qualitätsprüfung deutlich.

Die Qualitätsprüfung selbst bezieht sich auf 6 Qualitätsbereiche und den jeweils darin einbezogenen Qualitätsaspekten.

6 Qualitätsbereiche

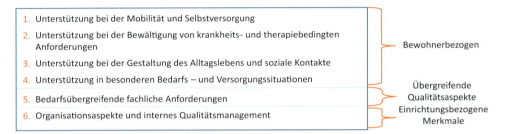

Beurteilung der Bewohnerbezogenen Qualitätsaspekte

Alle unter den Qualitätsbereichen 1 – 4 aufgeführten Qualitätsaspekte 1.1 – 4.4 können bereits heute unter fachlichen Kriterien (Expertenstandards etc.) auf qualifizierte Umsetzung hin überprüft und ggf. erforderliche Maßnahmen eingeleitet werden.

Der Qualitätsbereich 5 mit den Qualitätsaspekten 5.1.- 5.5 umfasst bedarfsübergreifende fachliche Anforderungen mit Bezug zu den Bereichen 1-4. Diese werden durch das Prüfteam im Rahmen der Qualitätsbereiche 1 – 4 und den dort beschriebenen Sachverhalten miteinbezogen; sie stellen also keine gesonderten Prüfsachverhalte dar. Gleichwohl ist es ratsam deren sach- und fachgerechte Umsetzung im Vorfeld der anstehenden Prüfungen beispielsweise im Rahmen von internen Audits zu überprüfen.

Bezogen auf die Verfügbarkeit von Daten sollte intern überlegt werden, ob das IT-System entsprechende Fakten zur Verfügung stellt oder ob diese anderweitig erhoben werden müssen. Bezogen auf die Qualitätsaspekte 1.1 – 4.4 sollte auf jeden Fall überlegt werden, in wie weit ersichtlich ist, welche Bewoh-

Qualitätsaspekte

Bereich 1: Unterstützung bei der Mobilität und Selbstversorgung
1.1 Unterstützung im Bereich der Mobilität*
1.2 Unterstützung bei der Ernährung und Flüssigkeitsversorgung*
1.3 Unterstützung bei Kontinenzverlust, Kontinenzförderung
1.4 Unterstützung bei der Körperpflege*

Bereich 2: Unterstützung bei der Bewältigung von krankheits- und therapiebedingten Anforderungen und Belastungen
2.1 Medikamentöse Therapie
2.2 Schmerzmanagement*
2.3 Wundversorgung*
2.4 Unterstützung bei besonderen medizinisch-pflegerischen Bedarfslagen
2.5 Unterstützung bei der Bewältigung von sonstigen therapiebedingten Anforderungen

Bereich 3: Unterstützung bei der Gestaltung des Alltagslebens und der sozialen Kontakte
3.1 Unterstützung bei Beeinträchtigungen der Sinneswahrnehmung
3.2 Unterstützung bei der Tagesstrukturierung, Beschäftigung und Kommunikation*
3.3 Nächtliche Versorgung

Individuelle Bewohnerbezogene Qualitätsaspekte

* Einbezug in Plausibilitätskontrolle

Qualitätsaspekte

Bereich 4: Unterstützung in besonderen Bedarfs- und Versorgungssituationen
4.1 Unterstützung des Bewohners in der Eingewöhnungsphase nach dem Einzug*
4.2 Überleitung bei Krankenhausaufenthalten*
4.3 Unterstützung von Bewohnern mit herausforderndem Verhalten und psychischen Problemlagen
4.4 Freiheitsentziehende Maßnahmen*

Bewohnerbezogene Qualitätsaspekte

Bereich 5: Bedarfsübergreifende fachliche Anforderungen
5.1 Abwehr von Risiken und Gefährdungen
5.2 Biografie orientierte Unterstützung
5.3 Einhaltung von Hygieneanforderungen
5.4 Hilfsmittelversorgung
5.5 Schutz von Persönlichkeitsrechten und Unversehrtheit

Bezugnahme auf die Bereiche 1 - 4

Bedarfsübergreifende Qualitätsaspekte

Bereich 6: Organisationsaspekte und internes Qualitätsmanagement
6.1 Qualifikation der und Aufgabenwahrnehmung durch die Pflegedienstleitung
6.2 Begleitung sterbender Heimbewohner und ihrer Angehörigen
6.3 Maßnahmen zur Vermeidung und zur Behebung von Qualitätsdefiziten

Einrichtungsbezogene Qualitätsaspekte

* Einbezug in Plausibilitätskontrolle

ner konkret davon betroffen sind (z. Bsp. FEM, Wunden, Schmerzmanagement etc.) und dies in Bezug zu deren kognitiven Fähigkeiten und der Mobilität setzen. Eine gut geführte Pflegedokumentation stellt diese Informationen zur Verfügung.

Wie bisher schon für den Prüfungsverlauf und das Ergebnis mit entscheidend, ist jetzt neu in seiner Bedeutung das sog. Fachgespräch eingebunden, welches der Prüfer mit dem Mitarbeiter zu der Bewohnerbezogenen Situation führt. Erkenntnisse daraus sind gleichwertig zu der Pflegedokumentation zu berücksichtigen. Um dieses Fachgespräch auch zu ermöglichen, aber auch noch einen geordneten Ablauf der Pflege- und Betreuung für die Bewohner zu organisieren, wird die Ankündigung der externen Qualitätsprüfung in der Regel am Vortag erfolgen. Insbesondere die innerhalb der Qualitätsaspekte dargestellte abgestufte Bewertung erfordert für diese Bereiche klare Antworten, um die Prüfer von der fachgerechten Versorgung überzeugen zu können.

Beurteilung der einrichtungsbezogenen Qualitätsaspekte

Der Qualitätsbereich 6 mit den Qualitätsaspekten 6.1 – 6.3 umfasst Organisationsaspekte und das interne Qualitätsmanagement. Dieser Bereich lässt sich unmittelbar sehr gut vorbereiten. Ein einfacher Soll/Ist- Abgleich mit vorhandenen Qualitätsdokumenten oder Unterlagen zeigt den gegebenenfalls erforderlichen Handlungs- oder Überarbeitungsbedarf bestehender Dokumente einschließlich der darin enthaltenen erforderlichen Unterpunkte.

Alle innerhalb der jeweiligen Qualitätsbereiche dargestellten Qualitätsaspekte könnten beispielsweise jetzt in Folge in eine prozesshafte Planung übergeführt werden, aus welcher ersichtlich ist, mit welchen vorhandenen Maßnahmen die sach- und fachgerechte Umsetzung bereits erfolgt bzw. bei welchen Qualitätsaspekten noch Handlungsbedarf besteht und bis wann dies durch wen erledigt ist. Von Bedeutung ist dabei die Frage, mit welchen Maßnahmen die nachhaltige Umsetzung gewährleistet wird. Zur Beurteilung des jeweiligen Umsetzungsstandes ist es von zentraler Bedeutung neben dem Einbezug der Erläuterungen zu den einzelnen Leitfragen zumindest auch Informationen aus den C und D Bewertungen bei der Überprüfung des einrichtungsinternen Umsetzungsstandes mit einfließen zu lassen.

Im Rahmen der Darstellung der Prüfergebnisse fließen aus dem Teil der Externen Qualitätsprüfung 15 Qualitätsaspekte in die Veröffentlichung der Prüfergebnisse mit ein.

Die alleinige Betrachtung der Leitfragen im Zusammenhang mit der Qualitätsaussage - wie hier am Beispiel des QUALITÄTSBEREICH 2/2.1 MEDIKAMENTÖSE THERAPIE dargestellt - erscheint nicht zielführend, weil hier weder die Erläuterungen zu den Prüfbögen mit einbezogen werden, noch die eben genannten sehr wichtigen Inhalte aus den jeweiligen C- und D-Bewertungen zu dem jeweiligen Qualitätsaspekt. Nur die Summe der Informationen aus:
– Leitbild,
– Erläuterung zu der jeweiligen Leitfrage und

- die Informationen aus den C- und D-Bewertungen

ergeben ein Gesamtbild in Bezug auf Erfüllung der Leitfrage und damit die fachgerechte bewohnerbezogene Maßnahmenumsetzung.

Qualitätsbereich 2/2.1 Medikamentöse Therapie

Qualitätsaussage: Der Bewohner wird im Zusammenhang mit der Medikation fachgerecht unterstützt. Die Einnahme von Medikamenten entspricht den ärztlichen Verordnungen und die Weiterleitung erforderlicher Informationen an den behandelnden Arzt .... ist sichergestellt.

Leitfragen:
1. *Entspricht die Unterstützung bei der Medikamentenversorgung der ärztlichen Verordnung?*
2. *Erfolgt die Lagerung und Vorbereitung der Medikamente fachgerecht?*
3. *Erhält der Bewohner die seinem Bedarf entsprechende Unterstützung zur Einnahme der Medikamente?*
4. *Entspricht die Kommunikation mit dem Arzt den individuellen Erfordernissen?*

Deswegen ist das nachfolgend beschriebene Vorgehen zu empfehlen.

Das folgende Schaubild zeigt dies am Beispiel des Qualitätsbereichs *1 Unterstützung bei der Mobilitä*t und Selbstversorgung und dem Qualitätsaspekt *1.2 Ernährung und Flüssigkeitsversorgung*.

Zu diesem Zweck sind nachfolgend aus den unterschiedlichen Anlagen zur QPR alle erforderlichen Fakten zusammengetragen. Zu jedem Qualitätsbereich/Qualitätsaspekt finden sich die Qualitätsaussage, die allgemeine Beschreibung dazu, die Leitfragen (Qualitätsbereich 6: Prüffragen), die dazu erforderlichen Hinweise aus den Erläuterungen zu den Prüfbögen und die Sachverhalte, welche eine B, C- oder D- Bewertung begründen, im Falle von C und/oder D-Bewertungen aber auf keinen Fall auftreten sollten, einbezogen. So lassen sich die einzelnen Qualitätsaspekte auf deren grundsätzliche Umsetzung/Vorgehensweise innerhalb der Einrichtung einfach überprüfen. Dabei sind folgende Fragstellungen hilfreich:
- Werden die jeweils erforderlichen Maßnahmen in Bezug auf diesen Qualitätsaspekt umgesetzt?
- Liegen ggf. erforderliche Dokumente/Nachweise vor?

1.2 Unterstützung bei der Ernährung und Flüssigkeitsversorgung

Qualitätsaussage

Die versorgte Person wird bedarfs- und Flüssigkeitsaufnahme ist sichergestellt.

Allgemeine Beschreibung

Zu prüfen ist die fachgerechte Unterstützung der versorgten Person bei der Ernährung und Flüssigkeitsversorgung. Dies schließt die Zusammenarbeit mit Berufsgruppen, sofern diese sich an der Unterstützung der versorgten Person beteiligen, ein. Normativer Bezugspunkt ist Expertenstandard „Ernährungsmanagement zur Sicherung Pflege" in der aktuellen Fassung.

Leitfragen

(1) Sind die Ernährungssituation inkl. Flüssigkeitsversorgung der versorgten Person sowie die Selbständigkeit der versorgten Person in diesem Bereich fachgerecht erfasst worden?

Es ist zu beurteilen, ob beim Vorliegen einer etwaigen Mangelernährung und unzureichenden Flüssigkeitsaufnahme (z. B. unauffällige, trockene Schleimhäute, stehende Hautfalten), Nahrungsmittelunverträglichkeiten sowie ein etwaiges Aspirationsrisiko vorliegt.

(2) Erfolgt eine ausreichende, bedürfnisgerechte Unterstützung der versorgten Person bei der Nahrungs- und Flüssigkeitsaufnahme?

Es ist zu beurteilen,
– ob bei der individuellen Maßnahmenplanung die unter Punkt 1 angesprochene aktuelle Ernährungssituation berücksichtigt ist und die Maßnahmen durchgeführt werden,
– ob Wünsche der versorgten Person zur Ernährung ermittelt und bei der Durchführung von Maßnahmen berücksichtigt werden,
– ob die Entwicklung der Ernährungssituation der versorgten Person beobachtet und bei auffälligen Veränderungen Kontakt zur behandelnden Ärztin oder zum behandelnden Arzt aufgenommen wird.

(3) Werden erforderliche Hilfsmittel zur Unterstützung der Ernährung und Flüssigkeitsaufnahme fachgerecht eingesetzt?

Es ist zu beurteilen,
– ob der versorgten Person entsprechend der Einschätzung der Ernährungssituation inkl. der Flüssigkeitsversorgung und der damit einhergehenden Risiken geeignete Hilfsmittel zur Verfügung stehen,
– ob die Hilfsmittel, soweit möglich, individuell an die versorgte Person angepasst sind, versorgte Person jederzeit, ggf. mit Unterstützung durch eine Pflegekraft, die Hilfsmittel kann. Bei der Beurteilung sind die beschränkten Einflussmöglichkeiten von Einrichtungen auf die Beschaffung von Hilfsmitteln zu berücksichtigen. Die Prüferin oder der sollte sich im Gespräch und mit der Inaugenscheinnahme der versorgten Person und immers ein eigenes Bild über das Vorhandensein, die Verfügbarkeit und den Einsatz smittel machen und bei der Beurteilung berücksichtigen.

Hinweise zur Bewertung:

B Diese Bewertung trifft beispielsweise Nahrungsaufnahme in der Pflegedokumentat sie tatsächlich ist, bei der Versorgung jed resultierende Risiko der Mangelernährung berücksichtigt wird.

C Diese Bewertung trifft zu, wenn beispielsweise
– auf Anzeichen für eine reduzierte Nahrungsaufnahme, nicht reagiert wird.
– die Nahrung nicht in einer Form angeboten wird, die auf die Beeinträchtigungen des Bewohners abgestimmt ist.

D Diese Bewertung trifft zu, wenn beispielsweise
– keine ausreichende Unterstützung des Bewohners bei der Ernährung und Flüssigkeitsaufnahme erfolgt.
– der Bewohner Anzeichen einer Dehydration zeigt.
– Wünsche des Bewohners ignoriert werden, obwohl hierfür keine gesundheitlichen Gründe vorliegen.
– ein unerwünschter, gesundheitlich relevanter Gewichtsverlust vorliegt, den die Einrichtung zu verantworten hat.

(Callouts: Leitfragen / Erläuterung / Bewertungen aus C und D)

– Kann die Fachkraft im Rahmen des Fachgespräches die grundsätzliche Vorgehensweise erläutern?

Die für jeden Qualitätsaspekt vorzunehmende Gegenüberstellung von Leitfragen, Erläuterungen und den Informationen, welche zu den C und D-Bewertungen führen, zeigt, ob alle erforderlichen Maßnahmen zur Vorbereitung auf diesen Sachverhalt zur Verfügung stehen. Die in diesem beschriebenen Vorgehen erfolgte Abarbeitung aller Qualitätsaspekte im Sinne einer Qualitätszirkelarbeit, zeigt in Folge, wo noch Nachbearbeitungsbedarf besteht und was alles vorhanden ist und lässt gleichermaßen noch genügend Zeit, um sich auf die anstehenden Qualitätsprüfungen gezielt im Interesse der Bewohner und einer qualifizierten Pflege- und Betreuungssituation vorzubereiten.

Im Bereich der Bewertungen sind:
– C – Bewertungen jeweils als Prozessdefizit und
– D – Bewertungen als Ergebnisdefizit

zu betrachten.

Abgestufte Bewertung der Qualitätsaspekte 1.1 – 4.4

A Keine Auffälligkeiten
B Auffälligkeiten, die keine Risiken oder negativen Folgen für die versorgte Person erwarten lassen
C Defizit mit Risiko negativer Folgen für die versorgte Person
D Defizit mit eingetretenen Folgen für die versorgte Person

Nur die Summe aus C – und D-Bewertungen ergibt in abgestufter Form, ausgerichtet an der Anzahl der bei den Bewohnern erhobenen Bewertungen das Einrichtungsergebnis der Qualitätsdarstellung (=zweistufige Qualitätsbewertung) pro Qualitätsaspekt.

A-D Bewertungen in der Einzel-Erläuterung:

A) Keine Auffälligkeiten oder Defizite. Für die zu beurteilenden Sachverhalte gab es keine Hinweise auf ein fachliches Defizit.

B) Auffälligkeiten, die keine Risiken oder negativen Folgen für den Bewohner bzw. die Bewohnerin erwarten lassen. Für die zu beurteilenden Sachverhalte wurden Auffälligkeiten festgestellt, die jedoch keine Auswirkungen auf den Bewohner bzw. die Bewohnerin nach sich ziehen. Dazu gehört beispielsweise das punktuelle Fehlen eines Durchführungsnachweises im Bereich der Behandlungspflege.

C) Defizit mit Risiko negativer Folgen für den Bewohner bzw. die Bewohnerin. Fachliche Defizite wirken sich nicht automatisch nachteilig auf den Bewohner bzw. die Bewohnerin aus. So entsteht aufgrund einer unzutreffenden Risikoeinschätzung nicht sofort, vielleicht auch nicht über einen längeren Zeitraum, ein neuer Dekubitus, aber doch ein vermeidbares Risiko negativer Folgen für den betreffenden Bewohner bzw. Bewohnerin, die dem Verantwortungsbereich der Einrichtung zuzuschreiben sind.

D) Defizit mit eingetretenen negativen Folgen für den Bewohner bzw. die Bewohnerin. Diese Bewertungskategorie ist für den Fall vorgesehen, dass eine negative Folge aufgrund eines fachlichen Defizits bereits eingetreten ist – wobei negative Folgen im Sinne des oben dargestellten Verständnisses auch das Fehlen einer bedarfs- oder bedürfnisgerechten Unterstützung umfassen.

Die Kategorie D) ist also nur in folgenden Fällen anzuwenden:

Die versorgte Person hat eine gesundheitliche Schädigung infolge des Handelns oder infolge von Unterlassungen der Mitarbeiter bzw. Mitarbeiterinnen der Einrichtung erlitten.

- Die versorgte Person erhält regelmäßig nicht die seinem bzw. ihrem Bedarf entsprechende Unterstützung, wenngleich diese Unterstützung im Rahmen der Einwirkungsmöglichkeiten der Einrichtung geleistet werden könnte.
- Die versorgte Person erhält regelmäßig nicht die seinen bzw. ihren Bedürfnissen entsprechende Unterstützung, wenngleich diese Unterstützung im Rahmen der Einwirkungsmöglichkeiten der Einrichtung geleistet werden könnte.

Eine C-Bewertung stellt dabei ein Prozessdefizit; eine D-Bewertung ein Ergebnisdefizit dar. Es wird dabei hinterfragt, ob es für den Bewohner zu Risiken oder zu einem tatsächlichen Schaden gekommen ist. Ist dies nicht der Fall, handelt es sich nicht um ein Qualitätsdefizit.

Das nachfolgende Schaubild zeigt, dass es sich bei der Meldung der Versorgungsergebnisse (obere Schaubildhälfte) und den zunächst noch jährlichen Qualitätsprüfungen (untere Schaubildhälfte) um zwei voneinander getrennt zu betrachtende Vorgänge handelt. Erst durch den Einbezug der Indikatorenergebnisse aus der halbjährlichen Meldung von 6 Bewohnern in die Qualitätsprüfung wird der Bezug zwischen beiden hergestellt. Von diesen 6 Bewohnern wird die Meldung der Versorgungsergebnisse (Erhebungsreport) mit der vor Ort angetroffenen Pflege- und Betreuungssituation abgeglichen (2. Plausibilitätskontrolle).

Zusätzlich zeigt die untere Schaubildhälfte die bereits beschriebenen Zusammenhänge zwischen den Leitfragen, den Erläuterungen zu den Prüfergebnissen und den Informationen aus den „C- und D" Bewertungen.

Die untere Bildhälfte zeigt nochmals in schematischer Form den Zusammenhang zwischen:

Leitfrage und Erläuterung zu den Prüfbögen und den Informationen aus den C und D-Bewertungen.

Für die öffentliche Qualitätsdarstellung sind die Qualitätsaspekte 1.1- 4.4 aus den Qualitätsbereichen 1-4 relevant (= 15 Qualitätsaspekte). Im folgenden Text sind diese in der Überschrift mit einem * markiert.

Verbindung von Qualitätsindikatoren, Leitfragen, C+D-Bewertungen und Erläuterungen

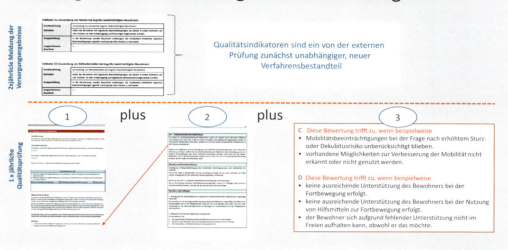

2.3. Externe Qualitätsprüfung

Indikatorengestütztes Qualitätsmanagement

Übersicht zu den Prüfbogen, den Qualitätsbereichen und Qualitätsaspekten

Prüfbogen A   Beurteilung der personenbezogenen Versorgung

Prüfbogen A zur Beurteilung der personenbezogenen Versorgung zur Prüfung der in Pflegeeinrichtungen erbrachten Leistungen und deren Qualität nach § 114 SGB XI

Qualitätsbereiche 1 - 4:
Beurteilung personenbezogene Versorgung

Zu jedem der Qualitätsaspekte aus den Bereichen 1.1 – 4.4: (Anlage 1 zur QPR)

- → Qualitätsaussage
- → allgemeine Beschreibung
- → Leitfragen
- → Hinweise aus den Erläuterungen zu den Prüfbögen (Anlage 4 zur QPR),
- → und die Hinweise zur Bewertung

Prüfbogen B Beurteilung auf Einrichtungsebene

Prüfbogen B zur Beurteilung auf Einrichtungsebene zur Prüfung der in Pflegeeinrichtungen erbrachten Leistungen und deren Qualität nach § 114 SGB BXI

- → Zu jedem der Qualitätsaspekte 1.1; 1.2;1.3; 1.4; 2.1; 2.2; 2.3; 2.4; 2.5; 3.1; 3.2; 3.3; 4.1; 4.2; 4.3; 4.4; 5.1; 5.2; 5.3; 5.4; 5.5; 6.1; 6.2;6.3 = Gesamtbeurteilung auf Einrichtungsebene

Qualitätsbereich 5:
Bedarfsübergreifende fachliche Anforderungen

Zu jedem der Qualitätsaspekte 5.1 – 5.5: (Anlage 2 zur QPR)

- → Qualitätsaussage
- → Informationserfassung
- → Allgemeine Beschreibung
- → Leitfrage

Qualitätsbereich 6:
Einrichtungsinterne Organisation und Qualitäts-Management

Zu dem Qualitätsaspekt aus dem Bereich 6.1 – 6.3: (Anlage 2 zur QPR)

→ Qualitätsaussage
→ Allgemeine Beschreibung
→ Leitfragen
→ Erläuterungen zu den Prüfbögen (Anlage 4 zur QPR)

Übersicht zu den Anlagen der Qualitäts-Prüfrichtlinie:

Anlagen	Inhalte
Anlage 1	**Prüfbogen A** zur Beurteilung der personenbezogenen Versorgung zur Prüfung der in Pflegeeinrichtungen erbrachten Leistungen und deren Qualität nach § 114 SGB BXI
Anlage 2	**Prüfbogen B** zur Beurteilung auf Einrichtungsebene zur Prüfung der in Pflegeeinrichtungen erbrachten Leistungen und deren Qualität nach § 114 SGB BXI
Anlage 3	**Prüfbogen C** Gesamtergebnis der Plausibilitätskontrolle zur Beurteilung der in Pflegeeinrichtungen erbrachten Leistungen und deren Qualität nach § 114 SGB BXI
Anlage 4	Erläuterungen zu den Prüfbogen A „Beurteilung der Personenbezogenen Versorgung" und B „Beurteilung auf Einrichtungsebene" zur Prüfung der in Pflegeeinrichtungen erbrachten Leistungen und deren Qualität nach § 114 SGB BXI
Anlage 5	Qualitätsbewertung zur Prüfung der in Pflegeeinrichtungen erbrachten Leistungen und deren Qualität nach § 114 SGB BXI
Anlage 6	Bewertung von Auffälligkeiten bei der Plausibilitätskontrolle zur Prüfung der in Pflegeeinrichtungen erbrachten Leistungen und deren Qualität nach § 114 SGB BXI
Anlage 7	Strukturierungshilfe zur Durchführung des Teamgespräches
Anlage 8	Strukturierungshilfe zur Durchführung des Abschlussgespräches
Anlage 9	Struktur und Inhalte des Prüfberichtes für die vollstationäre Pflege

Das Schaubild zeigt die unterschiedlichen Bewertungssystematiken der 6 Qualitätsbereiche innerhalb der Externen Qualitätsprüfung:

Schematische Darstellung der unterschiedlichen Bewertungsmechanismen

Qualitätsbereich 1 – 4: Keine Auffälligkeiten bis Defizit mit eingetretenen negativen Folgen
Qualitätsbereich 5: kein Defizit oder Defizit festgestellt
Qualitätsbereich 6: Erfüllt: ja oder nein

Qualitätsbereiche und Qualitätsaspekte

Bereich 1: Unterstützung bei der Mobilität und Selbstversorgung

1.1	Unterstützung im Bereich der Mobilität	195
1.2	Unterstützung bei der Ernährung und Flüssigkeitsversorgung	197
1.3	Unterstützung bei Kontinenzverlust, Kontinenzförderung	199
1.4	Unterstützung bei der Körperpflege	201

Bereich 2: Unterstützung bei der Bewältigung von krankheits- und therapiebedingten Anforderungen und Belastungen

2.1	Medikamentöse Therapie	204
2.2	Schmerzmanagement	206
2.3	Wundversorgung	208
2.4	Unterstützung bei besonderen medizinisch-pflegerischen Bedarfslagen	209
2.5	Unterstützung bei der Bewältigung von sonstigen therapiebedingten Anforderungen	211

Bereich 3: Unterstützung bei der Gestaltung des Alltagslebens und der sozialen Kontakte

3.1	Unterstützung bei Beeinträchtigungen der Sinneswahrnehmung	213
3.2	Unterstützung bei der Tagesstrukturierung, Beschäftigung und Kommunikation	215
3.3	Nächtliche Versorgung	217

Bereich 4: Unterstützung in besonderen Bedarfs- und Versorgungssituationen

4.1	Unterstützung der versorgten Person in der Eingewöhnungsphase nach dem Einzug	219
4.2	Überleitung bei Krankenhausaufenthalten	221
4.3	Unterstützung von versorgten Personen mit herausforderndem Verhalten und psychischen Problemlagen	223
4.4	Freiheitsentziehende Maßnahmen	224

Bereich 5: Bedarfsübergreifende Qualitätsaspekte

5.1	Abwehr von Risiken und Gefährdungen	227
5.2	Biografieorientierte Unterstützung	228
5.3	Einhaltung von Hygieneanforderungen	229
5.4	Hilfsmittelversorgung	230
5.5	Schutz von Persönlichkeitsrechten und Unversehrtheit	231

Bereich 6: Einrichtungsinterne Organisation und Qualitätsmanagement

6.1 Qualifikation der und Aufgabenwahrnehmung durch die
 verantwortliche Pflegefachkraft 232
6.2 Begleitung sterbender Personen und ihrer Angehörigen 234
6.3 Maßnahmen zur Vermeidung und zur Behebung von Qualitätsdefiziten 236

Bereich 1: Unterstützung bei der Mobilität und Selbstversorgung

1.1 Unterstützung im Bereich der Mobilität

Qualitätsaussage

Die versorgte Person erhält bedarfsgerechte Unterstützung im Bereich der Mobilität und – sofern noch individuelle Ressourcen vorhanden sind und es den Bedürfnissen der versorgten Person entspricht – zielgerichtete Maßnahmen zur Erhaltung und Förderung der Mobilität.

Allgemeine Beschreibung

Zu prüfen ist die Unterstützung der versorgten Person mit dem Ziel, verlorene Selbständigkeit bei der Fortbewegung und Einschränkungen der Bewegungsfähigkeit auszugleichen, mit Mobilitätseinbußen assoziierte Gefährdungen zu vermeiden sowie Mobilität zu erhalten und zu fördern.

Leitfragen

1. Entspricht die Unterstützung bei der Mobilität dem individuellen Bedarf der versorgten Person?

Zu beurteilen ist,
- ob die individuelle Maßnahmenplanung die aktuellen Fähigkeiten und Beeinträchtigungen der Mobilität der versorgten Person berücksichtigt.
- ob die versorgte Person über die von ihr ggf. benötigten Hilfsmittel verfügt und Unterstützung bei der Nutzung dieser Hilfsmittel erhält, sofern sie nicht selbständig mit ihnen umgehen kann. Zu beurteilen ist hierbei vorrangig die Anpassung der Hilfsmittel und die Zugänglichkeit der Hilfsmittel für die versorgte Person.

2. Erhält die versorgte Person, wenn sie es wünscht, Unterstützung für Aufenthalte im Freien?

Bei Personen, die keine Auskunft geben können, sollte beurteilt werden, ob die Einrichtung die betreffenden Bedürfnisse der Person einschätzt und bei der Maßnahmenplanung berücksichtigt. Sind die Äußerungen der Person nicht interpretierbar, sollte davon ausgegangen werden, dass ein Aufenthalt im Freien nicht täglich, aber mehrfach wöchentlich ermöglicht werden sollte, wenn das Wetter und die gesundheitliche Situation der Person dies zulassen.

3. Wurden die vorliegenden Mobilitätsbeeinträchtigungen bei der Einschätzung gesundheitlicher Risiken berücksichtigt?

Es ist zu beurteilen, ob die mit den Mobilitätseinschränkungen einhergehenden Risiken (Dekubitus, Stürze, Funktionsbeeinträchtigung der Gelenke und ggf. weitere Risiken) ggf. unter Zuhilfenahme einer Risikoskala pflegefachlich eingeschätzt worden ist.

4. Entspricht die Unterstützung im Bereich der Mobilität den Erfordernissen, die aus der individuellen Risikosituation erwachsen?

Zu beurteilen ist hier die Frage, ob die individuellen Maßnahmen zur Dekubitus- und Sturzprophylaxe sowie Maßnahmen zur Vermeidung von Funktionsbeeinträchtigungen der Gelenke erfasst und durchgeführt werden. Bei versorgten Personen mit anderen Gefährdungen, beispielsweise mit respiratorischen Problemen, sind auch darauf bezogene Maßnahmen (hier z. B. zur Unterstützung der Atmung) zu berücksichtigen.

5. Werden zielgerichtete Maßnahmen zur Erhaltung und Förderung der Mobilität durchgeführt, die auf die noch vorhandenen Fähigkeiten und Bedürfnisse der versorgten Person abgestimmt sind?

Angesprochen sind hiermit Maßnahmen zur Erhaltung und Förderung der Mobilität im Sinne des Nationalen Expertenstandards. Die Frage ist mit „ja" zu beantworten, wenn Maßnahmen geplant und mindestens zwei Mal wöchentlich durchgeführt werden. Die Frage ist nur bei Personen relevant, die noch über Ressourcen im Bereich der Mobilität verfügen und motiviert sind, Aktivitäten mit dem Ziel der Erhaltung von Mobilität durchzuführen.

Hinweise zur Bewertung: *im Paket (alle 5 Fragen)*

B Diese Bewertung trifft beispielsweise zu, wenn in der Pflegedokumentation Mobilitätsbeeinträchtigungen unvollständig dargestellt werden, bei der Versorgung jedoch alle Beeinträchtigungen und die aus ihnen resultierenden Risiken berücksichtigt werden.

C Diese Bewertung trifft zu, wenn beispielsweise
- Mobilitätsbeeinträchtigungen bei der Frage nach erhöhtem Sturz- oder Dekubitusrisiko unberücksichtigt blieben.

- vorhandene Möglichkeiten zur Verbesserung der Mobilität nicht erkannt oder nicht genutzt werden.

D Diese Bewertung trifft zu, wenn beispielsweise
- keine ausreichende Unterstützung des Bewohners bei der Fortbewegung erfolgt.
- keine ausreichende Unterstützung des Bewohners bei der Nutzung von Hilfsmitteln zur Fortbewegung erfolgt.
- der Bewohner sich aufgrund fehlender Unterstützung nicht im Freien aufhalten kann, obwohl er das möchte.

1.2 Unterstützung bei der Ernährung und Flüssigkeitsversorgung

Qualitätsaussage
Die versorgte Person wird bedarfs- und bedürfnisgerecht ernährt. Eine ausreichende Flüssigkeitsaufnahme ist sichergestellt.

Allgemeine Beschreibung
Zu prüfen ist die fachgerechte Unterstützung der versorgten Person bei der Ernährung und Flüssigkeitsversorgung. Dies schließt die Zusammenarbeit mit Ärztinnen und Ärzten und anderen Berufsgruppen, sofern diese sich an der Unterstützung der Ernährung und Flüssigkeitsversorgung der versorgten Person beteiligen, ein. Normativer Bezugspunkt für die Qualitätsbeurteilung ist der Expertenstandard „Ernährungsmanagement zur Sicherung und Förderung der oralen Ernährung in der Pflege" in der aktuellen Fassung.

Leitfragen
1. Sind die Ernährungssituation inkl. Flüssigkeitsversorgung der versorgten Person sowie die Selbständigkeit der versorgten Person in diesem Bereich fachgerecht erfasst worden?

Es ist zu beurteilen, ob eine fachgerechte Einschätzung der Ernährungssituation hinsichtlich Anzeichen oder dem Vorliegen einer etwaigen Mangelernährung und unzureichenden Flüssigkeitsaufnahme (z. B. unauffällige, trockene Schleimhäute, stehende Hautfalten), Nahrungsmittelunverträglichkeiten sowie ein etwaiges Aspirationsrisiko vorliegt.

2. Erfolgt eine ausreichende, bedürfnisgerechte Unterstützung der versorgten Person bei der Nahrungs- und Flüssigkeitsaufnahme?

Es ist zu beurteilen,
- ob bei der individuellen Maßnahmenplanung die unter Punkt 1 angesprochene aktuelle Ernährungssituation berücksichtigt ist und die Maßnahmen durchgeführt werden,
- ob Wünsche der versorgten Person zur Ernährung ermittelt und bei der Durchführung von Maßnahmen berücksichtigt werden,
- ob die Entwicklung der Ernährungssituation der versorgten Person beobachtet und bei auffälligen Veränderungen Kontakt zur behandelnden Ärztin oder zum behandelnden Arzt aufgenommen wird.

3. Werden erforderliche Hilfsmittel zur Unterstützung der Ernährung und Flüssigkeitsaufnahme fachgerecht eingesetzt?

Es ist zu beurteilen,
- ob der versorgten Person entsprechend der Einschätzung der Ernährungssituation inkl. der Flüssigkeitsversorgung und der damit einhergehenden Risiken geeignete Hilfsmittel zur Verfügung stehen,
- ob die Hilfsmittel, soweit möglich, individuell an die versorgte Person angepasst sind,
- ob die versorgte Person jederzeit, ggf. mit Unterstützung durch eine Pflegekraft, die Hilfsmittel nutzen kann. Bei der Beurteilung sind die beschränkten Einflussmöglichkeiten von Pflegeeinrichtungen auf die Beschaffung von Hilfsmitteln zu berücksichtigen. Die Prüferin oder der Prüfer sollte sich im Gespräch und mit der Inaugenscheinnahme der versorgten Person und ihres Zimmers ein eigenes Bild über das Vorhandensein, die Verfügbarkeit und den Einsatz der Hilfsmittel machen und bei der Beurteilung berücksichtigen.

Hinweise zur Bewertung:
B Diese Bewertung trifft beispielsweise zu, wenn die Selbständigkeit bei der Nahrungsaufnahme in der Pflegedokumentation stärker eingeschränkt beschrieben wird als sie tatsächlich ist, bei der Versorgung jedoch alle Beeinträchtigungen und das daraus resultierende Risiko der Mangelernährung berücksichtigt wird.

C Diese Bewertung trifft zu, wenn beispielsweise
- auf Anzeichen für eine reduzierte Nahrungsaufnahme, nicht reagiert wird.
- die Nahrung nicht in einer Form angeboten wird, die auf die Beeinträchtigungen des Bewohners abgestimmt ist.

D Diese Bewertung trifft zu, wenn beispielsweise
- keine ausreichende Unterstützung des Bewohners bei der Ernährung und Flüssigkeitsaufnahme erfolgt.
- der Bewohner Anzeichen einer Dehydration zeigt.
- Wünsche des Bewohners ignoriert werden, obwohl hierfür keine gesundheitlichen Gründe vorliegen.
- ein unerwünschter, gesundheitlich relevanter Gewichtsverlust vorliegt, den die Einrichtung zu verantworten hat.

1.3 Unterstützung bei Kontinenzverlust, Kontinenzförderung

Qualitätsaussage
Die versorgte Person wird bedarfs- und bedürfnisgerecht bei Kontinenzverlust unterstützt. Ggf. vorhandene künstliche Ausgänge werden fachgerecht versorgt.

Allgemeine Beschreibung
Gegenstand der Prüfung ist die fachgerechte Unterstützung der versorgten Person mit dem Ziel, Kontinenzverluste zu kompensieren und die Kontinenz der versorgten Person zu fördern. Zu prüfen ist dies sowohl hinsichtlich der Harn- als auch der Stuhlkontinenz. Normativer Bezugspunkt für die Qualitätsbeurteilung ist im Falle der Harnkontinenz der Expertenstandard „Förderung der Harnkontinenz in der Pflege" in der aktuellen Fassung.

Leitfragen
1. Wurde die Kontinenz der versorgten Person zutreffend erfasst?

Es ist zu beurteilen, ob eine fachgerechte Einschätzung vorliegt, die den aktuellen Status der Kontinenz der versorgten Person zutreffend und nachvollziehbar abbildet. Im Fall der Harnkontinenz ist eine Darstellung des jeweiligen Kontinenzprofils gemäß Expertenstandard zu erwarten. Der Nachweis erfolgt anhand entsprechender Einträge in der Pflegedokumentation, die durch Angaben der Mitarbeiterinnen oder Mitarbeiter der Einrichtung ergänzt werden können.

2. Werden geeignete Maßnahmen zum Kontinenzerhalt, zur Unterstützung bei Kontinenzverlust oder beim Umgang mit künstlichen Ausgängen durchgeführt?

Zu beurteilen ist,
- ob die individuelle Maßnahmenplanung die festgestellten Beeinträchtigungen der Kontinenz berücksichtigt und die Maßnahmen durchgeführt werden,
- ob etwaige Wünsche der versorgten Personen ermittelt und bei der Durchführung von Maßnahmen berücksichtigt werden,
- ob die Entwicklung der Kontinenz der versorgten Person beobachtet wird und im Falle auffälliger Veränderungen Kontakt zur behandelnden Ärztin oder zum behandelnden Arzt aufgenommen wird.

3. Werden erforderliche Hilfsmittel fachgerecht eingesetzt?

Es ist zu beurteilen,
- ob der versorgten Person entsprechend dem Kontinenzprofil geeignete Hilfsmittel zur Verfügung stehen,
- ob die Hilfsmittel, soweit möglich, individuell an die versorgte Person angepasst sind,
- ob die versorgte Person jederzeit, ggf. mit Unterstützung durch eine Pflegekraft, die Hilfsmittel nutzen kann.

Bei der Beurteilung der erforderlichen Hilfsmittel sind die beschränkten Einflussmöglichkeiten von Pflegeeinrichtungen auf die Beschaffung von Hilfsmitteln zu berücksichtigen.

Hinweise zur Bewertung:
B Diese Bewertung trifft beispielsweise zu, wenn das Kontinenzprofil nicht ganz zutreffend dokumentiert ist, bei der Versorgung jedoch alle Beeinträchtigungen und das Ziel der Kontinenzförderung berücksichtigt werden.

C Diese Bewertung trifft zu, wenn beispielsweise
- wichtige Hygieneanforderungen nicht berücksichtigt werden, hierdurch aber noch keine Probleme entstanden sind.

die individuelle Maßnahmenplanung nicht auf die Beeinträchtigungen des Bewohners zugeschnitten ist.

D Diese Bewertung trifft zu, wenn beispielsweise
- durch Vernachlässigung wichtiger Hygieneanforderungen Schädigungen der Haut eingetreten sind.
- die Durchführung der Maßnahmen nicht dem Bedarf entspricht.

1.4 Unterstützung bei der Körperpflege

Qualitätsaussage

Die versorgte Person wird bedarfs- und bedürfnisgerecht bei ihrer Körperpflege unterstützt.

Allgemeine Beschreibung

Zu prüfen ist, ob die notwendige Körperpflege bei der versorgten Person sichergestellt wird und ob die Maßnahmen zur Unterstützung dem Bedarf und den Wünschen der versorgten Person entsprechen. Die Körperpflege umfasst auch die Mund- und Zahnpflege. Zu prüfen ist ferner, ob auf Auffälligkeiten des Hautzustands fachgerecht reagiert wird.

Leitfragen

1. Werden bedarfsgerechte Maßnahmen zur Unterstützung bei der Körperpflege durchgeführt?

Zu beurteilen ist,
- ob die individuelle Maßnahmenplanung eine bedarfsgerechte Unterstützung bei der Körperpflege gewährleistet und die erforderlichen Maßnahmen durchgeführt werden (einschließlich Mund- und Zahnpflege),
- ob grundlegende hygienische Anforderungen an die Körperpflege beachtet werden,
- ob der Zustand der Haut, der Haare und der Fuß- und Fingernägel sowie die Mund- und Zahngesundheit im Rahmen der Einwirkungsmöglichkeiten der Einrichtung angemessen ist.

2. Wurden etwaige Auffälligkeiten des Hautzustands beurteilt und wurde auf diese Auffälligkeiten fachgerecht reagiert?

Angesprochen sind hier beispielsweise Auffälligkeiten wie Rötungen, Schuppungen, übermäßig trockene oder feuchte Haut. Zu überprüfen ist, ob die mit diesen Auffälligkeiten verbundenen Risiken und fachlichen Anforderungen berücksichtigt werden. Damit angesprochen ist die Einschätzung des Dekubitusrisikos, die Durchführung der pflegerischen Maßnahmen und – wenn die Auffälligkeiten auf schwerwiegende pathologische Veränderungen hindeuten – ggf. auch die Kommunikation mit der behandelnden Ärztin oder dem behandelnden Arzt.

3. Werden bei der Körperpflege Wünsche der versorgten Person, das Selbstbestimmungsrecht und der Grundsatz der Wahrung der Intimsphäre berücksichtigt?

Zu beurteilen ist, ob Wünsche der versorgten Person ermittelt und in der Maßnahmenplanung und Durchführung der Pflege berücksichtigt werden.
Die Frage sollte vorrangig im Gespräch mit der Person überprüft werden. Ist das nicht möglich, sollten Einzelheiten der Körperpflege im Fachgespräch mit den Mitarbeiterinnen oder den Mitarbeitern erfasst und beurteilt werden.

Hinweise zur Bewertung:
B Diese Bewertung trifft beispielsweise zu, wenn Bewohnerwünsche zur Durchführung der Körperpflege nicht systematisch ermittelt wurden.

C Diese Bewertung trifft zu, wenn beispielsweise
- auf einen auffälligen Hautzustand (Rötungen, Schuppungen) nicht reagiert wurde.
- Auffälligkeiten des Hautzustands bei der Einschätzung des Dekubitusrisikos unberücksichtigt blieben.
- grundlegende Hygieneanforderungen bei der Körperpflege nicht berücksichtigt werden.
- Ressourcen des Bewohners bei der Körperpflege nicht bekannt sind.
- die individuelle Maßnahmenplanung keine Versorgung vorsieht, die dem Bedarf des Bewohners entspricht.

D Diese Bewertung trifft zu, wenn beispielsweise
- der Zustand der Haut, der Haare, der Fuß- oder Fingernägel auf eine unzureichende Körperpflege hinweist.

- die individuelle Versorgung vorsieht, die dem Bedarf des Bewohners entspricht.
- individuelle Wünsche (Duschen, Baden, Waschen am Waschbecken, kaltes oder warmes Wasser etc.) des Bewohners bei der Körperpflege nicht beachtet werden.
- die Intimsphäre des Bewohners bei der Körperpflege nicht gewahrt wird (z.B. Abdecken von Körperpartien u. ä.).

Bereich 2: Unterstützung bei der Bewältigung von krankheits- und therapiebedingten Anforderungen und Belastungen

2.1 Medikamentöse Therapie

Qualitätsaussage

Die versorgte Person wird im Zusammenhang mit der Medikation fachgerecht unterstützt. Die Einnahme von Medikamenten entspricht den ärztlichen An- bzw. Verordnungen, und die Weiterleitung erforderlicher Informationen an die behandelnden Ärztinnen und Ärzte ist sichergestellt.

Allgemeine Beschreibung

Zu prüfen sind hier die Maßnahmen zur Unterstützung der versorgten Person im Zusammenhang mit der individuellen Medikation, die Beachtung ärztlicher An- bzw. Verordnungen, die Kommunikation mit anderen Berufsgruppen und die Reaktion auf etwaige Nebenwirkungen im Zusammenhang mit der Medikation.

Leitfragen

1. Entspricht die Unterstützung bei der Medikamenteneinnahme der ärztlichen An- bzw. Verordnung?

– Die Überprüfung schließt auch die Bedarfsmedikation ein.

2. Erfolgt die Lagerung und Vorbereitung der Medikamente fachgerecht?

Die Lagerung und Vorbereitung der Medikamente ist fachgerecht, wenn
– die gerichteten Medikamente mit den Angaben in der Pflegedokumentation übereinstimmen,
– diese personenbezogen beschriftet aufbewahrt werden,
– ggf. eine notwendige Kühlschranklagerung (2 – 8°C) erfolgt,
– diese als Betäubungsmittel verschlossen und gesondert aufbewahrt werden,
– bei einer begrenzten Gebrauchsdauer nach dem Öffnen der Verpackung das Anbruchs- oder Verbrauchsdatum ausgewiesen wird (es muss zweifelsfrei erkennbar sein, um welches Datum es sich handelt),

– Medikamente in Blisterpackungen entsprechend der Apothekenbetriebsordnung mit Namen der versorgten Person, Angaben zum enthaltenen Medikament mit Chargenkennzeichnung, Verfalldatum, Einnahmehinweisen, eventuellen Lagerungshinweisen und abgebender Apotheke ausgezeichnet sind.

3. Erhält die versorgte Person die ihrem Bedarf entsprechende Unterstützung zur Einnahme der Medikamente?

Zu prüfen ist hier,
– ob besondere ärztliche Anordnungen vorliegen und die Versorgung diesen Anordnungen folgt,
– ob mögliche Nebenwirkungen der Medikamente beobachtet und beurteilt werden und bei auffälligen Veränderungen Kontakt zur behandelnden Ärztin oder zum behandelnden Arzt aufgenommen wird.

4. Entspricht die Kommunikation mit der Ärztin oder dem Arzt den individuellen Erfordernissen?

Bei dieser Frage sind die für die jeweilige versorgte Person relevanten Erfordernisse zu beachten, die sich je nach Erkrankung bzw. je nach Therapie unterscheiden können.

Hinweise zur Bewertung:
B Diese Bewertung trifft beispielsweise zu, wenn in der Pflegedokumentation Mitteilungen an den Arzt nicht lückenlos nachweisbar sind, von Mitarbeitern aber nachvollziehbar dargestellt werden können.

C Diese Bewertung trifft zu, wenn beispielsweise
– die Dokumentation ärztlich verordneter Medikamente und die entsprechende Maßnahmenplanung nicht den fachlichen Anforderungen entsprechen (Applikationsform, vollständige Bezeichnung von Medikament und Wirkstoff, Dosierung, Häufigkeit, tageszeitliche Vorgaben)
– die Lagerung oder Vorbereitung der Medikamente Mängel aufweist (z. B. wenn gerichtete Medikamente nicht mit den Angaben in der Pflegedokumentation übereinstimmen, z. B. gleicher Inhaltsstoff und gleiche Dosierung, aber anderer Medikamentenname).

- die Medikamente nicht vorschriftsmäßig gekennzeichnet sind (z. B. Originalverpackungen oder Tropfenflaschen sind nicht mit dem Bewohnernamen beschriftet).
- s.c. und i.m. Injektionen durch dazu nicht befähigte Pflegepersonen verabreicht werden.
- gesundheitliche Reaktionen, die mit der Medikation zusammenhängen könnten, nicht beachtet werden.

D Diese Bewertung trifft zu, wenn beispielsweise
- der Bewohner ein nicht für ihn bestimmtes Medikament erhalten hat.
- die Medikamentengabe von der ärztlichen Verordnung / Anordnung abweicht (z. B. abweichende Dosierung), ohne dass hierfür nachvollziehbare, fachliche Gründe vorliegen.
- kognitiv beeinträchtigte Bewohner keine ausreichende Hilfestellung bei der Einnahme der Medikation erhalten.
- Bewohner mit anderen Beeinträchtigungen keine ausreichende Hilfestellung bei der Einnahme der Medikation erhalten, obwohl sie darauf angewiesen sind.

2.2 *Schmerzmanagement*

Qualitätsaussage
Versorgte Personen mit Schmerzen erhalten ein fachgerechtes Schmerzmanagement.

Allgemeine Beschreibung
Zu prüfen ist die Gesamtheit des pflegerischen Schmerzmanagements. Dies schließt die Zusammenarbeit mit Ärztinnen und Ärzten und anderen Berufsgruppen, sofern sie mit dem Ziel der Unterstützung der versorgten Person bei der Schmerzbewältigung tätig werden, mit ein. Normative Bezugspunkte für die Qualitätsbeurteilung sind die Expertenstandards „Schmerzmanagement in der Pflege bei akuten Schmerzen" und „Schmerzmanagement in der Pflege bei chronischen Schmerzen" in der jeweils aktuellen Fassung.

Leitfragen
1. Ist die Schmerzsituation der versorgten Person fachgerecht erfasst worden?

Es ist zu beurteilen, ob bei Bedarf eine differenzierte Schmerzeinschätzung mit Berücksichtigung der Schmerzintensität, -lokalisation, der zeitlichen Dimension und der Konsequenzen für den Lebensalltag vorliegt.

2. Erhält die versorgte Person eine fachgerechte Unterstützung zur Schmerzbewältigung?

Zu beurteilen ist hier,
- ob die individuelle Maßnahmenplanung bei vorliegenden chronischen Schmerzen die Schmerzsituation berücksichtigt,
- ob die Gabe von Schmerzmedikamenten der ärztlichen An- bzw. Verordnung entspricht,
- ob relevante Veränderungen der Schmerzsituation, die Wirkung von Schmerzmedikamenten und schmerzmittelbedingten Nebenwirkungen beobachtet und bei Bedarf der behandelnden Ärztin oder dem behandelnden Arzt mitgeteilt werden.
- Beratungsprotokoll

Zu berücksichtigen sind hier wie auch an verschiedenen anderen Stellen die Grenzen der Einwirkungsmöglichkeiten der Einrichtung, insbesondere im Hinblick auf das ärztliche An- bzw. Verordnungsverhalten.

Hinweise zur Bewertung:
B Diese Bewertung trifft beispielsweise zu, wenn in der Pflegedokumentation ungenaue Angaben zur Schmerzsituation vorliegen, das Schmerzmanagement jedoch ansonsten fachgerecht erfolgt.

C Diese Bewertung trifft zu, wenn beispielsweise
- die Schmerzsituation in der Maßnahmenplanung nicht oder nicht ausreichend berücksichtigt wird, der Bewohner aber dennoch wirksame Unterstützung erhält.
- wenn relevante Veränderungen der Schmerzsituation nicht dem behandelnden Arzt mitgeteilt wurden.
- etwaige Nebenwirkungen der Schmerzmedikation unbeachtet blieben.

D Diese Bewertung trifft zu, wenn beispielsweise
- bei Bewohnern mit akuten Schmerzen keine Maßnahmen zur Schmerzlinderung durchgeführt oder eingeleitet werden.

- Bewohner mit chronischen Schmerzen die ärztlich verordneten Medikamente nicht erhalten.
- die ärztliche Therapie aufgrund fehlender Informationsübermittlung an den behandelnden Arzt nicht der aktuellen Schmerzsituation des Bewohners entspricht.

2.3 *Wundversorgung*

Qualitätsaussage
Die Wunden von versorgten Personen werden fachgerecht versorgt.

Allgemeine Beschreibung
Zu prüfen sind pflegerische Maßnahmen der Wundversorgung, die begleitend zu ärztlichen An- bzw. Verordnungen bzw. darüber hinaus durchgeführt werden, sowie Maßnahmen, die auf ärztlichen An- bzw. Verordnungen beruhen. Normativer Bezugspunkt ist der Expertenstandard „Pflege von Menschen mit chronischen Wunden" in der aktuellen Fassung.

Leitfragen
1. Entspricht die Unterstützung bei der Medikamenteneinnahme der ärztlichen An- bzw. Verordnung?

Es ist zu beurteilen, ob eine fachgerechte Einschätzung der Wundsituation hinsichtlich der in der Wundbeschreibung aufgeführten Aspekte vorliegt.

2. Erhält die versorgte Person eine fachgerechte Unterstützung bei der Wundversorgung?

Zu beurteilen ist hier,
- ob die individuelle Maßnahmenplanung zur Wundversorgung die aktuelle Wundsituation berücksichtigt,
- ob die Versorgung entsprechend der ärztlichen Anordnungen erfolgt,
- ob der Heilungsprozess beobachtet und bei auffälligen Veränderungen oder fehlenden Fortschritten im Heilungsprozess Kontakt zur behandelnden Ärztin oder zum behandelnden Arzt aufgenommen wird,
- ob die Wundversorgung hygienische Anforderungen berücksichtigt.

Hinweise zur Bewertung:

B Diese Bewertung trifft beispielsweise zu, wenn die Wunddokumentation geringfügige Ungenauigkeiten aufweist, die sich nicht auf die Wundversorgung auswirken.

C Diese Bewertung trifft zu, wenn beispielsweise
- die Veränderungen der Wundsituation nicht mit dem Arzt besprochen wurden.
- die Wundsituation unzureichend beschrieben ist.

D Diese Bewertung trifft zu, wenn beispielsweise
- die Wundsituation bei der individuellen Maßnahmenplanung nicht ausreichend berücksichtigt wird.
- Wundinfektionen aufgrund einer nicht fachgerechten Wundversorgung aufgetreten sind.

2.4 Unterstützung bei besonderen medizinisch-pflegerischen Bedarfslagen

Qualitätsaussage

Versorgte Personen mit besonderen medizinisch-pflegerischen Bedarfslagen werden bedarfsgerecht und entsprechend der ärztlichen An- bzw. Verordnung versorgt.

Allgemeine Beschreibung

Zu prüfen ist die pflegerische Versorgung, die sich auf die oben genannten Bedarfslagen richtet. Dies schließt die Umsetzung ärztlicher An- bzw. Verordnungen und die Zusammenarbeit mit Ärztinnen und Ärzten und anderen Berufsgruppen mit ein. Die besonderen medizinisch-pflegerischen Bedarfslagen sind weitgehend in Anlehnung an die Häusliche Krankenpflege-Richtlinie definiert. Hier wird auch die Versorgung von Eintrittsstellen bei invasiven Maßnahmen geprüft, auch wenn dafür keine An- bzw. Verordnung vorliegt.

Leitfragen

1. Werden die Maßnahmen entsprechend der ärztlichen An- bzw. Verordnung erbracht?

Zur Beurteilung ist die Verfügbarkeit der ärztlichen An- bzw. Verordnung erforderlich. Auf Basis der Befragung der versorgten Person, des Fachgesprächs mit den Mitarbeiterinnen und Mitarbeitern der Einrichtung und der Pflegedokumentation ist zu beurteilen, ob die Durchführung der An- bzw. Verordnung entspricht.

2. Ist im Bedarfsfall (z. B. bei gesundheitlichen Veränderungen oder kurz vor Ablauf des An- bzw. Verordnungszeitraums) eine Kommunikation mit der verordnenden Ärztin oder dem verordnenden Arzt erkennbar?

Zu beurteilen ist bei dieser Frage, ob die Einrichtung erkennbar den Versuch unternommen hat, über Sachverhalte, die die An- bzw. Verordnung betreffen, mit der verordnenden Ärztin oder dem verordnenden Arzt zu kommunizieren. Neben gesundheitlichen Veränderungen und dem Ende des Versorgungszeitraums sollten auch Unklarheiten im Zusammenhang mit der ärztlichen An- bzw. Verordnung Anlass sein, die Kommunikation mit der verordnenden Ärztin oder dem verordnenden Arzt zu suchen.

3. Werden Qualifikationsanforderungen berücksichtigt?

Bei dieser Frage geht es darum, ob die an- bzw. verordneten Maßnahmen von Pflegefachkräften durchgeführt werden und ob eine etwaige Beteiligung von Mitarbeiterinnen und Mitarbeitern, die über keine dreijährige Ausbildung verfügen, unter der Verantwortung von Pflegefachkräften erfolgt (z. B. Unterstützung der Versorgung von MRSA-Trägern).

4. Entspricht die Durchführung der Maßnahme dem aktuellen Stand des Wissens und etwaigen besonderen Anforderungen im Einzelfall?

Zu beurteilen ist, ob die Maßnahmen nach dem aktuellen Stand des Wissens fachgerecht durchgeführt werden. Nähere Hinweise hierzu finden sich in der Qualitätsprüfungs-Richtlinie Häusliche Krankenpflege (QPR-HKP) in der jeweils aktuellen Fassung.

Die Leitfragen entsprechen der Ausrichtung anderer Leifragen zu den Qualitätsaspekten 2.1 – 2.4. Es ist zu betonen, dass an dieser Stelle nicht sämtliche Maßnahmen zu den ärztlichen An- bzw. Verordnungen im Detail zu beurteilen sind. Der Qualitätsaspekt 2.5 dient dazu, bereits getroffene Feststellungen einzuordnen.

Hinweise zur Bewertung:

B Diese Bewertung trifft beispielsweise zu, wenn die Durchführung von Maßnahmen, etwa ein Verbandswechsel bei künstlichen Ausgängen, nicht durchgängig dokumentiert wurden.

C Diese Bewertung trifft zu, wenn beispielsweise
- die wichtige Vorgaben zur Versorgung in der schriftlichen Maßnahmenplanung nicht berücksichtigt sind (z. B. bei Versorgung von Trachealkanülen: Erforderliche Hilfsmittel oder Angaben über die Häufigkeit und Art des Kanülenwechsels).
- die Maßnahmenplanung lückenhaft ist, aber nachvollziehbar ist, dass die betreffenden Maßnahmen durchgeführt worden sind.

D Diese Bewertung trifft zu, wenn beispielsweise
- beim Absaugen oder bei der Stoma-Versorgung Hygieneanforderungen nicht ausreichend berücksichtigt werden.
- ärztliche Anordnungen nicht eingehalten werden.
- bei der Versorgung mit einer Trachealkanüle notwendige Maßnahmen nicht durchgeführt werden (z. B. regelmäßiges Entfernen der liegenden Trachealkanüle, Reinigung und Pflege, Einsetzen und Fixieren der neuen Trachealkanüle).

2.5 Unterstützung bei der Bewältigung von sonstigen therapiebedingten Anforderungen

Qualitätsaussage

Die versorgten Personen werden bedarfsgerecht und entsprechend der ärztlichen An- bzw. Verordnung im Umgang mit sonstigen therapiebedingten Anforderungen unterstützt.

Allgemeine Beschreibung

Zu beurteilen ist, ob die Versorgung den ärztlichen An- bzw. Verordnungen entspricht und ob hinsichtlich der Durchführung von Maßnahmen und der Kommunikation mit den verordnenden Ärztinnen und Ärzten Defizite oder Auffälligkeiten festgestellt worden sind.

Wichtige Hinweise:
An dieser Stelle werden die Feststellungen der Prüferin oder des Prüfers im Zusammenhang mit der Unterstützung der versorgten Person bei der Bewältigung von sonstigen therapiebedingten Anforderungen, die nicht in die Bewertungen der Qualitätsaspekte 2.1 bis 2.4 eingeflossen sind, dokumentiert. Dies gilt beispielsweise für die Blutdruck- oder Blutzuckermessung, hinsichtlich derer bei der Beurteilung anderer Qualitätsaspekte Auffälligkeiten oder Defizite festgestellt wurden.

Hinweise zur Informationserfassung
Abgesehen von der Nennung der betreffenden ärztlichen An- bzw. Verordnungen erfolgt keine gesonderte Informationserfassung. Vielmehr sind die Informationen zu nutzen, die im Rahmen der Bewertung anderer Qualitätsaspekte erfasst wurden.

Leitfragen
1. Werden Maßnahmen entsprechend der ärztlichen An- bzw. Verordnung durchgeführt?
2. Ist im Bedarfsfall eine Kommunikation mit der verordnenden Ärztin oder dem verordnenden Arzt erkennbar?
3. Entspricht die Durchführung der Maßnahme dem aktuellen Stand des Wissens und etwaigen besonderen Anforderungen im Einzelfall?

Die Leitfragen entsprechen der Ausrichtung anderer Leifragen zu den Qualitätsaspekten 2.1 - 2.4. Es ist zu betonen, dass an dieser Stelle nicht sämtliche Maßnahmen zu den ärztlichen An- bzw. Verordnungen im Detail zu beurteilen sind. Der Qualitätsaspekt 2.5 dient dazu, bereits getroffene Feststellungen einzuordnen.

Bereich 3: Unterstützung bei der Gestaltung des Alltagslebens und der sozialen Kontakte

3.1 Unterstützung bei Beeinträchtigungen der Sinneswahrnehmung

Qualitätsaussage
Versorgte Personen mit beeinträchtigter Sinneswahrnehmung werden in ihrem Alltagsleben und bei der Nutzung von Hilfsmitteln unterstützt.

Allgemeine Beschreibung
Zu prüfen ist hier die Unterstützung der versorgten Person bei der Bewältigung und Kompensation von Beeinträchtigungen des Seh- und Hörvermögens und bei der Nutzung von Hilfsmitteln, die in diesem Zusammenhang relevant sind.

Leitfragen

1. Wurden Beeinträchtigungen des Seh- oder Hörvermögens erfasst und in ihren Folgen für den Lebensalltag zutreffend eingeschätzt (einschließlich ihrer Bedeutung für gesundheitliche Risiken)?

Die Prüferin oder der Prüfer sollte sich im Gespräch und mit der Inaugenscheinnahme der versorgten Person ein eigenes Bild vom Seh- und Hörvermögen machen und bei der Beurteilung berücksichtigen.

2. Werden Maßnahmen ergriffen, um die Beeinträchtigungen des Seh- oder Hörvermögens zu kompensieren?

Zu beurteilen ist,
- ob bei der individuellen Maßnahmenplanung die aktuellen Beeinträchtigungen des Seh- oder Hörvermögens berücksichtigt sind,
- ob Anpassungen der Wohnumgebung an die Beeinträchtigungen vorgenommen worden sind,
- ob die Entwicklung des Seh- oder Hörvermögens der versorgten Person beobachtet wird und bei auffälligen Veränderungen eine Kontaktaufnahme zur behandelnden Ärztin oder zum behandelnden Arzt erfolgt.

3. Werden geeignete Hilfsmittel zur Kompensation der Beeinträchtigungen des Seh- oder Hörvermögens eingesetzt?

Es ist zu beurteilen, ob
- der versorgten Person entsprechend ihrer Beeinträchtigungen von Seh- und Hörvermögen geeignete Hilfsmittel zur Verfügung stehen,
- die Hilfsmittel, soweit möglich, individuell angepasst sind,
- die versorgte Person jederzeit, ggf. mit Unterstützung durch eine Pflegekraft, die Hilfsmittel nutzen kann.

Hinweise zur Bewertung:

B Diese Bewertung trifft beispielsweise zu, wenn sich beispielsweise nur lückenhafte Hinweise auf Erfassung von Sinnesbeeinträchtigungen in der Pflegedokumentation finden lassen, aber dennoch nachvollzogen werden kann, dass die Mitarbeiter die Beeinträchtigungen kennen und geeignete Maßnahmen zur Verringerung von Risiken und Gefährdungen durchführen.

C Diese Bewertung trifft zu, wenn beispielsweise
- Beeinträchtigungen des Seh- oder Hörvermögens nicht erkannt wurden.
- Veränderung des Seh- oder Hörvermögens im Zeitverlauf nicht überprüft werden.
- die Wohnumgebung nicht auf Beeinträchtigungen der Sinneswahrnehmung zugeschnitten ist.
- Risiken und Gefährdungen, die mit den individuellen Beeinträchtigungen einhergehen, nicht oder nicht adäquat eingeschätzt wurden.

D Diese Bewertung trifft zu, wenn beispielsweise
- benötigte Hilfsmittel nicht vorhanden, unzureichend angepasst oder nicht funktionsfähig sind.
- die Wohnumgebung nicht auf Beeinträchtigungen Sehvermögens zugeschnitten ist und es hierdurch zu einem Sturzereignis gekommen ist.
- der Bewohner keine Unterstützung erhält, die aufgrund der Beeinträchtigung der Sinneswahrnehmung erforderlich wäre.

3.2 Unterstützung bei der Tagesstrukturierung, Beschäftigung und Kommunikation

Qualitätsaussage

Die versorgten Personen werden dabei unterstützt, eine ihren Bedürfnissen und Beeinträchtigungen entsprechende Tagesstruktur zu entwickeln und umzusetzen. Der versorgten Person stehen Beschäftigungsmöglichkeiten zur Verfügung, die mit ihren Bedürfnissen in Einklang stehen. Sie wird bei der Nutzung dieser Möglichkeiten unterstützt. Versorgte Personen mit beeinträchtigten kommunikativen Fähigkeiten werden in der Kommunikation, bei der Knüpfung und der Aufrechterhaltung sozialer Kontakte unterstützt.

Allgemeine Beschreibung

Zu prüfen ist, ob für die versorgte Person eine individuelle Gestaltung des Tagesablaufs ermöglicht und gefördert wird, die ihren Bedürfnissen entspricht. Zu prüfen ist ferner, ob bei versorgten Personen, die kognitive oder psychische Beeinträchtigungen aufweisen, die Tagesstrukturierung zur Förderung von Orientierung und Wohlbefinden eingesetzt wird. Dabei ist auch zu prüfen, ob die versorgte Person bei der Auswahl und Durchführung bedürfnisgerechter Aktivitäten unterstützt wird, ebenso bei der Kommunikation mit vertrauten Bezugspersonen, Freunden oder Bekannten.

Leitfragen

1. Sind die Interessen an Aktivitäten und Gewohnheiten der versorgten Person bekannt?

Zu beurteilen ist, ob im Rahmen der Möglichkeiten der Einrichtung die aktuellen Interessen der versorgten Person in Erfahrung gebracht wurden. Auch sollte die Prüferin oder der Prüfer, soweit möglich, im Gespräch mit der Person aktuelle Interessen erfragen und diese bei der Beurteilung berücksichtigen.

2. Wurde mit der versorgten Person (oder ihren Bezugspersonen) eine individuelle Tagesstrukturierung erarbeitet?

Es ist zu beurteilen, ob die geplante Tagesstrukturierung individuell an die Wünsche und Gewohnheiten der versorgten Person angepasst wurde. Die geplante Tagesstrukturierung sollte Wach- und Ruhezeiten, Zeiträume für Mahlzeiten und Gewohnheiten der Person in Bezug auf den Tagesablauf beinhalten.

3. Orientieren sich pflegerische Versorgung und andere Hilfen an der individuell festgelegten Tagesstrukturierung und den Bedürfnissen der versorgten Person?

Zu beurteilen ist, ob in der Pflegedokumentation (insbesondere in der Maßnahmenplanung) und den tatsächlichen Abläufen im Lebensalltag eine individuelle Tagesstruktur erkennbar ist und sie den individuellen Bedürfnissen entspricht, soweit diese bekannt sind.

4. Erhält die versorgte Person Unterstützung dabei, bedürfnisgerechten Beschäftigungen im Lebensalltag nachzugehen?

Zu beurteilen ist, ob der versorgten Person geplante Gruppen- oder Einzelaktivitäten angeboten werden, die seinen Interessen und seinen individuellen Möglichkeiten entsprechen. Zu beurteilen ist ferner, ob die individuelle Unterstützung, die die Person unabhängig von geplanten Angeboten erhält, eine bedürfnisgerechte und den individuellen Fähigkeiten entsprechende Beschäftigung ermöglichen.

Hinweise zur Bewertung:
B Diese Bewertung trifft beispielsweise zu, wenn sich beispielsweise keine oder nur lückenhafte Hinweise auf die Ermittlung der relevanten Bedürfnisse des Bewohners in der Pflegedokumentation finden lassen, aber aufgrund anderer Informationen nachvollzogen werden kann, dass die Bedürfnisse des Bewohners bekannt sind und sich die Tagesstrukturierung daran ausrichtet.

C Diese Bewertung trifft zu, wenn beispielsweise
– eine Tagesstrukturierung existiert, aber nicht schriftlich fixiert wurde (z. B. nur mündlich kommuniziert wird).
– nicht erkennbar ist, dass reflektiert oder praktisch überprüft wurde, ob durch eine Anpassung der Tagesstrukturierung emotionale Belastungen oder Verhaltensweisen des Bewohners positiv beeinflusst werden können (falls ein entsprechender Bedarf besteht).
– die Bedürfnisse des Bewohners nicht bekannt sind, weil die Einrichtung die im Einzelfall bestehenden Möglichkeiten zur Erfassung der Bedürfnisse nicht ausgeschöpft hat.

D Diese Bewertung trifft zu, wenn beispielsweise
- keine Tagesstrukturierung existiert, obwohl der Bewohner den Tag nicht selbständig planen und seine Planung umsetzen kann.
- keine Unterstützung des Bewohners erfolgt, den Alltag gemäß der definierten Tagesstrukturierung zu gestalten.
- die vorliegende Tagesstrukturierung keinen Bezug zu den Bedürfnissen des Bewohners aufweist.
- für den Bewohner keine geeigneten, seinen Bedürfnissen und gesundheitlichen Beeinträchtigungen entsprechenden Beschäftigungsangebote existieren.
- vom Bewohner gewünschte, geplante Aktivitäten aufgrund fehlender Unterstützung regelmäßig nicht durchgeführt werden können.
- der Bewohner keine Unterstützung dabei erhält, an der Gemeinschaft mit anderen innerhalb der Einrichtung teilzunehmen.

3.3 Nächtliche Versorgung

Qualitätsaussage
Die Einrichtung leistet auch in der Nacht eine bedarfs- und bedürfnisgerechte Versorgung.

Allgemeine Beschreibung
Zu prüfen ist hier, inwieweit die Versorgung der versorgten Person auch die nächtlichen Problem- und Bedarfslagen berücksichtigt. Dies schließt Maßnahmen wie Lagerungen, Hilfen beim Toilettengang oder Inkontinenzversorgung ebenso ein wie den Umgang mit Verschiebungen/Umkehrungen des Rhythmus von Wachen und Schlafen oder mit Einschlafschwierigkeiten.

Leitfragen
1. Liegt eine aussagekräftige Bedarfseinschätzung und Maßnahmenplanung für die nächtliche Versorgung vor?

Hinweise in der Pflegedokumentation sind nur dann erforderlich, wenn ein nächtlicher Unterstützungsbedarf besteht.

2. Wird bei bestehenden Ein- und Durchschlafschwierigkeiten eine darauf ausgerichtete Unterstützung geleistet?

Hierzu gehört auch die Frage, inwieweit eine geeignete Tagesstruktur existiert und die versorgte Person tagsüber in Aktivitäten eingebunden ist.

3. Berücksichtigt die Maßnahmenplanung besondere Risikosituationen während der Nacht (z. B. bei Personen mit motorisch geprägten Verhaltensauffälligkeiten)?

Liegt eine solche Risikosituation vor, sollten in der Maßnahmenplanung entsprechend Hinweise (zumindest Hinweise zur notwendigen Beobachtung) enthalten sein.

Hinweise zur Bewertung:
B Diese Bewertung trifft beispielsweise zu, wenn die Darstellung des nächtlichen Bedarfs in der Pflegedokumentation lückenhaft oder unzutreffend ist, aber eine dem individuellen Bedarf entsprechende Maßnahmenplanung vorliegt.

C Diese Bewertung trifft zu, wenn beispielsweise
- der Bewohner regelmäßig Einschlafschwierigkeiten aufweist, die jedoch in der Maßnahmenplanung nicht berücksichtigt werden.
- verhaltensbedingte Risiken während der Nacht bei der Bedarfseinschätzung nicht erfasst worden sind.

D Diese Bewertung trifft zu, wenn beispielsweise
- keine dem Bedarf entsprechende Maßnahmenplanung für die Nacht vorliegt.
- auf Nachtaktivität des Bewohners oder Durchschlafprobleme nicht reagiert wird.
- notwendige Hilfen aufgrund personeller Engpässe wiederholt nicht geleistet werden konnten.

Bereich 4: Unterstützung in besonderen Bedarfs- und Versorgungssituationen

4.1 Unterstützung der versorgten Person in der Eingewöhnungsphase nach dem Einzug

Qualitätsaussage
Die versorgte Person wurde während der Eingewöhnung in die neue Lebensumgebung zielgerichtet unterstützt.

Allgemeine Beschreibung
Zu prüfen ist hier, ob die Einrichtung eine zielgerichtete Unterstützung der versorgten Person in der Eingewöhnungsphase leistet. Hierzu gehört die Förderung des Wohlbefindens, des Sicherheitsgefühls der versorgten Person und der Integration in die neue Lebensumgebung. Ebenfalls eingeschlossen ist die zeitgerechte Vorbereitung der bedarfs- und bedürfnisgerechten Versorgung.

Leitfragen
1. Wurde vor dem Einzug oder kurzfristig (innerhalb von 24 Stunden) nach dem Einzug der versorgten Person eine Einschätzung vorgenommen, ob bzw. in welchen Punkten ein dringender Versorgungsbedarf besteht?

Zu beurteilen ist, ob vor oder unmittelbar nach dem Einzug
- die ärztlich an- bzw. verordnete Medikation erfasst wurde,
- eine erste Einschätzung gesundheitlicher Risiken erfolgte (beispielsweise Dekubitusrisiko, Sturzrisiko oder Nahrungsmittelunverträglichkeiten),
- geeignete Maßnahmen zu den erfassten Risiken eingeleitet wurden.

2. Bei Langzeitpflege: Leistete die Einrichtung in den ersten Wochen nach dem Einzug zielgerichtete Unterstützung?

Zu überprüfen ist, ob die Einrichtung eine individuell auf die versorgte Person abgestimmte Begleitung in den ersten Wochen nach dem Einzug umgesetzt hat. Dazu zählt beispielsweise eine der versorgten Person und den Angehörigen namentlich bekannte Ansprechpartnerin oder ein Ansprechpartner, der in den ersten Wochen regelmäßig Kontakt aufnimmt, Unterstützung bei der Kontaktaufnahme zu anderen Personen herstellt, die zielgerichtete Integration in Aktivitäten übernimmt, die Kommunikation mit der Person selbst, spezifische biografieorientierte Maßnahmen (z. B. bei Demenzkranken) veranlasst. Im Mittelpunkt der Prüfung steht die Frage, ob die Einrichtung ein systematisches Vorgehen plante und realisierte. Das Prüfteam hat allerdings nicht zu beurteilen, ob das gesamte Spektrum an Maßnahmen, die sich als Unterstützung in der Eingewöhnungsphase eignen, berücksichtigt wurde.

3. Bei Kurzzeitpflege: Leistete die Einrichtung in den ersten Tagen nach der Aufnahme zielgerichtete Unterstützung?

Der Qualitätsaspekt wird im Falle von Kurzzeitpfleggästen analog geprüft, aber mit etwas anderen Akzentuierungen. Zu überprüfen ist, ob die Einrichtung eine individuell auf die versorgte Person abgestimmte Begleitung in den ersten Tagen nach der Aufnahme umgesetzt hat. Dazu zählen beispielsweise eine der versorgten Person und den Angehörigen namentlich bekannte Ansprechpartnerin oder ein Ansprechpartner, die oder der in den ersten Tagen regelmäßig Kontakt aufnimmt, die Integration in Aktivitäten, spezifische biografieorientierte Maßnahmen (z. B. bei Demenzkranken) u. ä.

Hinweise zur Bewertung:
B Diese Bewertung trifft beispielsweise zu, wenn die Dokumentation des Verlaufs der Eingewöhnungsphase und der geleisteten Hilfen lückenhaft ist, eine bedarfsgerechte Unterstützung des Bewohners aber dennoch nachvollziehbar geleistet wurde.

C Diese Bewertung trifft zu, wenn beispielsweise
- Informationen zu einem Versorgungsbedarf, der sofortige Reaktionen erforderlich macht, nicht spätestens innerhalb von 24 Stunden nach dem Heimeinzug erfasst wurden (z. B. Medikation, Verhaltensweisen mit Selbst- oder Fremdgefährdungspotenzial, problematischer Hautzustand).
- ein Integrationsgespräch zwar stattfand, die Ergebnisse aber nicht verschriftlicht wurden.
- die Maßnahmenplanung die Unterstützung des Einlebens nicht berücksichtigte.

D Diese Bewertung trifft zu, wenn beispielsweise
- nicht erkennbar ist, dass eine zielgerichtete Unterstützung zum Einleben überhaupt umgesetzt wurde.
- die Unterstützung zum Einleben sich auf das Integrationsgespräch beschränkte, wenngleich ein weitergehender Unterstützungsbedarf gegeben war.

4.2 *Überleitung bei Krankenhausaufenthalten*

Qualitätsaussage

Die Pflegeeinrichtung leistet im Rahmen ihrer Möglichkeiten einen Beitrag, im Falle notwendiger Krankenhausaufenthalte die Versorgungskontinuität sicherzustellen und Belastungen der versorgten Person im Krankenhaus zu vermeiden.

Allgemeine Beschreibung

Zu prüfen sind hier Maßnahmen, die die Pflegeeinrichtung ergreift, um den Übergang zwischen Pflegeeinrichtung und Krankenhaus für die versorgte Person fachlich angemessen zu gestalten, die Belastung für die versorgte Person infolge des Ortswechsels soweit wie möglich zu reduzieren und im Rahmen ihrer Möglichkeiten die Versorgungskontinuität sicherzustellen.

Leitfragen

1. Wurden dem Krankenhaus Informationen zum Gesundheitszustand, zum pflegerischen Versorgungsbedarf und zu den individuellen Bedürfnissen übermittelt?

Zu beurteilen ist, ob die Einrichtung Informationen zu folgenden Punkten bei der Überleitung in ein Krankenhaus übermittelt hat:
- Benennung einer laufenden ärztlichen Behandlung,
- Angehörige bzw. Betreuerinnen oder Betreuer, sowie ggf. Vorsorgevollmacht oder Patientenverfügung,
- Beeinträchtigungen, Bedarf und benötigte Hilfsmittel,
- Ansprechpartnerinnen oder Ansprechpartner der Pflegeeinrichtung,
- Individuelle Bedürfnisse und Gewohnheiten,
- ggf. Informationen zu herausforderndem Verhalten.

2. Erfolgte eine Aktualisierung der Bedarfseinschätzung und bei Bedarf eine Anpassung der Maßnahmenplanung nach der Rückkehr der versorgten Person?

Zu beurteilen ist, ob unmittelbar nach Rückkehr der versorgten Person von einem Krankenhausaufenthalt
- Veränderungen der Bedarfseinschätzung inkl. Veränderungen der Risikosituation beurteilt wurden,
- ggf. die individuelle Maßnahmenplanung der versorgten Person an die geänderte Bedarfs- und Risikoeinschätzung angepasst wurde,
- notwendige Folgetermine für die ambulante Nachsorge vereinbart wurden oder die behandelnden Ärztinnen oder Ärzte über die Rückkehr der versorgten Person informiert wurden.

Hinweise zur Bewertung:
B Diese Bewertung trifft beispielsweise zu, wenn beispielsweise eine erforderliche Umstellung der Maßnahmenplanung erst mit zeitlicher Verzögerung in die Pflegedokumentation aufgenommen wurde.

C Diese Bewertung trifft zu, wenn beispielsweise
- die Informationsweitergabe an das Krankenhaus nur mündlich erfolgte und der Krankenhausaufenthalt länger als zwei Tage andauerte.
- wenn eine Informationsübermittlung erfolgte, aber wichtige versorgungsrelevante Informationen fehlten (z. B. Hinweise auf ein bestehendes herausforderndes Verhalten, notwendige Medikamenteneinnahme, besondere gesundheitliche Risiken, Tagesstrukturierung bei Bewohnern mit kognitiven Beeinträchtigungen).
- die Maßnahmenplanung in der Pflegedokumentation nach Rückkehr des Bewohners nicht angepasst wurde, obwohl sich der individuelle Pflegebedarf verändert hatte.

D Diese Bewertung trifft zu, wenn beispielsweise
- keine Informationsweitergabe an das Krankenhaus erfolgte.
- die tatsächlich geleistete Unterstützung nach der Rückkehr aus dem Krankenhaus nicht an den aktuellen Bedarf angepasst wurde.

4.3 Unterstützung von versorgten Personen mit herausforderndem Verhalten und psychischen Problemlagen

Qualitätsaussage

Versorgte Personen mit herausforderndem Verhalten erhalten eine ihren Verhaltensweisen und psychischen Problemlagen entsprechende Unterstützung.

Allgemeine Beschreibung

Zu prüfen ist hier die Unterstützung der versorgten Person mit herausforderndem Verhalten, die darauf abzielt, Risiken zu vermeiden, das herausfordernde Verhalten einzugrenzen und das Wohlbefinden der versorgten Person aktiv zu fördern.

Leitfragen

1. Erfolgten eine Erfassung der Verhaltensweisen der versorgten Person und eine darauf aufbauende Einschätzung, ob aus dem Verhalten ein Unterstützungsbedarf erwächst?

Die Einschätzung muss eine ggf. vorliegende, verhaltensbedingte Risikosituation und Aussagen dazu, ob und welcher Unterstützungsbedarf durch das Verhalten ausgelöst wird, enthalten.

2. Wurden verhaltenswirksame Faktoren identifiziert und Maßnahmen eingeleitet, um diese Faktoren zu begrenzen oder zu kompensieren?

Zu beurteilen ist, ob Faktoren identifiziert wurden, die das herausfordernde Verhalten fördern oder begrenzen und ob daran orientiert geeignete Maßnahmen geplant und durchgeführt werden, um das herausfordernde Verhalten zu begrenzen oder zu kompensieren.

3. Erhält die versorgte Person eine geeignete Unterstützung, um trotz der Verhaltensproblematik Bedürfnisse zu befriedigen und Wohlbefinden zu erleben?

Zu beurteilen ist, ob die Bedürfnisse und das Wohlbefinden der versorgten Person beobachtet werden und ggf. Maßnahmen ergriffen werden, um das Wohlbefinden der Person zu verbessern und sie mit ihrem herausfordernden Verhalten in die Pflegeeinrichtung zu integrieren. Die Maßnahmenplanung sollte Maßnahmen enthalten, die das Wohlbefinden und die Integration der versorgten Person fördern können.

Hinweise zur Bewertung:

B Diese Bewertung trifft beispielsweise zu, wenn die Verhaltensweisen des Bewohners nicht nachvollziehbar dokumentiert werden, das Verhalten des Bewohners aber auch keinen nennenswerten Unterstützungsbedarf auslöst.

C Diese Bewertung trifft zu, wenn beispielsweise
- die keine zutreffende Erfassung von Verhaltensweisen erfolgte.
- eine Erfassung, aber keine Bewertung erfolgte, inwieweit die Verhaltensweisen für den Bewohner ein Problem darstellen.
- keine Hinweise darauf vorliegen, dass versucht wurde, verhaltensrelevante Faktoren (z. B. umgebungsbedingte Überforderungen, Tagesstruktur, nächtliche Störungen, biografische Bezüge, Änderung der Medikation, Trauer etc.) zu identifizieren.

D Diese Bewertung trifft zu, wenn beispielsweise
- keine Unterstützung erfolgt, die explizit auf die Verhaltensweisen des Bewohners ausgerichtet ist.
- die Einrichtung ausschließlich mit aktivitätsbegrenzenden Maßnahmen reagiert, obwohl andere Hilfen bei dem Bewohner noch nicht zur Anwendung kamen und ihr Nutzen noch nicht bewertet wurde.

4.4 Freiheitsentziehende Maßnahmen

Anlage 1

Qualitätsaussage

Der Einsatz von Gurtfixierungen, Bettseitenteilen und anderen Fixierungen wird soweit wie möglich vermieden; im Falle eines Einsatzes werden die jeweils relevanten fachlichen Anforderungen beachtet.

Allgemeine Beschreibung

Maßnahmen ersetzt und in dem Fall, in dem sie nicht vermeidbar sind, fachgerecht angewendet werden. Es sind sowohl mechanische Fixierungen, Isolation als auch der Einsatz ruhigstellender Medikamente in die Prüfung einzubeziehen. Erfasst wird außerdem, ob eine Einwilligung oder richterliche Genehmigung bzw. eine richterliche Anordnung vorliegen. Sollten bei einer freiheitsentziehenden Maßnahme keine Einwilligung oder richterliche Genehmigung bzw. keine richterliche Anordnung vorliegen, dann wird dies erfasst, fließt aber nicht in die Beurteilung ein, da es sich um eine ordnungsrechtliche Frage handelt, die die Prüferin oder der Prüfer nicht beurteilen sollte.

Leitfragen
1. Wird / wurde die Notwendigkeit der eingesetzten freiheitsentziehenden Maßnahme/n regelmäßig überprüft?

Zu beurteilen ist, ob die angewendete freiheitsentziehende Maßnahme regelmäßig hinsichtlich ihrer Notwendigkeit durch eine Pflegefachkraft überprüft wird und beendet wird, wenn sie nicht mehr notwendig ist. Das Überprüfungsintervall ist abhängig vom Krankheitsbild und dem Pflegezustand der versorgten Person.

2. Erfolgt/e der Einsatz der Maßnahme/n fachgerecht?

Zu beurteilen ist, ob
- die angewendete freiheitsentziehende Maßnahmen technisch korrekt erfolgt,
- Risiken für die versorgten Personen durch eine fachgerechte Anwendung minimiert werden,
- die Intimsphäre und Würde der versorgten Personen gewahrt werden.

Hinweise zur Bewertung:
B Diese Bewertung trifft beispielsweise zu, wenn Zeitpunkt und Art der Maßnahme in der Pflegedokumentation ungenau bezeichnet sind.

C Diese Bewertung trifft zu, wenn beispielsweise
- keine regelmäßige Überprüfung der Notwendigkeit erfolgt, freiheitsentziehende Maßnahmen weiterhin einzusetzen, oder das Ergebnis dieser Überprüfung nicht dokumentiert ist.
- die Vermeidung von Gefährdungen durch den Einsatz von Gurtfixierungen (z. B. Verrutschen des Gurtes, Schadhaftigkeit des Gurtsystems oder der Polsterungen, Behinderung der Atmung) nicht sichergestellt ist.

D Diese Bewertung trifft zu, wenn beispielsweise
- die Einschätzung der Gefährdung, mit der der Einsatz der durchgeführten freiheitsentziehenden Maßnahmen begründet ist, nicht nachvollziehbar ist.
- der vermeintliche Wunsch des Bewohners, durchgehende Bettseitenteile einzusetzen, nicht durch den Bewohner selbst bestätigt wird (bei kognitiv unbeeinträchtigten Bewohnern).
- keine Begleitung / Überwachung einer Gurtfixierung nachgewiesen werden kann.

Bereich 5: Bedarfsübergreifende Qualitätsaspekte

Grundlage der Beurteilung sind hier die Feststellungen, die die Prüfer bereits bei anderen Qualitätsaspekten getroffen haben. Weitergehende Feststellungen sind nicht vorgesehen. Das Prüfteam trägt die relevanten Feststellungen zum jeweiligen Thema zusammen und bewertet diese für die Einrichtung als Ganzes. Eine erneute Informationserfassung ist nicht vorgesehen.

5.1 Abwehr von Risiken und Gefährdungen

Qualitätsaussage

Gesundheitliche Risiken und Gefährdungen der versorgten Person werden zuverlässig eingeschätzt. Entsprechend der individuellen Risikosituation werden Maßnahmen zur Reduzierung von Risiken und zur Vermeidung von Gefährdungen unter Beachtung der Bedürfnisse der versorgten Person geplant und umgesetzt.

Informationserfassung

Zur Beurteilung dieses Qualitätsaspekts sind im Regelfall keine umfangreichen, zusätzlichen Informationen erforderlich. Gesundheitliche Risiken und Gefährdungen wurden bei den anderen Qualitätsaspekten direkt oder indirekt erfasst, beispielsweise bei den folgenden Themen:

- Mobilität
- Ernährung und Flüssigkeitsversorgung
- Körperpflege
- Wundversorgung
- Medikamentöse Therapie
- Unterstützung von Bewohnern mit herausforderndem Verhalten und psychischen Problemlagen.

Das Prüfteam sollte alle relevanten Feststellungen nutzen, die bei der Prüfung auf der Ebene der individuellen Bewohnerversorgung gemacht worden sind.

Allgemeine Beschreibung

Zu beurteilen sind hier die Auffälligkeiten und Defizite, die im Rahmen der personenbezogenen Prüfung in Bezug auf die Einschätzung von Risiken und Gefährdungen, die damit verbundene Maßnahmenplanung und die Umsetzung der geplanten Maßnahmen festgestellt wurden.

Leitfrage
1. Erfolgt in der Einrichtung eine fachgerechte Risikoerfassung sowie eine fachgerechte Planung und Umsetzung von Maßnahmen zur Reduzierung von Risiken und Vermeidung von Gefährdungen der versorgten Person?

☐ Keine Defizite festgestellt   ☐ Defizit festgestellt

5.2 Biografieorientierte Unterstützung

Qualitätsaussage
Die Unterstützung der versorgten Personen orientiert sich an individuell bedeutsamen Ereignissen oder Erfahrungen im Lebensverlauf. Die persönlichen Bezüge der versorgten Person zu solchen Ereignissen und Erfahrungen werden genutzt, um den Alltag bedürfnisgerecht zu gestalten, positive Emotionen zu fördern und – insbesondere bei kognitiv beeinträchtigten Personen – die Bereitschaft zu Kommunikation und Aktivität zu fördern.

Informationserfassung
Zu nutzen sind die Feststellungen des Prüfers zu anderen Qualitätsaspekten, insbesondere:
– Unterstützung bei der Tagesstrukturierung, Beschäftigung und Kommunikation
– Unterstützung des Bewohners in der Eingewöhnungsphase
– Unterstützung von Bewohnern mit herausforderndem Verhalten und psychischen Problemlagen

Allgemeine Beschreibung
Hier ist die Frage zu beurteilen, ob eine biografieorientierte Unterstützung in der Einrichtung im Sinne der oben angeführten Qualitätsaussage gewährleistet ist.

Leitfrage

1. Werden bei der Unterstützung der versorgten Personen biografische Aspekte berücksichtigt und werden – wenn dies angezeigt ist – Möglichkeiten, Bezüge auf bedeutsame Ereignisse oder Erfahrungen im Lebensverlauf herzustellen, genutzt?

☐ Keine Defizite festgestellt   ☐ Defizit festgestellt

5.3 Einhaltung von Hygieneanforderungen

Qualitätsaussage
Grundlegende Hygieneanforderungen werden eingehalten und umgesetzt.

Informationserfassung
Zu nutzen sind die Feststellungen des Prüfers zu anderen Qualitätsaspekten, insbesondere:

– Unterstützung bei Kontinenzverlust, Kontinenzförderung
– Körperpflege
– Wundversorgung
– Besondere medizinisch-pflegerische Bedarfslagen

Allgemeine Beschreibung
Zu beurteilen sind hier die Auffälligkeiten und Defizite, die im Rahmen der personenbezogenen Prüfung in Bezug auf das hygienische Handeln der Mitarbeiterinnen und Mitarbeiter festgestellt wurden.

Leitfrage

1. Werden in der Einrichtung die grundlegenden Hygieneanforderungen eingehalten?

☐ Keine Defizite festgestellt   ☐ Defizit festgestellt

5.4 Hilfsmittelversorgung

Qualitätsaussage
Die Einrichtung leistet für die versorgte Person eine fachgerechte Unterstützung bei der Nutzung von Hilfsmitteln.

Informationserfassung
Zu nutzen sind die Feststellungen des Prüfers zu anderen Qualitätsaspekten, insbesondere:
- Unterstützung im Bereich der Mobilität
- Unterstützung bei der Ernährung und Flüssigkeitsversorgung
- Unterstützung bei Kontinenzverlust, Kontinenzförderung
- Unterstützung bei der Körperpflege
- Unterstützung bei Beeinträchtigungen in der Sinneswahrnehmung
- Unterstützung des Bewohners in der Eingewöhnungsphase nach dem Heimeinzug

Allgemeine Beschreibung
Zu beurteilen sind hier die Auffälligkeiten und Defizite, die im Rahmen der personenbezogenen Prüfung in Bezug auf die oben genannten Qualitätsaspekte festgestellt wurden.

Leitfrage
1. Erfolgt in der Einrichtung eine fachgerechte Unterstützung der versorgten Personen im Bereich Hilfsmittelversorgung?

☐ Keine Defizite festgestellt ☐ Defizit festgestellt

5.5 Schutz von Persönlichkeitsrechten und Unversehrtheit

Qualitätsaussage
Die Einrichtung gewährt den Schutz von Persönlichkeitsrechten und die Unversehrtheit der versorgten Person.

Informationserfassung
Zu nutzen sind die Feststellungen des Prüfers zu anderen Qualitätsaspekten, insbesondere zu folgenden:
- Unterstützung bei Kontinenzverlust, Kontinenzförderung
- Körperpflege
- Freiheitsentziehende Maßnahmen
- Unterstützung von Bewohnern mit herausforderndem Verhalten und psychischen Problemlagen

Allgemeine Beschreibung
Zu beurteilen sind hier die Auffälligkeiten und Defizite, die im Rahmen der personenbezogenen Prüfung in Bezug auf den Schutz von Persönlichkeitsrechten und die Unversehrtheit festgestellt wurden.

Leitfrage
1. Gewährleistet die Einrichtung den Schutz von Persönlichkeitsrechten und die Unversehrtheit der versorgten Person?

☐ Keine Defizite festgestellt   ☐ Defizit festgestellt

Bereich 6: Einrichtungsinterne Organisation und Qualitätsmanagement

6.1 Qualifikation der und Aufgabenwahrnehmung durch die verantwortliche Pflegefachkraft

Qualitätsaussage
Die Einrichtung hält qualifizierte Leitungskräfte vor. Die verantwortliche Pflegefachkraft nimmt ihre Aufgaben zur Gewährleistung von Fachlichkeit und einer angemessenen Dienstorganisation wahr.

Informationserfassung

Umfang der wöchentlichen Arbeitszeit der verantwortlichen Pflegefachkraft und ihrer Stellvertretung in diesem Pflegedienst (wöchentlicher Stundenumfang):

Stundenumfang, in dem die verantwortliche Pflegefachkraft und ihre Stellvertretung in der Pflege tätig sind:

Allgemeine Beschreibung
Zu prüfen ist, ob die Anforderungen an die Qualifikation der verantwortlichen Pflegefachkraft und deren Stellvertretung sowie Anforderungen an die Regelung ihrer Aufgabenbereiche erfüllt werden. Zu prüfen ist ferner, ob die verantwortliche Pflegefachkraft ihre Aufgaben wahrnimmt und ob sie für eine angemessene Dienstorganisation Sorge trägt.

Prüffragen
1. Verfügt die verantwortliche Pflegefachkraft über die notwendige Qualifkation und Erfahrung (Pflegefachkraft, ausreichende Berufserfahrung, Weiterbildung zum Erwerb einer formalen Leitungsqualifikation)?
   ☐ ja   ☐ nein

2. Ist die Stellvertretung der verantwortlichen Pflegefachkraft eine Pflegefachkraft?
   ☐ ja   ☐ nein

3. Steht die verantwortliche Pflegefachkraft in einem sozialversicherungspflichtigen Beschäftigungsverhältnis?
   ☐ ja   ☐ nein

4. Steht die stellvertretende verantwortliche Pflegefachkraft in einem sozialversicherungspflichtigen Beschäftigungsverhältnis?
   ☐ ja   ☐ nein

5. Verfügt die verantwortliche Pflegefachkraft über genügend Zeit für die Wahrnehmung ihrer Aufgaben?
   ☐ ja   ☐ nein

6. Sorgt die verantwortliche Pflegefachkraft für eine fachgerechte Planung, Durchführung und Evaluation der Pflegeprozesse?
   ☐ ja   ☐ nein

7. Sorgt die verantwortliche Pflegefachkraft für die Ausrichtung der Dienstplanung am Pflegebedarf und den Qualifikationsanforderungen?
   ☐ ja   ☐ nein

Konzept Inhalte (handwritten annotation)

6.2 Begleitung sterbender Personen und ihrer Angehörigen
(entfällt bei Prüfungen von solitären Kurzzeitpflegeeinrichtungen)

Qualitätsaussage

Die Einrichtung sorgt für geeignete Rahmenbedingungen für ein würdevolles Sterben und Abschiednehmen. Dies schließt auch den respektvollen Umgang mit der verstorbenen Person ein. Die Unterstützung berücksichtigt den individuellen biografischen, kulturellen und religiösen Hintergrund sowie die individuellen Wünsche und Vorstellungen der oder des Sterbenden und der Angehörigen. Sie orientiert sich an dem Ziel, bestmögliche Lebensqualität in der letzten Lebensphase herzustellen.

Allgemeine Beschreibung

Zu prüfen ist hier, ob die Einrichtung über ein aussagekräftiges Konzept sowie nachvollziehbare Verfahrens- und Zuständigkeitsregelungen verfügt, um im Rahmen ihrer Einwirkungsmöglichkeiten ein würdevolles Sterben und Abschiednehmen zu ermöglichen.

Prüffragen

1. Liegt ein schriftliches Konzept für die Begleitung sterbender Personen und ihrer Angehörigen vor?
   ☐ ja   ☐ nein

2. Gibt es Regelungen für die Zusammenarbeit mit externen Einrichtungen (z. B. Palliativdienste, Hospizinitiativen) und namentlich bekannte Mitarbeiterinnen und Mitarbeiter als Ansprechpartner für solche Einrichtungen?
   Von besonderer Wichtigkeit ist hier die Frage, ob die Einrichtung sicherstellt, dass externe Kooperationspartnerinnen oder Kooperationspartner in der Sterbephase kompetente Ansprechpartnerinnen oder Ansprechpartner in der Einrichtung finden und die betreffenden Mitarbeiterinnen und Mitarbeiter in der Lage sind, diese Kooperationspartnerinnen und Kooperationspartner bei Bedarf koordinierend und beratend zu unterstützen, wenn sie in der Einrichtung tätig werden.
   ☐ ja   ☐ nein

Ist konzeptionell geregelt, dass die Wünsche der versorgten Person und der Angehörigen für den Fall einer gesundheitlichen Krise und des Versterbens erfasst werden?

3. Diese Wünsche sollten schriftlich hinterlegt sein.
   ☐ ja   ☐ nein

4. Ist konzeptionell geregelt, dass Patientenverfügungen oder Vorsorgevollmachten den Mitarbeiterinnen und Mitarbeitern bekannt sind und jederzeit verfügbar sind?
   Zu beurteilen ist, ob vorhandene Patientenverfügungen oder Vorsorgevollmachten den Mitarbeiterinnen und Mitarbeitern der Einrichtung bekannt sind und sie wissen, wo sich diese befinden oder sie ggf. vorzeigen können.
   ☐ ja   ☐ nein

5. Ist konzeptionell geregelt, dass im Sterbefall eine direkte Information der Angehörigen entsprechend den von ihnen hinterlegten Wünschen erfolgt?
   ☐ ja   ☐ nein

6.3 Maßnahmen zur Vermeidung und zur Behebung von Qualitätsdefiziten

Qualitätsaussage

Die Einrichtung verfügt über ein systematisches Qualitätsmanagement und reagiert zeitnah und mit angemessenen Maßnahmen auf Qualitätsdefizite. Es gibt definierte Verfahren zur Auswertung und Nutzung von Qualitätskennzahlen.

Informationserfassung:

Qualitätsdefizite, die bei der letzten externen Prüfung festgestellt wurden oder danach auftraten:

Interne Maßnahmen zur Identifizierung etwaiger Qualitätsdefizite:

Aktuelle Maßnahmen zur Behebung von Qualitätsdefiziten:

Allgemeine Beschreibung

Zu prüfen ist, ob die Einrichtung im Rahmen des internen Qualitätsmanagements Qualitätsdefizite erfasst und Maßnahmen zur Behebung plant und durchführt. Als Grundlage für die Prüfung dienen Prüfergebnisse vorangegangener externer Prüfungen und die aktuellen Indikatoren für Ergebnisqualität.

Prüffragen

1. Werden geeignete Maßnahmen im Rahmen des internen Qualitätsmanagements durchgeführt, um Qualitätsdefizite zu identifizieren?
   Zu prüfen ist, ob die Einrichtung über regelhafte Verfahren verfügt, mit denen Qualitätsprobleme in der laufenden Versorgung entdeckt werden können (unabhängig von externen Prüfungen).
   ☐ ja   ☐ nein

2. Werden Qualitätsdefizite systematisch bewertet und bei Bedarf bearbeitet?
Zu beurteilen ist, ob sich die Einrichtung – abgesehen von den Qualitätsindikatoren – mit externen Qualitätsbeurteilungen oder intern identifizierten Defiziten auseinandersetzt und konkrete Maßnahmen einleitet. Die Einrichtung kann dies ggf. auch beispielhaft anhand eines identifizierten (und behobenen) Qualitätsdefizits aufzeigen. Die Frage ist mit „trifft nicht zu" zu beantworten, wenn keine weitere Qualitätsdefizite identifiziert wurden.
☐ ja ☐ nein ☐ t.n.z.

Feedback ausarbeiten

3. Hat die Einrichtung geeignete Maßnahmen eingeleitet, um schlechte Versorgungsergebnisse (Qualitätsindikatoren) zu verbessern?
Diese Frage ist nur in Einrichtungen zu bearbeiten, für die die betreffenden Qualitätskennzahlen vorliegen. Zu prüfen ist, ob die als „weit unter dem Durchschnitt" bewerteten Ergebnisse aufgegriffen wurden, um mittelfristig bessere Ergebnisse zu erzielen, und ob die hierzu eingeleiteten Maßnahmen geeignet sind, dieses Ziel zu erreichen.
☐ ja ☐ nein ☐ t.n.z.

4. Werden Maßnahmen zur Qualitätssicherung evaluiert?
Hier ist zu beurteilen, ob systematisch überprüft wird, welche Wirkung Maßnahmen zur Verbesserung von Qualität bzw. Maßnahmen zur Behebung von Qualitätsdefiziten erzielt haben.
☐ ja ☐ nein ☐ t.n.z.

5. Sind die Mitarbeiterinnen und Mitarbeiter in Verfahren zur Identifizierung von Qualitätsproblemen einbezogen?
Zu prüfen ist, ob die Einrichtung regelhafte Verfahrensweisen definiert hat, mit denen die interne Kommunikation von Qualitätsdefiziten oder qualitätssichernde Verfahren erfolgt und die Mitarbeiterinnen und Mitarbeiter zur Reflexion der Versorgungsqualität im Alltag angehalten werden.
☐ ja ☐ nein ☐ t.n.z.

Vorzuhaltende Unterlagen für die erste Qualitätsprüfung nach neuem Verfahren

Zur Vorbereitung auf die erste Qualitätsprüfung ab 1.11.2019 sollten auf jeden Fall die nachfolgenden aufgeführten Unterlagen bereitgestellt werden:
- Namentliche und Pflegegradbezogene Übersicht aller Bewohner, einschließlich derjenigen, welche nicht in die Versorgungsergebnisse einbezogen wurden unter Angabe der Gründe (Anlage 3 MuGs; Pkt. 2.1.2)
- Erhebungsreport (Anlage 3, MuGs, Pkt.2.1.1); Vorliegen der halbjährlichen Meldung der konkreten Versorgungsergebnisse.
- Halbjährlichen Feedbackbericht
- Eindeutige Kenntnis zu Bewohnern mit kognitiven und Mobilitätseinschränkungen analog der Differenzierung gem. der Definition aus den Qualitätsindikatoren
- Entschlüsselung zu den pseudonymisierten Bewohnercodes

Zusätzlich wie bisher schon die in der QPR, Anlage 2, „Prüfbogen B zur Beurteilung der Einrichtungsebene" unter „Daten zur Einrichtung" genannten Fakten soweit möglich ausgefüllt zu den Prüfungsinterlagen nehmen. Somit müssen diese am Vortrag der Prüfung lediglich noch ergänzend aktualisiert werden.

Kapitel 3 // Darstellung der Prüfergebnisse

Die fachlichen und öffentlichen Diskussionen um die Aussagekraft der Pflegenoten hat mit dazu geführt, diese Systematik nicht weiterzuführen; alle Verbesserungsversuche der Selbstverwaltung waren letztlich gescheitert. Unter anderem vor diesem Hintergrund wird das vorliegende, auf wissenschaftlicher Basis erarbeitete Indikatorengestützte Qualitätssicherungssystem, zum 1.10./1.11.2019 eingeführt.

Neben der verbesserten Aussagekraft in Bezug auf die Qualität der Arbeit in den Pflegeeinrichtungen sollte die Transparenz für den Interessenten/Nutzer herausgearbeitet werden. Eine deutlich erkennbare Abstufung der Qualität zwischen den einzelnen Pflegeeinrichtungen war eine weitere Zielsetzung. Den Pflegenoten wurde vorgehalten, dass sie diese nicht abbilden. Bei dieser einseitigen Diskussion wurde vergessen, dass es sich dabei immer um eine Stichprobe von 9 Bewohnern gehandelt hat und nicht um eine Vollerhebung. Letzteres ist auch im neuen System nicht vorgesehen und – folgt man dem Abschlussbericht des aQua-Instituts - auch vom Aufwand her nicht realistisch umzusetzen. Gleichwohl wären auch die Transparenzberichte aussagekräftiger gewesen, hätte man sich die „Mühe" gemacht über das Deckblatt hinaus die Ergebnisse in den 5 Bereichen anzuschauen. Wie auch immer: das ist vorbei und die Darstellung der Prüfergebnisse soll durch die Veröffentlichung der drei Teile des Qualitätssicherungsverfahrens die gewünschte Transparenz für die Nutzer künftig bieten. Ob das so sein wird, bleibt abzuwarten.

Auch künftig werden „nur" 9 Bewohner, wenn auch nach einem anderen Stichprobenziehungsverfahren in die externe Qualitätsprüfung mit einbezogen. Gleichwohl muss dabei berücksichtigt werden, dass regelhaft im halbjährlichen Abstand die Meldung der Versorgungsergebnisse stattfindet und diese bezieht alle Bewohner mit ein unter Berücksichtigung von den allgemeinen und spezifischen Ausschlusskriterien.

Die Veröffentlichung der Ergebnisse aus der dreiteiligen Qualitätsberichterstattung stellt sich wie folgt dar.

1. Die Qualitätsrelevanten Informationen werden durch die Einrichtung eingegeben, im halbjährlichen Abstand aktualisiert und beziehen sich auf die im Schaubild dargestellten 12 Bereiche und deren Unterpunkte.

Name der Einrichtung:	Altenpflegeeinrichtung Musterhaus
Art der Einrichtung:	vollstationäre Pflegeeinrichtung
letzte Aktualisierung:	30. April 2017
Allgemeine Informationen über die Einrichtung	
Anschrift:	Mustermannstraße 3, 12345 Musterhausen
Telefon:	01234/1112345
Internetadresse:	www.AltenpflegeMusterhaus.de
Kontaktperson der Einrichtung:	Name und Funktion der Person
Kontaktperson des Heimbeirats/ Heimfürsprecher:	Name der Person
Anzahl der Plätze gesamt:	40
davon Anzahl der Plätze für Kurzzeitpflege:	5
Anzahl der Plätze in Einzelzimmern:	30
Anzahl der Plätze in Doppelzimmern:	10
Entfernung zur nächsten Haltestelle (Bus, Straßenbahn usw.):	ca. 800 m. Haltestelle Apfelstraße: Buslinie 12
Werden Mahlzeiten in der Einrichtung zubereitet?	JA Durch einen externen Dienstleister.
Besteht die Möglichkeit, eigene Möbel mitzubringen?	JA maximal eine Kommode, ein Kleiderschrank, ein Sessel
Können die Bewohner bzw. Bewohnerinnen Haustiere halten?	JA Katzen, Kleintiere in Käfighaltung
Ausstattung	
Wann wurde die Einrichtung errichtet?	2001, umfangreiche Renovierungen in allen Bädern der Bewohnerzimmer im Jahr 2010
Ist ein Telefonanschluss im Bewohnerzimmer vorhanden?	JA Dieser ist kostenpflichtig.
Ist ein TV- bzw. Kabelanschluss im Bewohnerzimmer vorhanden?	JA Dieser ist kostenpflichtig.

Stellt die Pflegeeinrichtungen einen Internetzugang für Bewohner bzw. Bewohnerinnen zur Verfügung?	NEIN
Ist ein kabelloser Internetzugang (W-LAN) vorhanden?	Ja. Dieser ist kostenfrei.
Sind Aufenthaltsmöglichkeiten im Freien vorhanden?	JA, eigener Garten mit Terrasse und Sitzmöglichkeiten und Hochbeet
Sind alle Wohn- und Gemeinschaftsflächen für die Bewohner und deren Angehörige barrierefrei zugänglich.	JA

Spezialisierung/Versorgungsschwerpunkt

Für welche Bewohnergruppen sind in der Einrichtung Spezialisierungen oder Versorgungsschwerpunkte vorhanden?	
Pflegebedürftige Menschen in jungem Alter:	NEIN
Menschen mit Verhaltensauffälligkeiten:	JA
Menschen im Wachkoma:	NEIN
Menschen mit Schwerstbehinderung:	JA
Beatmungspflichtige Bewohner bzw. Bewohnerinnen:	NEIN
Menschen mit Suchterkrankungen:	NEIN
Andere Bewohnergruppen:	NEIN

Möglichkeit des Kennenlernens der Einrichtung

Gibt es eine Möglichkeit der Teilnahme an Mahlzeiten vor dem Einzug?	JA
Gibt es eine Möglichkeit der Teilnahme an Gruppenaktivitäten vor dem Einzug?	JA, z.B. durch Teilnahme an Ausflügen oder Betreuungsangeboten.
Gibt es eine Möglichkeit des Probewohnens?	JA
Weitere Möglichkeiten:	NEIN

Gruppenangebote

Welche Gruppenangebote stehen den Bewohnerinnen und Bewohnern regelmäßig zu Verfügung? Erläuterungen:	wöchentlich Gedächtnistraining und Gymnastik, monatlich Bingo

Religiöse Angebote	
Welche religiösen Angebote sind in der Einrichtung vorhanden?	
Räumlichkeiten zur Ausübung religiöser Aktivitäten	JA, katholisch
Erläuterung:	
Regelmäßiger Besuch eines Seelsorgers	JA, evangelisch u. katholisch
Weitere spirituelle Angebote:	NEIN
Erläuterung:	Keine
Einbeziehung von Angehörigen	
Welche Formen der Einbeziehung von Angehörigen sind in der Einrichtung vorhanden? Erläuterung:	Teilnahme an Mahlzeiten, alle drei Monate Angehörigenabend zum Austausch
Kontakte der Einrichtung zum sozialen Umfeld/Quartier	
Welche Kontakte bestehen zum sozialen Umfeld oder dem Quartier der Einrichtung? Erläuterung:	Kinder der Kindertagesstätte besuchen jeden Freitagvormittag die Einrichtung
Personelle Ausstattung (im Bereich Pflege und Betreuung) Mitarbeiter bzw. Mitarbeiterinnen/Stellen	
In der Pflegesatzvereinbarung festgelegte Personalschlüssel für	
Pflegegrad 1	1 : 7,25
Pflegegrad 2	1 : 3,9
Pflegegrad 3	1 2,8:
Pflegegrad 4	1 : 2,2
Pflegegrad 5	1 : 1,8
	Das Verhältnis gibt an, für wie viele Bewohner eine Pflegekraft zuständig ist (z. B. 1:2,8 bedeutet, dass eine Pflegekraft für durchschnittlich 2,8 Bewohner zuständig ist).
Stellen/Vollzeitstellen in Pflege und Betreuung insgesamt:	34,8
Fremdsprachenkenntnisse der Mitarbeiter bzw. Mitarbeiterinnen	JA
Erläuterung:	türkisch und italienisch
Mitarbeiterinnen und Mitarbeiter mit Zusatzqualifikationen	
Gerontopsychiatrische Pflege	Vollzeitstellen: 1,0
Palliativ- und Hospizpflege	Vollzeitstellen: 1,5
Weitere Qualifikationen:	KEINE

Kooperationsvereinbarungen	
Bestehen vertraglich geregelte Kooperationsbeziehungen mit Ärzten/Fachärzten/Zahnärzten?	NEIN
Bestehen Kooperationen mit Apotheken?	JA
Bestehen Kooperationen zur Hospiz- und Palliativversorgung?	JA Hospizverein Musterstadt Auf Wunsch vermitteln wir gerne den Kontakt zum ambulant tätigen Hospizverein Musterstadt.
Gesundheitliche Versorgungsplanung für die letzte Lebensphase	
Besteht ein Beratungsangebot zur gesundheitlichen Versorgungsplanung für die letzte Lebensphase?	NEIN
Zusätzliche kostenpflichtige Dienstleistungsangebote	
Welche kostenpflichtigen Dienstleistungen vermittelt die Einrichtung? Erläuterung:	Friseur und Fußpflege nach Vereinbarung

QDVS, Anlage 5

2. Die Veröffentlichung der Qualitätsindikatoren auf Grundlage der Meldung der Versorgungsergebnisse erfolgt wie im folgenden Schaubild dargestellt:

Die Veröffentlichung erfolgt einmal als Gesamtübersicht über alle 10 + 5 Indikatorenergebnisse hinweg und gleichzeitig in Bezug auf das prozentuale Ergebnis des einzelnen Indikators im Verhältnis zum bundesweiten Vergleich zwischen der eigenen Einrichtung und den anderen. Die Abstufung stellt sich wie folgt dar und richtet sich nach Referenz- und Schwellenwerten.
Im Einzelnen werden alle Indikatoren nach dem gleichen Schema dargestellt:

1. Der Qualitätsbewertung,
2. der inhaltlichen Beschreibung und Erläuterungen zur Relevanz eines Indikators,
3. der prozentualen Darstellung des Einrichtungswertes und des Referenzwertes,
4. den Ergebnissen früherer Bewertungen.

Bewertung der Versorgungsergebnisse: Ergebnisqualität beste Bewertung: 5 Punkte / schlechteste Bewertung: 1 Punkt	
1. Erhaltene Mobilität	
a) bei Bewohnern bzw. Bewohnerinnen, die nicht oder nur wenig geistig beeinträchtigt sind	●●○○○
b) bei Bewohnern bzw. Bewohnerinnen, die erheblich oder schwer geistig beeinträchtigt sind	●○○○○
2. Erhaltene Selbständigkeit bei alltäglichen Verrichtungen (z. B. Körperpflege)	
a) bei Bewohnern bzw. Bewohnerinnen, die nicht oder nur wenig geistig beeinträchtigt sind	●●●●○
b) bei Bewohnern bzw. Bewohnerinnen, die erheblich oder schwer geistig beeinträchtigt sind	●●●○○
3. Erhaltene Selbständigkeit bei der Gestaltung des Alltagslebens und sozialer Kontakte	●●●●●
4. Dekubitusentstehung	
a) bei Bewohnern bzw. Bewohnerinnen mit geringem Risiko einen Dekubitus zu entwickeln	●●●●○
b) bei Bewohnern bzw. Bewohnerinnen mit hohem Risiko einen Dekubitus zu entwickeln	●●●○○
5. Schwerwiegende Sturzfolgen	
a) bei Bewohnern bzw. Bewohnerinnen, die nicht oder nur wenig geistig beeinträchtigt sind	●●●○○
b) bei Bewohnern bzw. Bewohnerinnen, die erheblich oder schwer geistig beeinträchtigt sind	●●●●○
6. Unbeabsichtigter Gewichtsverlust	
a) bei Bewohnern bzw. Bewohnerinnen, die nicht oder nur wenig geistig beeinträchtigt sind	●●●●●
b) bei Bewohnern bzw. Bewohnerinnen, die erheblich oder schwer geistig beeinträchtigt sind	●●●●○
7. Durchführung eines Integrationsgesprächs	●●●●○
8. Anwendung von Gurten zur Fixierung von Bewohnern bzw. Bewohnerinnen	●●●○○
9. Anwendung von Bettseitenteilen	●●●●●
10. Aktualität der Schmerzeinschätzung	X

QDVS; Anlage 3

Als Beispiel ist im Folgenden an dem Indikator Mobilität dargestellt, wie die Veröffentlichung der einzelnen Indikatoren in Bezug auf das prozentuale Ergebnis von allen Pflegeeinrichtungen zu dem einrichtungsinternen Ergebnis dargestellt wird. Damit ist beabsichtigt, dass sich der Nutzer ein Bild von der Qualität der

Einrichtung vor Ort im Verhältnis zum Durchschnitt aller Einrichtungen machen kann. Ebenso werden Aussagen zur Plausibilität der Daten veröffentlicht.

Ergebnisse der Einrichtung bei Bewohnerinnen und Bewohnern, die NICHT ODER NUR WENIG geistig beeinträchtigt sind:

Bei 90,7 % der Bewohner bzw. Bewohnerinnen konnte die Mobilität erhalten werden.

Dies entspricht der Qualitätsbewertung ●●●●○ = leicht über dem Durchschnitt Der Durchschnitt aller Einrichtungen lag bei 88,4 %.

Höhere Prozentangaben entsprechen einer besseren Qualität.

Ergebnisse früherer Bewertungen: 01. Oktober 2020: *Bei der im Rahmen der Qualitätsprüfung durchgeführten Plausibilitätskontrolle ergaben sich erhebliche Zweifel an den von der Pflegeeinrichtung bereitgestellten Informationen. Daher wird auf die Darstellung der Indikatorenergebnisse verzichtet.*

01. April 2020:	●●●●○

Ergebnisse der Einrichtung bei Bewohnerinnen und Bewohnern, die ERHEBLICH ODER SCHWER geistig beeinträchtigt sind:

Bei 68,8 % der Bewohner bzw. Bewohnerinnen konnte die Mobilität erhalten werden.

Dies entspricht der Qualitätsbewertung ●●●○○ = nahe beim Durchschnitt Der Durchschnitt aller Einrichtungen lag bei 69,4 %.

Höhere Prozentangaben entsprechen einer besseren Qualität.

Ergebnisse früherer Bewertungen:	01. Oktober 2020:	●●●○○
	01. April 2020:	●●●○○

Darstellung und Internetbasierte Auswahlmöglichkeiten zu den Ergebnissen aus den Qualitätsindikatoren

Der Nutzer kann künftig über weitaus umfassendere Auswahlmöglichkeiten verfügen als das gegenwärtig der Fall ist. Über ein Standarddokument mit den oben dargestellten Informationen, über ein Webbasiertes Informationsangebot, das neben dem Standarddokument Sortierungen und Vergleiche erlaubt bis hin zu einem individuell gestaltbaren Dokument. Dabei kann der Nutzer die für ihn interessanten Einrichtungen und eine Zusammenstellung ausgewähl-

Darstellung Versorgungsergebnisse / Qualitätsindikatoren

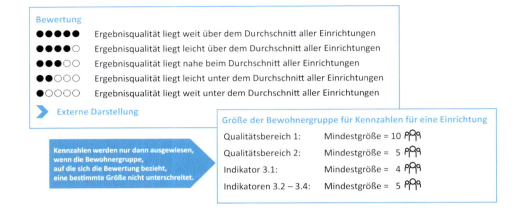

ter Informationen vornehmen und diese als gesondertes Dokument generieren. (QDVS, Anlage 1).

3. Die Veröffentlichung der PRÜFERGEBNISSE aus der zunächst jährlichen, ab 2021 für Einrichtungen mit im Vergleich zu anderen abweichendem hohem Qualitätsstandard zweijährigen Turnus, je nach dem erzielten Ergebnis, erfolgt zum einen in einer Gesamtübersicht und zum anderen in der Darstellung der 15 Einzelergebnisse. Dabei werden im Schaubild dargestellten 15 Qualitätsaspekte in einer 4er Abstufung bewertet und veröffentlicht.

Abbildung 1 Prinzipskizze: Beispielhafte Übersicht der Ergebnisse der externen Qualitätsprüfung durch den MDK/PKV-Prüfdienst [Anm.: Alle Daten sind fiktiv]

Die folgenden Bewertungen sind das Ergebnis einer externen Qualitätsprüfung durch den MDK/PKV-Prüfdienst.
Datum der Qualitätsprüfung: Tag Monat Jahr
Angabe der Prüfungsart: Regel-, Anlass- oder Wiederholungsprüfung

Ergebnis der externen Qualitätsprüfung durch den MDK/PKV-Prüfdienst beste Bewertung: 4 Punkte / schlechteste Bewertung: 1 Punkt	
Qualitätsaspekt:	
1.1. Unterstützung im Bereich der Mobilität	■ □ □ □
1.2 Unterstützung beim Essen und Trinken	■ ■ ■ ■
1.3 Unterstützung bei Kontinenzverlust, Kontinenzförderung	■ ■ ■ □
1.4 Unterstützung bei der Körperpflege	■ ■ ■ □
2.1 Unterstützung bei der Medikamenteneinnahme	■ ■ □ □
2.2 Schmerzmanagement	■ ■ □ □
2.3 Wundversorgung	■ ■ ■ ■
2.4 Unterstützung bei besonderem medizinisch-pflegerischem Bedarf	■ ■ ■ ■
3.1 Unterstützung bei Beeinträchtigung der Sinneswahrnehmung (z. B. Sehen, Hören)	■ ■ ■ ■
3.2 Unterstützung bei der Strukturierung des Tages, Beschäftigung und Kommunikation	■ ■ □ □
3.3 Nächtliche Versorgung	■ ■ ■ ■
4.1 Unterstützung in der Eingewöhnungsphase nach dem Einzug	■ ■ ■ □
4.2 Überleitung bei Krankenhausaufenthalt	■ ■ ■ ■
4.3 Unterstützung von Bewohnern bzw. Bewohnerinnen mit herausforderndem Verhalten	×
4.4 Anwendung freiheitsentziehender Maßnahmen	×
5. Begleitung sterbender Heimbewohner und ihrer Angehörigen	[Link zu den Ergebnissen]

Bedeutung der Symbole:
■ ■ ■ ■ Keine oder geringe Qualitätsdefizite
■ ■ ■ □ Moderate Qualitätsdefizite
■ ■ □ □ Erhebliche Qualitätsdefizite
■ □ □ □ Schwerwiegende Qualitätsdefizite
× Das Thema konnte bei keinem Bewohner bzw. keiner Bewohnerin der Stichprobe geprüft werden.

Externe Qualitätsprüfung

Qualitätsaspekte 1 bis 4 (1.1 bis 4.6): Abstufungen

Bewertungskategorien individuelle Bewohnerversorgung
A. Keine Auffälligkeiten
B. Auffälligkeiten, die keine Risiken oder negativen Folgen erwarten lassen (kein Defizit, keine Bewertung)
C. Defizit mit Risiko negativer Folgen für den Bewohner
D. Defizit mit eingetretenen negativen Folgen f. d. Bewohner

Qualitätsaspekt 5 (5.1 bis 5.5)
bezogen auf die Aspekte 1.1. bis 4.6): Abstufungen
- Kein Defizit festgestellt
- Defizit festgestellt

Qualitätsaspekt 6 (6.1 bis 6.5)
- Ja / Nein / t.n.z
- Gesamtbeurteilung

Zusammenfassung der Einzelbewertungen aller Bewohner pro Qualitätsaspekt aus den Summen A - D

Summe aller Bewertungen pro Qualitätsaspekt
Abstufungen
1. Keine oder geringe Qualitätsdefizite
2. Moderate Qualitätsdefizite
3. Erhebliche Qualitätsdefizite
4. Schwerwiegende Qualitätsdefizite

Das folgende Schaubild zeigt in der Gegenüberstellung die Ergebnisse aus der Veröffentlichung der Qualitätsindikatoren und den Ergebnissen aus der Externen Qualitätsprüfung.

Qualitätsdarstellung

QDVS, Anlage 3   QDVS, Anlage 8

Im Folgenden wird beispielhaft an dem Indikator 1.1 Unterstützung bei der Mobilität die Art der Darstellung in der Veröffentlichung dargestellt. Alle anderen 15 zu veröffentlichenden Indikatoren werden analog dazu dargestellt.

Qualitätsdarstellung zu dem Aspekt 1.1

1.1 Unterstützung im Bereich der Mobilität
In der Qualitätsprüfung wird beurteilt, ob Bewohner bzw. Bewohnerinnen mit Bewegungseinschränkungen ihrem Bedarf entsprechend unterstützt werden. Beurteilt wird auch, ob diese Unterstützung fachlich einwandfrei ist.

Ergebnis der Qualitätsprüfung	■ □ □ □
Bewertung	Anzahl
A) Keine Auffälligkeiten oder Defizite	1
B) Auffälligkeiten, die keine Risiken oder negativen Folgen für die Bewohnerinnen und Bewohner erwarten lassen	1
C) Defizit mit Risiko negativer Folgen für die Bewohnerinnen und Bewohner	3
D) Defizit mit eingetretenen negativen Folgen für die Bewohnerinnen und Bewohner	4

Bewertung: schwerwiegende Qualitätsdefizite.
In die Prüfung einbezogen waren bei diesem Thema 9 Bewohner bzw. Bewohnerinnen.
Ergebnisse früherer Qualitätsprüfung   01. Juni 2016: ■ ■ □ □
                                          01. April 2015: ■ ■ ■ □

QDVS, Anlage 8

Aus dieser Darstellung ist die Anzahl der jeweils einbezogenen Bewohner abzulesen und die Zuordnung nach den Kriterien A – D. Aus der Zusammensetzung/Gewichtung der Anzahl von C und D- Bewertungen ergibt sich das Gesamtergebnis des jeweiligen Qualitätsaspektes.

Zusammenfassung Veröffentlichung der Versorgungsergebnisse.
Somit ergibt sich aus der Darstellung der
1. Qualitätsrelevanten Informationen,
2. den Versorgungsergebnissen/Qualitätsindikatoren mit einer 5ER ABSTUFUNG und
3. den Ergebnissen aus den Externen Qualitätsprüfungen mit einer 4ER ABSTUFUNG

das Gesamtbild der dreiteiligen Qualitätsberichterstattung. Ob diese Form der dreiteiligen Darstellung mit zwei unterschiedlichen Systematiken der Bewertung von Ergebnissen für den Verbraucher aussagekräftiger ist als das bisherige Verfahren, bleibt abzuwarten und darf der Beurteilung des Einzelnen überlassen bleiben.

QUALITÄTSPRÜFUNGS-RICHTLINIEN FÜR DIE VOLLSTATIONÄRE PFLEGE (QPR vollstationär)

Richtlinien des GKV-Spitzenverbandes[1] über die Durchführung der Prüfung der in Pflegeeinrichtungen erbrachten Leistungen und deren Qualität nach § 114 SGB XI für die vollstationäre Pflege

vom 17. Dezember 2018[2]

Der GKV-Spitzenverband hat gemäß § 114a Absatz 7 SGB XI unter Beteiligung des Medizinischen Dienstes des Spitzenverbandes Bund der Krankenkassen und des Prüfdienstes des Verbandes der Privaten Krankenversicherung e. V. zur verfahrensrechtlichen Konkretisierung die Richtlinien über die Durchführung der Prüfung der in Pflegeeinrichtungen erbrachten Leistungen und deren Qualität nach § 114 SGB XI für die vollstationäre Pflege einschließlich der Kurzzeitpflege (QPR vollstationär) am 17. Dezember 2018 beschlossen.

Anlagen

1 Prüfbogen A Beurteilung der personenbezogenen Versorgung

2 Prüfbogen B Beurteilung auf der Einrichtungsebene

3 Prüfbogen C Gesamtergebnis der Plausibilitätskontrolle

4 Erläuterungen zu den Prüfbögen

5 Qualitätsbewertung der Qualitätsprüfung

6 Bewertung von Auffälligkeiten bei der Plausibilitätskontrolle

7 Strukturierungshilfe zur Durchführung des Teamgespräches

8 Strukturierungshilfe zur Durchführung des Abschlussgespräches

9 Struktur und Inhalte des Prüfberichtes für die vollstationäre Pflege

---

[1] Der GKV-Spitzenverband ist der Spitzenverband Bund der Pflegekassen nach § 53 SGB XI.
[2] Das Bundesministerium für Gesundheit (BMG) hat diese Richtlinien mit Schreiben vom 21. Februar 2019 genehmigt.

Inhalt

1 Ziel der Richtlinien 4
2 Geltungsbereich 4
3 Prüfauftrag 5
4 Der Prüfung vorausgehende Prozesse 6
5 Prüfverständnis und Zugang zur Pflegeeinrichtung 6
6 Eignung der Prüferinnen und Prüfer 7
7 Inhalt und Umfang der Qualitätsprüfung 8
8 Ablauf des Einrichtungsbesuchs 9
8.1 Erfassung administrativer Angaben zur versorgten Person 11
8.2 Beurteilung der Qualitätsaspekte bei der einzelnen versorgten Person (Qualitätsbereiche 1 bis 4) 11
8.3 Beurteilung bedarfsübergreifender Qualitätsaspekte (Qualitätsbereich 5) 12
8.4 Bewertung einrichtungsbezogener Merkmale (Qualitätsbereich 6) 12
8.5 Zusammenführung der Feststellungen (Teamgespräch) 12
8.6 Abschlussgespräch 13
9 Stichprobe bei vollstationären Pflegeeinrichtungen 14
9.1 Ziehung einer Teilstichprobe für die Regelprüfung durch die Datenauswertungsstelle 15
9.2 Ziehung einer Teilstichprobe für die Regelprüfung durch die Prüfinstitution 16
9.3 Ziehen einer Stichprobe für die Regelprüfung in Einrichtungen ohne Ergebniserfassung 16
9.4 Abweichungen bei Anlass- und Wiederholungsprüfungen 17
10 Anpassung des Stichprobenverfahrens bei solitären Kurzzeitpflegeeinrichtungen 18
11 Informationsgrundlagen für die Qualitätsbewertung 19
12 Plausibilitätskontrolle der Ergebniserfassung 21
13 Zusammenarbeit mit den nach heimrechtlichen Vorschriften zuständigen Aufsichtsbehörden 22
14 Prüfbericht 24
15 Inkrafttreten der Richtlinien 24

PRÄAMBEL

Der GKV-Spitzenverband beschließt unter Beteiligung des Medizinischen Dienstes des Spitzenverbandes Bund der Krankenkassen (MDS) sowie des Prüfdienstes des Verbandes der Privaten Krankenversicherung e. V. (PKV-Prüfdienst) nach § 114a Absatz 7 SGB XI (Regelungen des Zweiten Pflegestärkungsgesetzes) die vorliegenden Richtlinien über die Durchführung der Prüfung der in Pflegeeinrichtungen erbrachten Leistungen und deren Qualität nach § 114 SGB XI für die vollstationäre Pflege (Qualitätsprüfungs-Richtlinien für die vollstationäre Pflege – QPR vollstationär).

Mit diesen Richtlinien wird die Durchführung der Qualitätsprüfung im vollstationären Bereich in verfahrensrechtlicher Hinsicht konkretisiert. Grundlage hierfür sind die Ergebnisse des von den Vertragsparteien nach § 113 SGB XI vergebenen Projektes „Entwicklung der Verfahren und Instrumente für die Qualitätsprüfung und Darstellung in der stationären Pflege".

Die auf Bundesebene maßgeblichen Organisationen für die Wahrnehmung der Interessen und der Selbsthilfe der pflegebedürftigen und behinderten Menschen haben nach Maßgabe von § 118 SGB XI an der Erstellung der vorliegenden QPR beratend mitgewirkt. Der GKV-Spitzenverband hat die Vereinigungen der Träger der Pflegeeinrichtungen auf Bundesebene, die Verbände der Pflegeberufe auf Bundesebene, den Verband der Privaten Krankenversicherung e. V. sowie die Bundesarbeitsgemeinschaft der überörtlichen Träger der Sozialhilfe und die kommunalen Spitzenverbände auf Bundesebene beteiligt. Ihnen wurde unter Übermittlung der hierfür erforderlichen Informationen innerhalb einer angemessenen Frist vor der Beschlussfassung Gelegenheit zur Stellungnahme gegeben; die Stellungnahmen wurden in die Entscheidung einbezogen. Die vorliegenden Richtlinien bedürfen der Genehmigung des Bundesministeriums für Gesundheit.

1 Ziel der Richtlinien

(1) Diese Richtlinien bilden die verbindliche Grundlage für die Prüfung der Qualität in vollstationären Pflegeeinrichtungen einschließlich sogenannter eingestreuter Kurzzeitpflegeplätze sowie in Einrichtungen der solitären Kurzzeitpflege[3] nach einheitlichen Kriterien.

(2) Ziel dieser Richtlinien ist es, auf der Grundlage der Ergebnisse des nach § 113b SGB XI durchgeführten Projektes „Entwicklung der Verfahren und Instrumente für die Qualitätsprüfung und Darstellung in der stationären Pflege" die Prüfung der Qualität der Pflege und Versorgung in vollstationären Pflegeeinrichtungen weiter zu verbessern und zu sichern.

2 Geltungsbereich

(1) Diese Richtlinien sind für den MDK, den Sozialmedizinischen Dienst der Deutschen Rentenversicherung Knappschaft-Bahn-See (SMD) und den PKV-Prüfdienst nach § 114a Absatz 7 SGB XI sowie für die von den Landesverbänden der Pflegekassen nach § 114a Absatz 1 SGB XI bestellten Sachverständigen (Prüfinstitutionen) verbindlich.

(2) Für die Prüfung von Leistungen der Häuslichen Krankenpflege (HKP) gelten die nachstehenden Regelungen entsprechend.

(3) Das diesen Richtlinien zugrunde gelegte Prüfinstrumentarium ist auf Einrichtungen der vollstationären Langzeitpflege zugeschnitten. Sofern Kurzzeitpflegegäste in die Stichprobe nach Ziffer 9 einbezogen werden, ist die Prüfung bei diesen Personen nach den gleichen Maßgaben durchzuführen wie bei den langzeitversorgten Personen[4]. Das Prüfinstrumentarium gilt auch für solitäre Kurzzeitpflegeeinrichtungen; Besonderheiten der Kurzzeitpflege werden entsprechend berücksichtigt. Diese Richtlinien gelten nicht für die Prüfung von teilstationären Pflegeeinrichtungen.

---

[3] In den Richtlinien wird in der Regel der Begriff „vollstationäre Pflege" verwendet. Dieser Begriff umfasst auch die Kurzzeitpflege. Wo erforderlich, finden sich gesonderte Regelungen für die Kurzzeitpflege.
[4] Im Folgenden umfasst der Begriff "versorgte Personen" neben den langzeitversorgten Personen auch Kurzzeitpflegegäste

4

3 Prüfauftrag

(1) Die Landesverbände der Pflegekassen beauftragen den MDK und im Umfang von zehn Prozent der in einem Jahr anfallenden Prüfaufträge den PKV-Prüfdienst oder die von ihnen bestellten Sachverständigen mit den Prüfungen nach § 114 Absatz 1 SGB XI, die als Regelprüfung, Anlassprüfung oder Wiederholungsprüfung durchzuführen sind. Die Landesverbände der Pflegekassen entscheiden über die Prüfungsart und erteilen der Prüfinstitution die Prüfaufträge schriftlich. Vor der Erteilung eines Prüfauftrages zur Durchführung einer Anlassprüfung sind Beschwerden und Hinweise zunächst durch die Landesverbände der Pflegekassen auf ihre Stichhaltigkeit zu prüfen.

(2) Ergeben sich bei Regel- oder Wiederholungsprüfungen konkrete und begründete Anhaltspunkte (z. B. Beschwerden, Hinweise) für eine nicht fachgerechte Pflege, erfolgt die Prüfung als Anlassprüfung, sofern die Prüfinstitution die Gründe hierfür gegenüber den Landesverbänden der Pflegekassen dargelegt hat und ein entsprechender Prüfauftrag der Landesverbände der Pflegekassen erteilt ist. Die Pflegeeinrichtung ist hierüber zu informieren.

(3) Im Prüfauftrag der Landesverbände der Pflegekassen sind insbesondere zu beschreiben:

- Art der Prüfung,
- bei Anlassprüfungen der dem Prüfauftrag zugrunde liegende Sachverhalt (z. B. Beschwerde),
- Informationen darüber, ob für die Pflegeeinrichtung aktuelle, statistisch plausible und vollständige Indikatorenergebnisse vorliegen und eine entsprechende Kennung für die Datenanforderung der Prüfinstitution bei der beauftragten fachlich unabhängigen Institution nach § 113 Absatz 1b SGB XI (Datenauswertungsstelle - DAS),
- Einbindung der Pflegekassen oder der Landesverbände der Pflegekassen,
- Zeitpunkt der Prüfung,
- Prüfmodalitäten (insbesondere Information/Abstimmung mit den nach heimrechtlichen Vorschriften zuständigen Aufsichtsbehörden, ggf. auch mit anderen Behörden wie z. B. Gesundheitsamt).

(4) Mit dem Prüfauftrag sind der Prüfinstitution von den Landesverbänden der Pflegekassen die erforderlichen Informationen und Unterlagen für die Qualitätsprüfung zur Verfügung zu stellen, insbesondere Institutionskennzeichen (IK), Versorgungsverträge, Strukturdaten, festgelegte Leistungs- und Qualitätsmerkmale nach § 84 Absatz 5 SGB XI, vorliegende Maßnahmenbescheide nach § 115 Absatz 2 SGB XI, Stellungnahmen und Unterlagen der vollstationären Pflegeeinrichtung an die Landesverbände der Pflegekassen sowie eventuelle Beschwerden über die zu prüfende Pflegeeinrichtung.

4 Der Prüfung vorausgehende Prozesse

(1) Die Qualitätsprüfung wird mit der Erteilung des Prüfauftrags an die Prüfinstitution durch den zuständigen Landesverband der Pflegekasse eingeleitet. Die DAS stellt bei vollstationären Pflegeeinrichtungen der Prüfinstitution die folgenden Informationen in der jeweils aktuellen Fassung zum Abruf bereit:

- Eine Code-Liste (Pseudonyme) zur Bestimmung der versorgten Personen, bei denen die Prüfung durchzuführen ist, und derjenigen versorgten Personen, die ersatzweise in die Stichprobe aufgenommen werden. Diese Code-Liste wird auch bereitgestellt, wenn das Ergebnis der statistischen Plausibilitätskontrolle ergeben hat, dass die Daten nicht plausibel sind.

- Drei Zufallszahlen zwischen 1 und 20, die zur Vervollständigung der Stichprobe in der Einrichtung benötigt werden.

- Eine tabellarische Übersicht über die Ergebnisqualität der Einrichtung für die letzten drei Erhebungen, mit der auch der einrichtungsindividuelle Beratungsauftrag für die Prüferinnen und Prüfer definiert wird (Kennzahlen mit der Beurteilung „weit unter dem Durchschnitt").

- Die fallbezogenen Daten der Ergebniserfassung der versorgten Personen, die von der DAS für die Personenstichprobe vorgegeben werden.

- Hinweise auf mögliche Schwachstellen der Ergebniserfassung, die mit der statistischen Plausibilitätskontrolle sichtbar wurden. Ergibt sich bereits bei der statistischen Plausibilitätskontrolle, dass die Datenqualität nicht ausreicht, um Kennzahlen für die Ergebnisqualität zu generieren, so erhält die Prüfinstitution einen entsprechenden Hinweis – mit der Konsequenz, dass die Plausibilitätskontrolle der Ergebniserfassung entfällt.

5 Prüfverständnis und Zugang zur Pflegeeinrichtung

(1) Den Qualitätsprüfungen liegt ein beratungsorientierter Prüfansatz zugrunde. Die Qualitätsprüfungen bilden eine Einheit aus Prüfung, Beratung und Empfehlung von

Maßnahmen zur Qualitätsverbesserung. Der beratungsorientierte Prüfansatz ermöglicht bei Auffälligkeiten und Qualitätsdefiziten das Aufzeigen von Lösungsmöglichkeiten. Der beratungsorientierte Prüfansatz findet seinen Ausdruck im Fachgespräch mit den Mitarbeiterinnen und Mitarbeitern, die in der Versorgung der Bewohnerinnen und Bewohner tätig sind – wobei soweit möglich Pflegefachkräfte einbezogen werden sollen – sowie im Abschlussgespräch mit den Leitungskräften der Einrichtung. Die unmittelbare fachliche Kommunikation im Prüfverfahren hat einen hohen Stellenwert und basiert auf der stärkeren Differenzierung von Beurteilungen und der Verringerung der Bedeutung von gegenstandsunabhängigen Konzept- und Dokumentationsprüfungen. Das Fachgespräch ist eine gleichrangige Informationsquelle zu anderen Datenquellen. Dieser Prüfansatz setzt eine intensive Zusammenarbeit zwischen der Pflegeeinrichtung und dem MDK bzw. dem PKV-Prüfdienst voraus.

(2) Zur Durchführung der Qualitätsprüfungen ist der Prüfinstitution Zugang zur Pflegeeinrichtung zu gewähren. Das Prüfteam weist sich auf Wunsch der Pflegeeinrichtung aus. Prüfungen sind grundsätzlich einen Tag zuvor anzukündigen; Anlassprüfungen sollen unangemeldet erfolgen. Die Kriterien für Fälle, in denen unangekündigt zu prüfen ist, werden in den Richtlinien nach § 114c SGB XI geregelt. Eine Prüfung zur Nachtzeit ist auf die Fälle zu begrenzen, in denen das Ziel der Qualitätssicherung zu anderen Tageszeiten nicht erreicht werden kann. Die Beteiligung anderer Prüfinstitutionen (z. B. nach heimrechtlichen Vorschriften zuständige Aufsichtsbehörden, Gesundheitsamt) darf nicht zu Verzögerungen bei der Durchführung der Prüfungen führen. Dies gilt auch für die Beteiligung der Trägervereinigung der Pflegeeinrichtung. Die Pflegeeinrichtung hat dem Prüfteam auf Verlangen die für die Qualitätsprüfung notwendigen Unterlagen vorzulegen und Auskünfte zu erteilen. Für Nachweiszwecke sind - soweit erforderlich - Kopien anzufertigen.

6 Eignung der Prüferinnen und Prüfer

(1) Die Qualitätsprüfungen nach §§ 114 ff. SGB XI sind in der Regel von Prüfteams durchzuführen, die aus Pflegefachkräften bestehen. An die Stelle einer Pflegefachkraft können andere Sachverständige, z. B. Ärztinnen und Ärzte oder Kinderärztinnen und Kinderärzte treten, wenn dies das einzelne Prüfgebiet erfordert. Wenn sich aus dem Prüfauftrag ergibt, dass die zu prüfende Pflegeeinrichtung beatmungspflichtige Personen oder Personen im Wachkoma versorgt, verfügt mindestens eine Prüferin oder ein Prüfer über besondere Kenntnisse in diesem Prüfgebiet.

(2) Die Mitglieder der Prüfteams müssen über pflegefachliche Kompetenz, Führungskompetenz und Kenntnisse im Bereich der Qualitätssicherung verfügen. Mindestens ein Mitglied des

Prüfteams muss über eine Auditorenausbildung oder eine vom Inhalt und Umfang her gleichwertige Qualifikation verfügen.

7 Inhalt und Umfang der Qualitätsprüfung

(1) Regel-, Anlass- und Wiederholungsprüfungen der Pflegeeinrichtungen erfolgen anhand der **Anlage 1** (Prüfbogen A, Beurteilung der personenbezogenen Versorgung), **Anlage 2** (Prüfbogen B, Beurteilung auf der Einrichtungsebene) und **Anlage 3** (Prüfbogen C, Gesamtergebnis der Plausibilitätskontrolle). Diese Prüfbögen sind nach der **Anlage 4** (Erläuterungen zu den Prüfbögen), **Anlage 5** (Qualitätsbewertung Qualitätsprüfung) und **Anlage 6** (Bewertung von Auffälligkeiten bei der Plausibilitätskontrolle) auszufüllen. Inhalte und Umfang der Prüfung können von den Landesverbänden der Pflegekassen nicht verändert oder erweitert werden.

(2) Bei Wiederholungsprüfungen im Auftrag der Landesverbände der Pflegekassen ist zu prüfen, ob die festgestellten Qualitätsmängel durch die nach § 115 Absatz 2 SGB XI angeordneten Maßnahmen beseitigt worden sind. Dabei werden im Qualitätsbereich 6 die beanstandeten einrichtungsbezogenen Kriterien erneut geprüft. Nicht beanstandete Kriterien werden unverändert übernommen. Die personenbezogenen Qualitätsaspekte sind vollständig zu prüfen.

(3) Basis der Prüfungen sind

- die Maßstäbe und Grundsätze zur Sicherung und Weiterentwicklung der Pflegequalität nach § 113 SGB XI für die vollstationäre Pflege und für die Kurzzeitpflege in der jeweils aktuellen Fassung,
- der aktuelle Stand des Wissens,
- die Expertenstandards nach § 113a SGB XI,
- die qualitätsrelevanten Inhalte der Verträge der Pflege- und der Krankenkassen mit der jeweiligen Pflegeeinrichtung,
- die Rahmenverträge nach § 75 SGB XI
- die Richtlinien zur Verordnung häuslicher Krankenpflege nach § 92 Absatz 1 Satz 2 Nr. 6 und Absatz 7 Nr. 1 SGB V sowie
- die relevanten Empfehlungen der Kommission für Krankenhaushygiene und Infektionsprävention nach § 23 Absatz 1 Infektionsschutzgesetz (IfSG).

(4) Die durch das Prüfteam im Einzelnen zu beurteilenden Sachverhalte sind in die folgenden sechs Qualitätsbereiche untergliedert:

- Qualitätsbereich 1: Unterstützung bei der Mobilität und Selbstversorgung
- Qualitätsbereich 2: Unterstützung bei der Bewältigung von krankheits- und therapiebedingten Anforderungen und Belastungen
- Qualitätsbereich 3: Unterstützung bei der Gestaltung des Alltagslebens und der sozialen Kontakte
- Qualitätsbereich 4: Unterstützung in besonderen Bedarfs- und Versorgungssituationen
- Qualitätsbereich 5: Bedarfsübergreifende fachliche Anforderungen
- Qualitätsbereich 6: Organisationsaspekte und internes Qualitätsmanagement

(5) Jeder der sechs Qualitätsbereiche nach Absatz 4 umfasst mehrere Qualitätsaspekte, die jeweils umfassende Themen abbilden. Die Qualitätsbereiche 1 bis 4 werden mit der **Anlage 1** (Prüfbogen A Beurteilung der personenbezogenen Versorgung) und die Qualitätsbereiche 5 und 6 mit der **Anlage 2** (Prüfbogen B Beurteilung auf der Einrichtungsebene) erfasst.

8 Ablauf des Einrichtungsbesuchs

(1) Nach Vorstellung des Prüfteams bei der Leitung der Einrichtung sind zu Beginn der Prüfung in einem Einführungsgespräch das Aufgabenverständnis, die Vorgehensweise und der voraussichtliche Zeitaufwand der Prüfung darzulegen. Die Interessenvertretung der Bewohnerinnen und Bewohner der Pflegeeinrichtung wird über die Prüfung informiert. Im Anschluss an das Einführungsgespräch erfolgt die Bestimmung von neun versorgten Personen entsprechend der Vorgaben des definierten Stichprobenverfahrens. Es können Versicherte der sozialen und der privaten Pflegeversicherung einbezogen werden. Es werden jedoch nur Personen in die Stichprobe einbezogen, bei denen eine Pflegebedürftigkeit vorliegt.

(2) Die Einbeziehung in die Prüfung setzt die Einwilligung der versorgten Person, einer vertretungsberechtigten Person bzw. einer gesetzlich bestellten Betreuerin oder eines gesetzlich bestellten Betreuers voraus. Vor der Einholung der Einwilligung der versorgten Person oder einer hierzu berechtigten Person hat das Prüfteam diese in verständlicher Weise aufzuklären über

- Anlass und Zweck sowie Inhalt, Umfang, Durchführung und Dauer der Maßnahme,
- den vorgesehenen Zweck der Verarbeitung und die Nutzung der dabei erhobenen personenbezogenen Daten,
- die Freiwilligkeit der Teilnahme und
- die jederzeitige Widerrufbarkeit der Einwilligung.

Ferner ist im Rahmen der Aufklärung darauf hinzuweisen, dass im Falle der Ablehnung der versorgten Person keine Nachteile entstehen.

(3) Die Einwilligung der versorgten Person nach § 114a Absatz 3a SGB XI kann erst nach Bekanntgabe der Einbeziehung der in Augenschein zu nehmenden Person in die Qualitätsprüfung erklärt werden und muss in einer Urkunde oder auf andere zur dauerhaften Wiedergabe in Schriftzeichen geeignete Weise gegenüber dem Prüfteam abgegeben werden, die Person des Erklärenden benennen und den Abschluss der Erklärung durch Nachbildung der Namensunterschrift oder anders erkennbar machen (Textform). Ist die versorgte Person einwilligungsunfähig, ist die Einwilligung einer berechtigten Person einzuholen. Ist keine berechtigte Person am Ort einer Prüfung anwesend und ist eine rechtzeitige Einholung der Einwilligung in Textform nicht möglich, so genügt ausnahmsweise eine mündliche Einwilligung, wenn andernfalls die Durchführung der Prüfung erschwert würde. Die mündliche Einwilligung oder Nichteinwilligung sowie die Gründe für ein ausnahmsweises Abweichen von der erforderlichen Textform sind schriftlich zu dokumentieren. Die Einwilligung ist nach § 114a Absatz 2 und 3 SGB XI erforderlich für

- das Betreten der Wohnräume der versorgten Person,
- die Inaugenscheinnahme des gesundheitlichen und pflegerischen Zustands der versorgten Person,
- die Einsichtnahme in die Pflegedokumentation, in die fallbezogenen Daten zur Ergebniserfassung,
- die Befragung der versorgten Person, der Beschäftigten der Einrichtung, der Betreuerinnen und Betreuer, der Angehörigen sowie der Mitglieder der heimrechtlichen Interessenvertretungen der Bewohnerinnen und Bewohner,
- die damit jeweils zusammenhängende Erhebung, Verarbeitung und Nutzung personenbezogener Daten der versorgten Person einschließlich der Erstellung von Kopien zum Zwecke der Erstellung eines Prüfberichts.

Die Einwilligung muss vor der Einbeziehung der versorgten Person in die Prüfung vorliegen.

(4) Für die versorgten Personen, die in die Plausibilitätskontrolle des Erhebungsreports einbezogen werden, ist jeweils ebenfalls eine Einwilligung einzuholen.

(5) Es werden allgemeine Angaben zur Prüfung und zur Einrichtung erfasst.

8.1 Erfassung administrativer Angaben zur versorgten Person

(1) Die betreffenden Angaben dienen vorrangig zur Verwaltung des Datensatzes. Die Daten sind gemäß der Vorgabe des Erhebungsbogens für jede versorgte Person der Stichprobe zu erfassen.

8.2 Beurteilung der Qualitätsaspekte bei der einzelnen versorgten Person (Qualitätsbereiche 1 bis 4)

(1) Die Beurteilung der jeweiligen Qualitätsaspekte auf der Ebene der individuellen Versorgung umfasst in den Qualitätsbereichen 1 bis 4 jeweils die folgenden Schritte:

- Informationserfassung: Die Prüferin oder der Prüfer verschafft sich zunächst einen Überblick zur Bedarfs- und Versorgungssituation der versorgten Person. Anhand verschiedener Informationsquellen werden die Lebenssituation, die gesundheitliche Situation, Ressourcen und Beeinträchtigungen, Gefährdungen usw. durch die Prüferin oder den Prüfer erfasst. Welche Informationen für den jeweiligen Qualitätsaspekt benötigt werden, ist in der **Anlage 1** (Prüfbogen A Beurteilung der personenbezogenen Versorgung) angegeben. Die Prüferin oder der Prüfer hat sich ein eigenes Bild von der versorgten Person und der Pflegesituation zu machen und Angaben der Einrichtung gedanklich stets daraufhin überprüfen, ob sie sich zu einem fachlich stimmigen Gesamtbild zusammenfügen. Dies gilt auch für die Beurteilung der Plausibilität von Angaben, die aus der Ergebniserfassung stammen.
- Bearbeitung der Leitfragen: Im zweiten Schritt hat die Prüferin oder der Prüfer – mit Hilfe der zu jedem Qualitätsaspekt aufgeführten Leitfragen – eine Beurteilung der Versorgung vorzunehmen. Die gemachten Feststellungen werden dann im nächsten Schritt anhand bestimmter Vorgaben bewertet. Zu den jeweiligen Leitfragen ist in der Ausfüllanleitung beschrieben, welche Aspekte des pflegerischen Handels in die Beurteilung einbezogen werden sollen. Bei mehreren Qualitätsaspekten finden sich vor den Leitfragen Hinweise dazu, ob eine versorgte Person in die Bewertung einbezogen werden soll. So ist beispielsweise die Frage nach der Tagesstrukturierung nur bei versorgten Personen zu bearbeiten, die einen Unterstützungsbedarf bei der Gestaltung des Alltagslebens und der sozialen Kontakte aufweisen.
- Bewertung und Beschreibung festgestellter Auffälligkeiten: Identifizierte Auffälligkeiten und Qualitätsdefizite werden in strukturierter Form dokumentiert und bewertet. Zu jedem Qualitätsaspekt finden sich in der **Anlage 1** (Prüfbogen A Beurteilung der personenbezogenen Versorgung) individuelle Erläuterungen zur Konkretisierung der Bewertung.

(2) Die Bewertung erfolgt anhand der in der **Anlage 5** dargestellten Bewertungssystematik.

8.3 Beurteilung bedarfsübergreifender Qualitätsaspekte (Qualitätsbereich 5)

(1) Bei der Beurteilung der verschiedenen Qualitätsaspekte in den Bereichen 1 bis 4 werden immer wieder Themen angesprochen, die gleichermaßen für mehrere Qualitätsaspekte relevant sind. Informationsgrundlage für die Beurteilung der sogenannten bedarfsübergreifenden Qualitätsaspekte im Qualitätsbereich 5 sind die Feststellungen, die das Prüfteam für die Qualitätsaspekte in den Qualitätsbereichen 1 bis 4 getroffen hat. Es werden also keine zusätzlichen Informationen über die versorgten Personen aus der Stichprobe erfasst.

(2) Auf dieser Grundlage soll das Prüfteam nach den Vorgaben der **Anlage 2** (Prüfbogen B Beurteilung auf der Einrichtungsebene) eine Gesamtbewertung für die Einrichtung vornehmen, also beispielsweise eine Gesamtbewertung der Frage, ob die Einrichtung mit Risiken und Gefährdungen der versorgten Personen fachgerecht umgeht.

(3) Diese Beurteilung ist bei der Zusammenführung der Teilergebnisse der Prüfung im Teamgespräch vorzunehmen. Die Zusammenführung erfolgt in der **Anlage 2** (Prüfbogen B Beurteilung auf der Einrichtungsebene).

8.4 Bewertung einrichtungsbezogener Merkmale (Qualitätsbereich 6)

(1) In einem gesonderten Abschnitt der **Anlage 2** (Prüfbogen B Beurteilung auf der Einrichtungsebene) werden organisatorische Aspekte und allgemeine Anforderungen an das Qualitätsmanagement erfasst. Es erfolgt eine kriteriengestützte Bewertung, bei der zu beurteilen ist, ob die in der **Anlage 2** (Prüfbogen B Beurteilung auf der Einrichtungsebene) aufgeführten Anforderungen erfüllt werden oder nicht.

8.5 Zusammenführung der Feststellungen (Teamgespräch)

(1) Die vorläufige Feststellung wichtiger Gesamtergebnisse erfolgt gemeinsam im Prüfteam ohne Anwesenheit von Mitarbeiterinnen oder Mitarbeitern der Einrichtung. Die Prüferinnen und Prüfer kommen zusammen und tauschen sich über ihre wichtigsten Feststellungen zu den einzelnen Qualitätsaspekten aus. Zweck dieses Teamgesprächs ist

- die gemeinsame Bewertung der bedarfsübergreifenden Qualitätsaspekte

12

- die Einschätzung der fachlichen Stärken der Einrichtung
- die vorläufige Einschätzung, bei welchen Qualitätsaspekten fachliche Defizite festgestellt wurden (Defizite mit negativen Folgen für die versorgte Person oder mit dem Risiko des Auftretens negativer Folgen)
- die vorläufige Einschätzung der Plausibilität der Ergebniserfassung
- die Festlegung der Themen, die im anschließenden Abschlussgespräch mit Vertreterinnen und Vertretern der Einrichtung angesprochen werden sollen, insbesondere der Themen, zu denen eine Beratung erfolgen soll. Bei der Beratung sollen auch Indikatoren mit der Beurteilung „weit unter dem Durchschnitt" berücksichtigt werden.

(2) Es handelt sich dabei um vorläufige Einschätzungen, die bei der abschließenden Bewertung zu verifizieren und zu konkretisieren sind. Grundlage des Gesprächs sind sämtliche Feststellungen, die bei der Prüfung der einrichtungsbezogenen und der direkt personenbezogenen Fragen festgehalten wurden, inklusive der Feststellungen, die die Plausibilitätskontrolle betreffen. Das Teamgespräch erfolgt unter Berücksichtigung der **Anlage 7** (Strukturierungshilfe zur Durchführung des Teamgespräches).

8.6 Abschlussgespräch

(1) Im Abschlussgespräch wird die Pflegeeinrichtung über zentrale vorläufige Ergebnisse der Prüfung in Kenntnis gesetzt. Grundlage sind die im Teamgespräch der Prüferinnen und Prüfer getroffenen vorläufigen Einschätzungen sowie die von ihnen festgelegten Themen bzw. Beratungspunkte. Es sollen die durch das Prüfteam erfassten fachlichen Stärken der Einrichtung gewürdigt werden. Das Gespräch wird mit dem Ziel geführt, ggf. festgestellte Qualitätsdefizite direkt abzustellen, Qualitätsdefiziten rechtzeitig vorzubeugen und die Eigenverantwortlichkeit der Einrichtung zur Sicherstellung einer qualitativ hochwertigen Pflege zu stärken.

(2) Das Prüfteam stellt in zusammenfassender Form seine vorläufigen Einschätzungen zu folgenden Punkten dar:
- fachliche Stärken der Einrichtung
- festgestellte Qualitätsdefizite (Defizite mit negativen Folgen für die versorgte Person oder mit dem Risiko des Auftretens negativer Folgen)
- Plausibilität der Ergebniserfassung.

(3) Zu diesen Punkten ist den Vertreterinnen und Vertretern der Einrichtung Gelegenheit zur Kommentierung und Stellungnahme zu geben.

(4) In einer weiteren Gesprächsphase erfolgt die Beratung zu den Themen, die die Prüferinnen und Prüfer im Teamgespräch als besonders wichtig identifiziert haben. Gemeinsam mit den Vertreterinnen und Vertretern der Einrichtung sind Möglichkeiten zu erörtern, wie festgestellte Qualitätsdefizite behoben und der Entstehung von Qualitätsdefiziten vorgebeugt werden kann. Dabei kann auch auf unterdurchschnittliche Indikatorenergebnisse und festgestellte Auffälligkeiten eingegangen werden.

(5) Sofern die Einrichtung abweichende Meinungen zu festgestellten Qualitätsdefiziten äußert, werden diese durch das Prüfteam schriftlich festgehalten.

(6) Das Abschlussgespräch erfolgt unter Berücksichtigung der **Anlage 8** (Strukturierungshilfe zur Durchführung des Abschlussgespräches).

9 Stichprobe bei vollstationären Pflegeeinrichtungen

(1) In die Qualitätsprüfung werden neun versorgte Personen einbezogen.

(2) Sechs versorgte Personen werden anhand von personenbezogenen Codes (Pseudonyme) vor dem Einrichtungsbesuch durch eine Stichprobe bestimmt, die durch die DAS gezogen wird (Teilstichprobe für die Regelprüfung durch die DAS). Während der Prüfung entpseudonymisiert das Prüfteam gemeinsam mit der Einrichtung die ausgewählten Personen anhand der Pseudonymisierungsliste, die die Einrichtung vor Ort vorzuhalten und dem Prüfteam vorzulegen hat.

(3) Weitere drei versorgte Personen werden durch eine Zufallsauswahl während des Besuchs des Prüfteams in der Einrichtung durch das Prüfteam anhand der Zufallszahlen bestimmt (Teilstichprobe für die Regelprüfung durch die Prüfinstitution). Diese Teilstichprobe wird anhand des Erhebungsreportes und der aktuellen und vollständigen Übersicht der versorgten Personen bestimmt, die die Einrichtung für die Prüfung zu führen und dem Prüfteam vorzulegen hat.

(4) Die Übersicht nach Absatz 3 enthält gemäß den Maßstäben und Grundsätzen zur Qualität für die vollstationäre Pflege nach § 113 SGB XI neben der Übersicht aller in der Einrichtung lebenden Bewohnerinnen und Bewohner personenbezogene Angaben, ob eine Beeinträchtigung bei der Mobilität und den kognitiven Fähigkeiten vorliegt. Wenn die Einrichtung die unter Absatz 2 und 3 genannten Unterlagen nicht zur Verfügung stellt, legt das Prüfteam auf der Basis der vorliegenden Informationen eine Zufallsstichprobe fest.

14

(5) Die Pflegeeinrichtung hat gemäß § 114a Absatz 3a SGB XI im Rahmen ihrer Mitwirkungspflicht nach § 114 Absatz 1 Satz 4 SGB XI insbesondere die Namen und Kontaktdaten der von ihr versorgten Personen an das Prüfteam weiterzuleiten.

(6) Kann die erforderliche Mindestzahl von versorgten Personen trotz der unten aufgeführte Regularien nicht erreicht werden, z. B. weil weniger Personen von der Einrichtung versorgt werden oder ihr Einverständnis zur Einbeziehung in die Stichprobe nicht erteilt haben, so hat das Prüfteam im Rahmen der verbleibenden Möglichkeiten die Qualitätsprüfung trotzdem durchzuführen und die Ergebnisse im Prüfbericht auszuweisen. Das Unterschreiten der vorgesehenen Personenzahl ist im Prüfbericht zu begründen.

9.1 Ziehung einer Teilstichprobe für die Regelprüfung durch die Datenauswertungsstelle

(1) Bei der Ziehung der Teilstichprobe von sechs versorgten Personen durch die DAS handelt es sich um eine geschichtete Stichprobe. Es kommt eine Kombination von Merkmalen zur Anwendung, die Beeinträchtigungen der Mobilität sowie der kognitiven und kommunikativen Fähigkeiten abbilden.

(2) Die Ziehung der Stichprobe orientiert sich an den Modulwertungen des Begutachtungsinstrumentes zur Feststellung der Pflegebedürftigkeit. Es werden jeweils zwei versorgte Personen mit folgenden Merkmalskombinationen bestimmt:

- **A.** Personen, die in beiden Bereichen mindestens erhebliche Beeinträchtigungen aufweisen (Modulwertung jeweils >1)
- **B.** Personen, die im Bereich der Mobilität mindestens erhebliche Beeinträchtigungen aufweisen (Modulwertung>1), aber keine oder eine geringe Beeinträchtigung der kognitiven und kommunikativen Fähigkeiten (Modulwertung 0 oder 1)
- **C.** Personen, die im Bereich der Mobilität keine oder eine geringe Beeinträchtigung aufweisen (Modulwertung 0 oder 1), aber mindestens erhebliche Beeinträchtigungen der kognitiven und kommunikativen Fähigkeiten (Modulwertung >1).

(3) Um sicherzustellen, dass in der Prüfsituation durch die Unmöglichkeit, die ausgewählten Personen einzubeziehen (z. B. fehlende Einwilligung), Probleme auftreten, ist eine „Reserveliste" erforderlich. Es werden daher je Subgruppe sechs weitere Personen bestimmt. Damit entsteht eine Liste, die folgendermaßen strukturiert ist:

Subgruppe A: Code 1, Code 2   Reserve: Code 3 bis Code 8
Subgruppe B: Code 9, Code 10   Reserve: Code 11 bis Code 16
Subgruppe C: Code 17, Code 18 Reserve: Code 19 bis Code 24

(4) Wenn auf der Basis der Codes und der Reserveliste keine zwei versorgte Personen in die Stichprobe einbezogen werden können, wird die Subgruppe an Hand der von der Einrichtung vorzuhaltenden Übersicht der versorgten Personen (siehe Ziffer 9 Absatz 3) entsprechend ergänzt. Eine Plausibilitätskontrolle ist nur möglich, wenn auf die Daten zugegriffen werden kann.

(5) Insbesondere bei sehr kleinen Einrichtungen kann es vorkommen, dass einzelne Subgruppen so schwach besetzt sind, dass keine ausreichenden Codes oder Reservecodes bestimmt werden können. Sollte es in der Prüfsituation dazu kommen, dass in einer Subgruppe nicht wie vorgesehen zwei Personen anhand der Angaben der DAS bestimmt werden können, so sind die fehlenden Fälle durch die ergänzende Stichprobenziehung, die in der Einrichtung stattfindet, auszugleichen.

9.2 Ziehung einer Teilstichprobe für die Regelprüfung durch die Prüfinstitution

(1) Zusätzlich bestimmt das Prüfteam bei seinem Einrichtungsbesuch per Zufallsauswahl anhand des Erhebungsreports und der Übersicht der versorgten Personen drei versorgte Personen, die nicht in die Ergebniserfassung durch die Einrichtung einbezogen wurden (z. B. Kurzzeitpflegegäste, versorgte Personen, die der Ergebniserfassung nicht zugestimmt haben, bei denen Ausschlussgründe hierfür vorlagen oder die nach der letzten Ergebniserfassung in die Einrichtung eingezogen sind).

(2) Am Anfang des Erhebungsreportes oder der Übersicht beginnend, werden mit Hilfe der vorab von der DAS übermittelten Zufallszahlen drei Personen bestimmt, die zum Prüfzeitpunkt in der Einrichtung versorgt werden, für die jedoch keine Ergebniserfassung durchgeführt wurde.

(3) Ist es nicht möglich, eine Einwilligung für die betreffende Person zu erhalten, so wird die in der Liste nachfolgend aufgeführte Person ausgewählt.

9.3 Ziehen einer Stichprobe für die Regelprüfung in Einrichtungen ohne Ergebniserfassung

(1) Erfolgt die Prüfung in einer Einrichtung, in der keine Ergebniserfassung im letzten Erhebungszeitraum durchgeführt wurde oder wenn keine vollständigen Daten aus der Ergebniserfassung vorliegen, muss die Stichprobe komplett in der Einrichtung bestimmt werden. Die Einrichtung hat in diesem Fall eine aktuelle und vollständige Übersicht über die von ihr versorgten Personen (siehe Ziffern 9 Absatz 3) zu führen und dem Prüfteam

vorzulegen. Aus dieser Liste werden sechs Personen anhand von Merkmalskombinationen und drei weitere durch eine Zufallsauswahl bestimmt.

(2) Die sechs Personen werden anhand der unten aufgeführten Merkmalskombinationen folgenden Subgruppen zugeordnet:

Subgruppe A: Fortbewegung = beeinträchtigt & Kognitive Fähigkeiten = beeinträchtigt
Subgruppe B: Fortbewegung = beeinträchtigt & Kognitive Fähigkeiten = unbeeinträchtigt
Subgruppe C: Fortbewegung = unbeeinträchtigt & Kognitive Fähigkeiten = beeinträchtigt

Aus jeder dieser Gruppen werden per Zufallszahl zwei Personen in die Prüfung einbezogen. Sollte es in der Prüfsituation dazu kommen, dass in einer Subgruppe nicht wie vorgesehen zwei Personen bestimmt werden können, so sind die fehlenden Fälle zusammen mit den drei weiteren Personen, die ohnehin zufällig ausgewählt werden, zu ziehen (siehe Absatz 4).

(3) Die notwendigen Informationen über die Merkmalkombination sind von den Einrichtungen bereitzustellen. Für die Merkmalsausprägungen gilt:

- „Selbstständigkeit bei der Fortbewegung": beeinträchtigt = Personenhilfe ist erforderlich (nicht selbstständig im Sinne des Begutachtungsinstruments aufgrund körperlicher Beeinträchtigungen).
- „Kognitive Fähigkeiten": beeinträchtigt = Es kommt regelmäßig zu Störungen des Kurzzeitgedächtnisses, der zeitlichen und örtlichen Orientierung sowie der Personenerkennung.

(4) Zusätzlich bestimmt das Prüfteam bei seinem Einrichtungsbesuch anhand der Übersicht der versorgten Personen drei weitere Personen per Zufallsauswahl.

9.4 Abweichungen bei Anlass- und Wiederholungsprüfungen

(1) Das Stichprobenverfahren bei Anlass- bzw. Wiederholungsprüfungen wird grundsätzlich analog zum Verfahren für die Regelprüfung durchgeführt.

(2) Da im Verfahren zur Stichprobenziehung vorgesehen ist, einen Teil der Stichprobe (drei Personen) in der Einrichtung durch das Prüfteam auszuwählen, kann bei Anlassprüfungen der Anlass oder der bemängelte Qualitätsaspekt in die Stichprobe aufgenommen werden, indem vom Prinzip der Zufallsauswahl abgewichen wird. Bezieht sich eine Beschwerde auf eine versorgte Person, ist diese nach Möglichkeit in die Stichprobe einzubeziehen. Bei Bedarf kann die Stichprobe von neun Personen bei Anlassprüfungen ergänzt werden.

17

Ergeben sich bei einer Anlassprüfung beispielsweise weitere Hinweise auf eine nicht fachgerechte Pflege, kann dies zu einer Ergänzung der Stichprobe führen. Nach § 115 Absatz 1a SGB XI bilden bei Anlassprüfungen die Prüfergebnisse aller in die Prüfung einbezogenen Personen die Grundlage für die Bewertung und Darstellung der Qualität.

(3) Da im Verfahren zur Stichprobenziehung vorgesehen ist, einen Teil der Stichprobe (drei Personen) in der Einrichtung durch das Prüfteam auszuwählen, können auch bei Wiederholungsprüfungen <u>die den nach § 115 Absatz 2 SGB XI angeordneten Maßnahmen zugrundeliegenden Qualitätsaspekte</u> in die Stichprobe aufgenommen werden, indem vom Prinzip der Zufallsauswahl abgewichen wird.

10 Anpassung des Stichprobenverfahrens bei solitären Kurzzeitpflegeeinrichtungen

(1) In die Qualitätsprüfung werden sechs Kurzzeitpflegegäste einbezogen.

(2) Die Einrichtung hat eine Übersicht der versorgten Personen zu führen und dem Prüfteam vorzulegen, in der sämtliche Kurzzeitpflegegäste mit einer Information über ihre kognitiven Fähigkeiten und ihre Mobilität aufgeführt sind. Die Zuordnung der Merkmalsausprägung „beeinträchtigt" erfolgt nach den unter Ziffer 9.3 dargelegten Regeln.

(3) Aus jeder der Gruppen A) bis C) werden anhand von Zufallszahlen drei Kurzzeitpflegegäste ausgewählt. Die ersten zwei ausgewählten Kurzzeitpflegegäste werden bei der Prüfung berücksichtigt. Stellt sich heraus, dass dies nicht möglich ist, wird ein dritter Kurzzeitpflegegast aus dieser Gruppe ersatzweise in die Stichprobe aufgenommen. Sollten auch danach noch keine zwei Kurzzeitpflegegäste aus der Gruppe aufgenommen werden können, werden anhand der Zufallszahlen – unter Ausschluss der bereits ausgewählten Kurzzeitpflegegäste – weitere Kurzzeitpflegegäste bestimmt. Sollte eine der definierten Gruppen so schwach besetzt sein, dass die Zahl von zwei Kurzzeitpflegegästen nicht erreicht werden kann, so wird – ebenfalls anhand von Zufallszahlen – ein Kurzzeitpflegegast aus einer anderen Gruppe bestimmt. Dabei gilt:

- C) ersatzweise für A)
- A) ersatzweise für C)
- C) ersatzweise für B)

(4) Wenn die Einrichtung keine geeignete Liste zur Verfügung stellt, legt das Prüfteam auf der Basis der vorliegenden Informationen eine Zufallsstichprobe gemäß Ziffer 10 Absatz 2 fest.

18

(5) Die Kurzzeitpflegeeinrichtung hat gemäß § 114a Absatz 3a SGB XI im Rahmen ihrer Mitwirkungspflicht nach § 114 Absatz 1 Satz 4 SGB XI insbesondere die Namen und Kontaktdaten der von ihr versorgten Kurzzeitpflegegäste an das Prüfteam weiterzuleiten.

(6) Für die Stichprobe bei Anlass- und Wiederholungsprüfungen in Kurzzeitpflegeeinrichtungen gelten die Regularien für die vollstationäre Pflege entsprechend.

(7) Kann die erforderliche Mindestzahl von Kurzzeitpflegegästen trotz der oben aufgeführten Regularien nicht erreicht werden, z. B. weil weniger Kurzzeitpflegegäste von der Einrichtung versorgt werden oder ihr Einverständnis zur Einbeziehung in die Stichprobe nicht erteilt haben, so hat das Prüfteam im Rahmen der verbleibenden Möglichkeiten die Qualitätsprüfung trotzdem durchzuführen und die Ergebnisse im Prüfbericht auszuweisen. Das Unterschreiten der vorgesehenen Zahl an Kurzzeitpflegegästen ist im Prüfbericht zu begründen.

11 Informationsgrundlagen für die Qualitätsbewertung

(1) Zur Durchführung der Prüfung kann das Prüfteam unter Berücksichtigung des Datenschutzes auf folgende Informationsgrundlagen zurückgreifen:

- das Gespräch mit der versorgten Person und deren Inaugenscheinnahme
- das Fachgespräch mit den Mitarbeiterinnen und Mitarbeitern der Einrichtung
- Beobachtungen während der Prüfung, die ggf. auch Zufallsbefunde umfassen
- die Pflegedokumentation und weitere Unterlagen (Gesamtheit der personenbezogenen Akte)
- gesonderte Dokumentationen, die die Einrichtung zum Zweck des internen Qualitätsmanagements erstellt hat
- einrichtungsinterne Konzepte oder Verfahrensanweisungen, die die Einrichtung verwendet, um den Erfordernissen einer fachgerechten Pflege Rechnung zu tragen
- die personenbezogenen Informationen der letzten Ergebniserfassung mittels des Erhebungsbogens für die Ergebniserfassung. Wenn diese Informationen ausnahmsweise nicht von der DAS zur Verfügung gestellt werden konnten, stellt die Einrichtung diese zur Verfügung.

(2) Die Prüferinnen und Prüfer entscheiden nach eigenem Ermessen, welche Informationsquellen in welcher Reihenfolge genutzt werden. Eine einseitig auf die Dokumentation ausgerichtete Prüfung ist zu vermeiden.

(3) Auskünfte der versorgten Person und fachlich plausible, nachvollziehbare Angaben der Mitarbeiterinnen und Mitarbeiter sind im Verhältnis zur schriftlichen Dokumentation nicht als nachgeordnet zu betrachten. Die Prüferin oder der Prüfer entscheidet in Abhängigkeit von den näheren Umständen im Einzelfall, inwieweit Feststellungen, die keine Hinweise auf Qualitätsdefizite umfassen, durch die Nutzung weiterer Informationsquellen zu verifizieren sind.

(4) Vermutet die Prüferin oder der Prüfer hingegen ein Qualitätsdefizit, so genügt nicht allein das Fehlen von Einträgen in der Pflegedokumentation, um den Nachweis zu führen. Zur Verifizierung muss im Regelfall mindestens eine weitere Informationsquelle entsprechende Hinweise geben. Stehen über die Pflegedokumentation hinaus keine weiteren Informationsquellen zur Verfügung, ist die Bewertung an Hand dieser vorzunehmen.

Hiervon gibt es Ausnahmen; diese sind als explizite Hinweise auf Dokumentationsanforderungen bei einigen Qualitätsaspekten in den Prüfbögen oder den Ausfüllhinweisen aufgeführt. So müssen die individuelle Tagesstrukturierung und die individuelle Maßnahmenplanung in jedem Fall schriftlich dokumentiert sein. Fehlen sie ganz oder teilweise, so ist davon auszugehen, dass für die versorgte Person das Risiko besteht, eine nicht ihrem Bedarf und ihren Bedürfnissen entsprechende Versorgung zu erhalten, weshalb das Fehlen einer individuellen Tagesstrukturierung oder eine lückenhafte Maßnahmenplanung als Defizit (und nicht als Auffälligkeit) zu werten ist.

(5) Dem Fachgespräch mit einer Mitarbeiterin oder einem Mitarbeiter der Einrichtung, der über die jeweilige versorgte Person differenziert Auskunft geben kann, kommt ein hoher Stellenwert zu. Soweit nicht anders vermerkt, hat die fachlich schlüssige, mündliche Darstellung der Versorgung, der Bedarfskonstellation und anderer Sachverhalte einen ebenso hohen Stellenwert wie die schriftliche Dokumentation. Wichtig ist in diesem Zusammenhang, dass mündliche Schilderungen fachlich nachvollziehbar sind und ein in sich stimmiges Bild ergeben. Aussagen, die in sich nicht stimmig sind oder in Widerspruch zu anderen Informationen stehen, sind ebenso wenig nutzbar wie unzutreffende Angaben in der Pflegedokumentation. Ähnliches gilt für unklare oder abstrakte mündliche Mitteilungen.

(6) Sind während des Einrichtungsbesuchs keine Mitarbeiterinnen und Mitarbeiter verfügbar, die über die jeweilige versorgte Person differenziert Auskunft geben können, ist das Prüfteam gehalten, sich die erforderlichen Informationen aus anderen Quellen zu beschaffen. Ansonsten nutzen die Prüferinnen und Prüfer das Fachgespräch als Informationsquelle und ermutigen die Mitarbeiterinnen und Mitarbeiter der Einrichtung, das Gespräch mit der Prüferin oder dem Prüfer ebenfalls als Medium der Informationsübermittlung zu nutzen.

12 Plausibilitätskontrolle der Ergebniserfassung

(1) Bei der Plausibilitätskontrolle handelt es sich um eine Kontrolle der durch die Pflegeeinrichtung erhobenen Daten für die Berechnung von Indikatoren. Mit der Plausibilitätskontrolle bescheinigt das Prüfteam nicht, dass die Einrichtung bei der Ergebniserfassung alles korrekt erfasst hat. Das Ergebnis der Plausibilitätskontrolle bezieht sich lediglich auf die Stichprobe der versorgten Personen, bei denen die Plausibilitätskontrolle erfolgt ist. Die Plausibilitätskontrolle bezieht sich darüber hinaus auf den Erhebungsreport gemäß Absatz 6.

(2) Wenn für die Einrichtung eine Indikatorenerfassung vorliegt und die statistische Prüfung durch die DAS nicht zu dem Ergebnis führte, dass die von der Einrichtung durchgeführte Ergebniserfassung erhebliche Mängel aufweist, ist bei bestimmten Qualitätsaspekten eine Plausibilitätskontrolle durchzuführen. Diese Plausibilitätskontrolle ist Bestandteil des Prüfverfahrens. Es handelt sich um die Überprüfung, ob die im Rahmen der Ergebniserfassung dargestellten Informationen mit anderen Sachverhalten bzw. Informationsquellen übereinstimmen. In der **Anlage 1** (Prüfbogen A Beurteilung der personenbezogenen Versorgung) findet sich an den betreffenden Stellen eine Leitfrage, mit der die Plausibilitätskontrolle eingeleitet wird.

(3) Die Plausibilitätskontrolle stützt sich auf die Informationserfassung, die zu Beginn jeder Beurteilung der jeweiligen Qualitätsaspekte erfolgt. Mit dieser Informationserfassung verschafft sich die Prüferin oder der Prüfer ein Bild über die versorgte Person und ihre Versorgungssituation, etwa durch die Inaugenscheinnahme, durch Gespräche mit der versorgten Person oder den Pflegenden sowie durch die Hinzuziehung der Dokumentation. Zum Zweck der Plausibilitätskontrolle soll die Prüferin oder der Prüfer anhand der **Anlage 4** (Erläuterungen zu den Prüfbögen) beurteilen, ob diese Informationen mit den Angaben aus der Ergebniserfassung in Einklang stehen oder nicht.

(4) Werden hierbei Abweichungen festgestellt, die sich nicht aufklären lassen, und erweist sich, dass Hinweise aus der Dokumentation oder andere Informationen, die der Ergebniserfassung widersprechen, sachlich zutreffend sind, muss von fehlender Plausibilität ausgegangen werden. Abweichungen, die erklärt werden können (z.B. Verschlechterung der Mobilität nach einem Sturz, der sich nach der Ergebniserfassung ereignete), sind nicht als fehlende Plausibilität einzustufen.

(5) Bei der Beurteilung der Plausibilität muss die Prüferin oder der Prüfer berücksichtigen, welcher Art die Fehler oder Fehleinschätzungen sind, die entdeckt wurden (z. B. Flüchtigkeitsfehler, Fehleinschätzung, fehlende Angaben etc.). In einem zweiten Schritt muss beurteilt werden, ob diese Fehler Auswirkungen auf die Ergebnisbeurteilung haben können

21

oder ob dies eher nicht anzunehmen ist. Zu beurteilen ist daher auch, ob sich bestimmte Fehler oder Fehleinschätzungen auf die Kennzahl des betreffenden Pflegeergebnisses auswirken.

(6) Bestandteil der Plausibilitätskontrolle ist auch die Sichtung des Erhebungsreports, die bei der Stichprobenziehung, also zu Beginn der Prüfung erfolgt. Die Plausibilitätskontrolle des Erhebungsreportes wird bei einer Stichprobe von drei versorgten Personen durchgeführt. Werden dabei Auffälligkeiten festgestellt, ist die Stichprobe für die Plausibilitätskontrolle in der Regel um drei weitere Personen zu ergänzen. Ziel der Plausibilitätskontrolle ist es festzustellen, ob die Anwendung der Regelung zum Ausschluss von versorgten Personen aus der Indikatorenerhebung entsprechend der „Maßstäbe und Grundsätze zur Sicherung und Weiterentwicklung der Pflegequalität nach § 113 SGB XI für die vollstationäre Pflege" durch die Pflegeeinrichtung umgesetzt wurde. Die Bewertung der Plausibilität des Erhebungsreports erfolgt in der **Anlage 3** (Prüfbogen C Gesamtergebnis der Plausibilitätskontrolle) unter Berücksichtigung der **Anlage 6** (Bewertung von Auffälligkeiten bei der Plausibilitätskontrolle).

(7) Die formelle Gesamtbeurteilung der Plausibilität erfolgt im Rahmen der abschließenden Bewertung der Prüfung nach Abschluss des Prüfbesuchs in der Anlage 3 (Prüfbogen C Gesamtergebnis der Plausibilitätskontrolle) unter Berücksichtigung der Anlage 6 (Bewertung von Auffälligkeiten bei der Plausibilitätskontrolle).

13 Zusammenarbeit mit den nach heimrechtlichen Vorschriften zuständigen Aufsichtsbehörden

(1) Die Landesverbände der Pflegekassen (§ 52 Absatz 1 SGB XI) und der MDK sowie der PKV-Prüfdienst arbeiten gemäß § 117 SGB XI mit den nach heimrechtlichen Vorschriften zuständigen Aufsichtsbehörden bei der Zulassung und der Überprüfung der Pflegeeinrichtungen eng zusammen, um ihre wechselseitigen Aufgaben nach dem Elften Buch des Sozialgesetzbuches und nach den heimrechtlichen Vorschriften insbesondere durch

- regelmäßige gegenseitige Information und Beratung,
- Terminabsprachen für eine gemeinsame oder arbeitsteilige Überprüfung von Pflegeeinrichtungen oder
- Verständigung über die im Einzelfall notwendigen Maßnahmen

wirksam aufeinander abzustimmen und Doppelprüfungen nach Möglichkeit zu vermeiden. Zur Erfüllung dieser Aufgaben sind die Landesverbände der Pflegekassen sowie der MDK

22

und der PKV-Prüfdienst verpflichtet, in den Arbeitsgemeinschaften nach den heimrechtlichen Vorschriften mitzuwirken und sich an entsprechenden Vereinbarungen zu beteiligen.

(2) Um Doppelprüfungen zu vermeiden, haben die Landesverbände der Pflegekassen den Prüfumfang mit dem Prüfauftrag in angemessener Weise zu verringern, wenn

- die Prüfungen einer nach heimrechtlichen Vorschriften zuständigen Aufsichtsbehörde nicht länger als neun Monate zurück liegen,
- deren Prüfergebnisse nach pflegefachlichen Kriterien den Ergebnissen einer Regelprüfung gleichwertig sind und
- die Veröffentlichung der von den Pflegeeinrichtungen erbrachten Leistungen und deren Qualität gemäß § 115 Absatz 1a SGB XI gewährleistet ist.

Die Pflegeeinrichtung kann verlangen, dass von einer Verringerung der Prüfpflicht abgesehen wird.

(3) An einer gemeinsamen Prüfung mit der nach heimrechtlichen Vorschriften zuständigen Aufsichtsbehörde beteiligt sich die Prüfinstitution aufgrund eines Auftrages durch die Landesverbände der Pflegekassen (§ 52 Absatz 1 SGB XI). Angezeigt ist die Beteiligung, wenn der nach heimrechtlichen Vorschriften zuständigen Aufsichtsbehörde konkrete Erkenntnisse über Defizite in der Pflegequalität vorliegen. Regelhafte Begehungen der nach heimrechtlichen Vorschriften zuständigen Aufsichtsbehörden und der Prüfinstitution sollen soweit als möglich miteinander abgestimmt und gemeinsam durchgeführt werden.

(4) Die Prüfinstitution informiert die nach heimrechtlichen Vorschriften zuständige Aufsichtsbehörde und die Landesverbände der Pflegekassen unverzüglich über Erkenntnisse aus den Prüfungen, soweit diese zur Vorbereitung und Durchführung von aufsichtsrechtlichen Maßnahmen nach den heimrechtlichen Vorschriften erforderlich sind. Dies ist insbesondere gegeben

- bei einer akuten Gefährdung durch Pflegedefizite (z. B. Exsikkose, Mangelernährung, Dekubitalulcera),
- bei nicht gerechtfertigten freiheitseinschränkenden Maßnahmen,
- wenn die permanente Anwesenheit einer Pflegefachkraft nicht gewährleistet ist.

14 Prüfbericht

(1) Die Prüfinstitution erstellt innerhalb von drei Wochen nach Durchführung der Qualitätsprüfung einen Prüfbericht, der den Gegenstand und das Ergebnis der Qualitätsprüfung und der Plausibilitätskontrolle enthält, die in der Prüfung festgestellten Sachverhalte nachvollziehbar beschreibt sowie die konkreten Empfehlungen der Prüfinstitution zur Beseitigung von Qualitätsdefiziten auflistet und versendet diesen an die Landesverbände der Pflegekassen (§ 52 Absatz 1 SGB XI), an die betroffene Pflegeeinrichtung und an den zuständigen Sozialhilfeträger. Die Prüfinstitution versendet den Prüfbericht auch an die nach heimrechtlichen Vorschriften zuständige Aufsichtsbehörde. Die Prüfinstitution stellt den Landesverbänden der Pflegekassen gleichzeitig die nach der Qualitätsdarstellungsvereinbarung nach § 115 Absatz 1a SGB XI für eine Veröffentlichung erforderlichen Daten zur Verfügung.

(2) Stellt die Prüfinstitution schwerwiegende Mängel fest, benachrichtigt er unverzüglich unter Schilderung des Sachverhaltes die Landesverbände der Pflegekassen (§ 52 Absatz 1 SGB XI).

(3) Eine verbindliche Struktur für die Gestaltung und die Inhalte des Prüfberichtes für die vollstationäre Pflege ergibt sich aus **Anlage 9** (Struktur und Inhalte des Prüfberichtes für die vollstationäre Pflege).

Ein umfassendes Bild über die Qualität der Pflegeeinrichtung ergibt sich aus dem Prüfbericht, der nach der Prüfung erstellt wird. Ein im Rahmen der Prüfung festgestellter Qualitätsmangel wird im Prüfbericht unabhängig davon, wann dieser Mangel abgestellt wird, als solcher dokumentiert. Unter Berücksichtigung der Ist-Situation werden bei festgestellten Qualitätsdefiziten im Prüfbericht Empfehlungen über notwendige Maßnahmen zur Qualitätsverbesserung gegeben.

15 Inkrafttreten der Richtlinien

(1) Die Richtlinien treten zum 1. November 2019 in Kraft. Sie treten gleichzeitig mit der Qualitätsdarstellungsvereinbarung für den vollstationären Bereich nach § 115 Absatz 1a SGB XI in Kraft. Mit diesem Zeitpunkt tritt Teil 2 der Richtlinien des GKV-Spitzenverbandes über die Prüfung der in Pflegeeinrichtungen erbrachten Leistungen und deren Qualität (Qualitätsprüfungs-Richtlinien – QPR) in der Fassung vom 27. September 2017 für den Bereich der vollstationären Pflege einschließlich der Kurzzeitpflege außer Kraft.

24

Abkürzungen und neue Begriffe

Abschlussgespräch
In diesem wird die Pflegeeinrichtung über zentrale vorläufige Ergebnisse der externen Qualitätsprüfung auf der Grundlage des [→] Teamgesprächs in Kenntnis gesetzt.

a.F.
alte Fassung [nach Aufhebung der Norm]

Ausschlusskriterien
Beschreiben die Bewohner, deren Indikatoren nicht ermittelt werden und sind in der Anlage 3 der [→] MuG, Ziff. 2.4.1 und 2.4.2 geregelt.

Auswertungszeitraum
Folgt auf den [→] Korrekturzeitraum und dauert 7 Kalendertage.

BAnz
Bundesanzeiger

Beschl.
Beschluss

Bewohnercode
Zuordnung des [→] Pseudonyms zu den versorgten Personen.

BI
Begutachtungsinstrument, Anlage 1 zu § 15 SGB XI

BGBl.
Bundesgesetzblatt

BSG
Bundessozialgericht

Code-Liste
[→] Pseudonym

DAS
[→] Datenauswertungsstelle

Datenauswertungsstelle
fachlich unabhängige Institution, geregelt in § 113 Abs. 1b SGB XI

Datenclearingstelle
Gemeinschaftsprojekt der Verbände der Pflegekassen auf Bundesebene, sicherte bisher die Veröffentlichung der Pflegenoten im Rahmen des [→] PTVS.

DCS
[→] Datenclearingstelle

Datenerhebung
Die für die Berechnung der Indikatorenergebnisse notwendigen Daten werden auf der Grund-

lage einer strukturierten Datenerhebung im Rahmen des internen Qualitätsmanagements von den Pflegeeinrichtungen erhoben.

DNQP
Deutsches Netzwerk Qualität in der Pflege

Einführungsgespräch
Dient der Vorstellung des [→] Prüfteams bei der Leitung der Pflegeeinrichtung zu Beginn der Prüfung und der Darlegung des Aufgabenverständnis, der Vorgehensweise und des voraussichtlichen Zeitaufwand der Prüfung.

Einwilligung
Zentrale Voraussetzung zur Einbeziehung des Bewohners durch Befragung und [→] Inaugenscheinnahme bzw. seiner Daten in die Qualitätsprüfung.

Ergebniserfassungszeitraum
Beginnt zeitgleich mit dem Ablauf des [→] Erhebungszeitraums am [→] Stichtag und umfasst 14 Kalendertage.

Erhebungsinstrument
Beschreibt die für das [→] indikatorengestützte Verfahren zu erhebenden Daten; geregelt in Anlage 3 der [→] MuG.

Erhebungsreport
Wird von der Pflegeeinrichtung im Rahmen der Indikatorenerhebung zum [→] Stichtag geführt bzw. aktualisiert und umfasst die Bewohner mit [→] Ausschlusskriterien.

Erhebungszeitraum
Umfasst eine sechsmonatige Zeitspanne, beginnend mit dem einrichtungsinternen [→] Stichtag.

erweiterter Qualitätsausschuss
Auf Verlangen von mindestens einer Vertragspartei, eines Mitglieds des [→] Qualitätsausschusses oder des Bundesministeriums für Gesundheit wird der [→] Qualitätsausschusses um einen unparteiischen Vorsitzenden und zwei weitere unparteiische Mitglieder erweitert; § 113b Abs. 3 SGB XI.

Expertenstandard
Durch die Veröffentlichung im BAnz unmittelbar verbindliche Beschreibungen des allgemein anerkannten Standes medizinisch-pflegerischer Erkenntnisse, geregelt in § 113a SGB XI. Bisher gibt es keinen veröffentlichten und damit verbindlichen Expertenstandard. Abzugrenzen von den insoweit nicht verbindlichen Expertenstandards des [→] DNQP.

Fachgespräch
Austausch auf Augenhöhe zwischen dem [→] Prüfteam und den Mitarbeitern der Pflegeeinrichtung; Ausdruck des beratungsorientierten Prüfansatzes.

Feedbackbericht
Umfasst die [→] Indikatorenergebnisse, eine Einordnung der Ergebnisse anhand der [→

] Referenzwerte sowie eine Darstellung der zeitlichen Entwicklung der Ergebnisse über die letzten drei [→] Erhebungszeiträume.

Inaugenscheinnahme
Prüfung des gesundheitlichen und pflegerischen Zustands des versorgten Bewohners im Rahmen der [→] Stichprobe durch das [→] Prüfteam.

Indikator
10 von der Pflegeeinrichtung zu erfassende Merkmale aus drei Qualitätsbereichen

Indikatorenergebnis
Gewinnung von Daten über bestimmte Versorgungssituationen im Rahmen des einrichtungsinternen Qualitätsmanagement. Dient der Messung von Ergebnisqualität und bildet ergänzend zu Merkmalen der Struktur- und Prozessqualität eine weitere Grundlage für das interne Qualitätsmanagement einer vollstationären Pflegeeinrichtung.

Indikatorenwert
Die einrichtungsbezogene Zuordnung einer Qualitätsbewertung zu erfolgt mit Hilfe von [→] Referenzwerten und einer fünfstufigen Bewertungssystematik.

Korrekturzeitraum
Beginnt mit Ablauf des [→] Ergebniserfassungszeitraums und umfasst bis zu 21 Kalendertage.

kritischer Themenbereich
Unplausible Daten, also Abweichungen zwischen den einrichtungsintern erhobenen Versorgungsergebnissen und den im Rahmen der externen Qualitätsprüfung erfolgten Feststellungen.

Leistungs- und Qualitätsmerkmale
Werden in der individuellen Pflegesatzvereinbarung der Pflegeeinrichtung vereinbart, § 84 Abs. 5 SGB XI

Leistungs- und Qualitätsvereinbarung
§ 80a SGB XI [→] a.F.

LQM
[→] Leistungs- und Qualitätsmerkmale

LQV
[→] Leistungs- und Qualitätsvereinbarung

Maßstäbe und Grundsätze
Vereinbarungen, die insbesondere eine praxistaugliche, den Pflegeprozess unterstützende und die Pflegequalität fördernde [→] Pflegedokumentation regeln, § 113 Abs. 1 Sätze 2 und 3 SGB XI.

MDK
Medizinischen Dienst der Krankenversicherung

MDS
Medizinischer Dienst des Spitzenverbandes Bund der Krankenkassen

MuG
[→] Maßstäbe und Grundsätze

Pflegedokumentation
Unverzichtbare Informationsquelle für alle am Pflegeprozess Beteiligten; Instrument der Qualitätssicherung und Qualitätsförderung. Sie dient der Sicherung von Pflege, dem Informationsfluss, dem Leistungsnachweis, der Überprüfung von Pflegequalität und der juristischen Absicherung des pflegerischen Handelns. – Die Bedeutung ist wesentlich geringer als bisher, da die Beurteilung der Ergebnisqualität im Vordergrund steht.

PKV
private Krankenversicherung

Plausibilitätskontrolle
erfolgt anhand statistischer Verfahren durch die [→] Datenauswertungsstelle und im Rahmen externer Qualitätsprüfungen

Prüfteam
Externe Prüfer des [→] MDK oder des Prüfdienstes der [→] PKV.

Pseudonym
Die Zuordnung erfolgt über Pflegeeinrichtung und eine einrichtungsseitig zu führende [→] Pseudonymisierungsliste.

Pseudonymisierungsliste
Jedem Bewohner wird jeweils eine eindeutige, innerhalb der Einrichtung einmalig vergebene, bis zu sechsstellige Nummer zugeordnet.

PTVS
Pflege-Transparenzvereinbarung, stationär

QDVS
[→] Qualitätsdarstellungsvereinbarung, stationär, § 115 SGB XI

QI
[→] Qualitätsindikator

QPR
[→] Qualitätsprüfungsrichtlinie

Qualitätsausschuss
Selbstverwaltungsorgan für die Entscheidungen im Bereich der Qualitätssicherung, Qualitätsmessung und Qualitätsdarstellung.

Qualitätsdarstellungsvereinbarung
Vereinbarung zur Form der Darstellung und Bewertungssystematik, die es den Pflegebedürf-

tigen und ihren Angehörigen ermöglicht, eine vergleichende und übersichtliche Einschätzung der Qualität von Pflegeeinrichtungen zu gewinnen.

Qualitätsindikator
Vergleich des jeweiligen individuellen [→] Indikatorenwertes mit dem [→] Referenzwert.

Qualitätsprüfungsrichtlinie
Ist für den [→] MDK, den Sozialmedizinischen Dienst der Deutschen Rentenversicherung Knappschaft-Bahn-See (SMD) und den PKV-Prüfdienst nach § 114a Abs. 7 SGB XI verbindlich, bilden quasi eine „interne Dienstanweisung" an die Prüfer-

Referenzwert
Rechnerische Durchschnittswerte orientiert an der Gesamtheit der einbezogenen Einrichtungen.

Reporting
Übermittlung der [→] Indikatorenergebnisse durch die [→] Datenauswertungsstelle.

Risikoadjustierung
Einzelne Indikatoren werden getrennt für bestimmte Risikogruppen ermittelt.

S
Seite

Schwellenwert
Legen – rein rechnerisch – fest, wie die Abweichung des konkreten [→] Indikatorenwertes vom [→] Referenzwert bewertet wird.

Stichprobe
Die externe Qualitätsprüfung beschränkt sich auf Stichproben zur Erfassung der Indikatoren. Dabei werden 9 Bewohner einbezogen.

Stichtag
Wird einrichtungsindividuell im Zuge der einmaligen Registrierung in einem vorgegebenen Zeitfenster vergeben. Daten sind danach alle 6 Monate zu erheben.

Teamgespräch
Dient der vorläufigen Feststellung wichtiger Ergebnisse der externen Qualitätsprüfung durch das [→] Prüfteam ohne Anwesenheit von Mitarbeitern der Pflegeeinrichtung. Näheres in Anlage 7 der [→] QPR – Strukturierungshilfe zur Durchführung des Teamgespräches.

Urt.
Urteil

ViV
Vereinbarung indikatorengestütztes Verfahren, § 113 Abs. 1a SGB XI

Autoren

Ronald Richter, Prof. für Sozialrecht, Rechtsanwalt seit 1993, gründete 2005 RICHTERRECHTSANWÄLTE mit Büros in Hamburg, München und Köln. Er war 16 Jahre Vorsitzender der Arbeitsgemeinschaft für Sozialrecht im Deutschen Anwaltverein (DAV), ist stellvertretender Vorsitzender des Gesetzgebungsausschusses für Sozialrecht im DAV und Mitglied im Vorstand des Deutschen Sozialgerichtstages e.V., Aufsichtsratsvorsitzender der Innovest AG, Hamburg und Mitglied des Aufsichtsrates der Ev.-Luth. Diakonissenanstalt zu Flensburg. Er ist Autor und Herausgeber vieler Publikationen zum Heim-Sozialversicherungs-, Senioren- und Wirtschaftsrecht.

Michael Wipp, Inhaber WippCARE, langjährige Erfahrung im Management bundesweit tätiger diakonischer und privater Unternehmen und in der Unternehmensberatung; Ausbildung in der Altenpflege und in der Krankenpflege; diverse Zusatzqualifikationen; Dozenten – und Lehrtätigkeit; Autor und Co-Autor v. Fachbüchern u. zahlreichen Fachveröffentlichungen; Mehrjährige Aufsichtsrats- und Kuratoriumstätigkeiten. Mitglied in den Expertengruppen zur Entwicklung und Umsetzung des Strukturmodells/SIS®. Mitglied im Bundesvorstand des DVLAB und im Landesvorstand des bpa Baden-Württemberg; Extern berufenes Mitglied der Enquetekommission Pflege des Landtags Baden-Württemberg 2014-2016. Expertenanhörung im Rahmen der KAP.
www.michael-wipp.de

Unser Tipp ... zum Thema „Dokumentation"

Dokumentieren mit dem Strukturmodell
Grundlagen – Einführung – Management
Elisabeth Beikirch, Hans-Dieter Nolting, Michael Wipp

Pflegedokumentation so schlank und einfach wie möglich mit dem Strukturmodell. Wie stationäre Einrichtungen und ambulante Pflegedienste profitieren und wie das Strukturmodell praktisch einzuführen ist, beschreibt das Experten- und Herausgeberteam um Elisabeth Beikirch, Hans-Dieter Nolting und Michael Wipp. Sie bieten umfassende Orientierung. Von den rechtlichen Zusammenhängen bis zu konkreten und sofort umsetzbaren Tipps.

Im Auftrag des Pflegebevollmächtigten der Bundesregierung haben die Experten **Elisabeth Beikirch** und **Hans-Dieter Nolting** das Projekt „Entbürokratisierung der Pflegedokumentation" gesteuert. **Michael Wipp** begleitete die Einführung des Strukturmodells als Geschäftsführer einer Pflegeeinrichtung. **Profitieren Sie von diesem Expertenwissen aus erster Hand! Die zweite überarbeitete Ausgabe informiert zusätzlich über die Erprobung des Strukturmodells in der Tages- und Kurzzeitpflege.**

Auch als eBook (ePub) erhältlich.

2017, 2. überarbeitete Auflage, 348 Seiten, kart., Format: 17 x 24 cm,
ISBN 978-3-86630-587-8, Best.-Nr. 20572

Jetzt bestellen!   Vincentz Network GmbH & Co. KG · Bücherdienst · Postfach 6247 · 30062 Hannover
T +49 511 9910-033 · F +49 511 9910-029 · www.altenpflege-online.net/shop